Knowledge BASE 系列

一冊通曉 深入原理，掌握「錢」的脈動

圖解 **金 融**

增 訂 版

溫美珍 著　　沈中華 審訂

導言

學習金融，
了解現代經濟生活的運作法則

——沈中華（台灣大學財務金融學系教授）

● 金融是經濟、國力發展的推動力

　　雖然許多人都覺得金融很難，我也是有同感，但金融的重要性使我們不得不學它。金融對於一個國家的經濟發展扮演著推進器的角色。當產業要發展時，研發技術、提升設備、購置原料，在在都需要資金，而這筆龐大的資金要從哪裡來呢？匯集社會上多餘的資金，融通給需求產業的「金融」正是促成資金融通的關鍵。在現代社會中，籌資的方式有發行股票或公司債，及向銀行借款。產業得到了資金活水，所進行的研發、擴廠可促進產業的發達，所需求的大量勞動力也使得就業率增加，讓人民變得更富裕；無論產業或勞工，所賺得的錢都需繳稅給政府，政府徵得更多稅賦，國力增強之下，人民整體生活品質也獲得提升。因此，由個人、產業到整個國家社會，都有賴金融的力量才能進步。

　　歐洲的工業革命正是金融帶動國家社會發展的一個明顯例子。十八世紀的歐洲銀行已有現代銀行雛形，人們會將多餘的資金儲存在銀行，一筆筆小額資金聚沙成塔為龐大的資金，銀行再貸給產業界賺取貸款利息。產業得到了資金後，致力於新機器的發明與新生產技術的應用，於是機器逐漸取代了人力，生產方式有了革命性的演進，引了工業革命，進而使得歐洲成為工業先進的強國。反觀同時期的中國，雖然已有錢莊、票號，卻以積聚資金、運送資金為主，提供資金給民間產業提升產能的功能不彰，另外如大陸電視劇《喬家大院》中成立的「喬家票號」，經營者也只與官府往來，而不知收集小額存款戶的資金以分散風險，造成經營風險上升。銀行業的疲弱使得中國的產業發展落後，也落入國力遠不如西方國家的困境。可見金融對於一國經濟、國力發展具有關鍵的影響力。

● 金融機構的運作需在成本、收益及風險間獲取平衡

如同一般的公司，銀行等金融機構的營運也是必須有效地運用資金進行經營、管理，以獲取利潤為目的。銀行必須在營運的成本、收益及風險間獲取平衡，才有經營的利基。銀行資金的來源主要是大眾的存款、運用方式則是進行放款，賺取放款利率高於存款利率的利差，或進行投資以獲取投資標的漲價的資本利得。如果經營太保守，放款不足，或是不進行投資，必定會損及利潤；若太過躁進，例如授信不嚴、依賴槓桿操作以大額比例融資取得資金等，也相對會承受遇更大的風險，影響銀行的營運安全。

由於資金來自存款大眾，當風險發生時，影響層面之廣及於全社會，因此不只是銀行會控管風險、政府也會介入監督。舉例而言，當銀行營運產生危機時，存款大眾為了避免損失，蜂擁至銀行提款，也就是「擠兌」，會到成銀行的「流動性風險」，意即現金不足以支應提款，而必須臨時變賣資產，所蒙受的價差損失對營運更為不利。為了避免存款人擠兌所造成的金融失序，政府提供了「存款保險制度」，保障存款人的存款會受到一定比例的賠付，使得銀行的流動性風險降低。另外政府也頒布「資本適足率」來規範銀行操作高風險性放款或投資的比率，以降低營運風險。

而金融機構進行風險控管的方式很多，除了貸款前的徵信之外，還有運用資產證券化、信用違約交換等常見方式。資產證券化是金融機構將所持有的債權資產重新包裝成小額證券出售，將債務人的違約風險轉嫁給證券投資人；信用違約交換則是指金融機構為所持有的債權資產向保險機構買入「信用違約交換（CDS）」，支付一筆費用當做保費，若債權資產出現違約時，CDS賣方必須補償銀行的損失，也就是將信用風險完全轉移給賣方。

然而，在重重控管之下，金融機構風險能在創造高報酬的同時，完全規避風險嗎？答案是否定的，始於二〇〇七年的美國次貸風暴就是最好的例子。次貸風暴是由於金融機構承做信用不良、違約風險高的次級房貸後，將債權轉售予投資銀行，投資銀行再以資產證券化的方式將其包裝為抵押債券，提供較高的利率，吸引了其他銀行、退休基金、避險基金等競相投資，購入這些抵押債券的投資機構為了移轉所持有抵押債券的高度風險，拿收益中的一部分做為保費，向保險公司承做CDS，當違約時可以由保險公司補償。風險控管看似嚴

密，不料當利率走高，次級房貸違約率上升，抵押債券出現無法還本付息的情況而紛紛跌價，購買抵押債券的金融機構、基金資產大幅縮水，也遭遇破產危機，而承擔CDS的保險公司也無法負擔鉅額保險金而瀕臨倒閉。接連不斷的骨牌效應，造成如雷曼兄弟公司（Lehman Brothers Holdings Inc.，簡稱LEH）、貝爾斯登公司（The Bear Stearns Companies Inc.，簡稱BSC）等金融機構倒閉，以及美國最大的保險集團——美國國際集團（American International Group, Inc.，簡稱AIG）被美國政府收購的結果。這也就是高報酬之下無可避免的高風險挑戰。

●「高報酬、低風險」是否可能？

　　了解金融機構的資金來源以及運用方式，投資人就會知道風險是報酬的影子，風險低的金融商品如政府公債，報酬率必然不高，而標榜「高報酬」金融商品，就意味著暗藏「高風險」。例如一九九四年成立的「長期資本管理公司（LTCM）」，由投資銀行副董事長梅利韋瑟（John Meriwether）、聯準會前副主席穆林斯（David Mullins）創辦，公司成員都是具有權威的財經人士，甚至包括兩位諾貝爾經濟學獎得主——修斯（Myron Scholes）與莫頓（Robert Merton），挾其高超的投資技術，以極高的財務槓桿進行全球投資套利，標榜「高風險」卻有「高報酬」，吸引許多富人投資。LTCM初期報酬率高達二○％至三○％，然而，但最後投資俄羅斯盧布市場，買進高風險的俄羅斯政府債券，卻逢俄羅斯發生金融危機，國外投資人紛紛撤資，俄羅斯政府債券乏人問津而出現流動性風險，導致LTCM垮台。

　　另一項宣稱有「高報酬、低風險」的著名事件，其實也是一場騙局。曾任紐約納斯達克交易所主席的馬多夫（Bernard Madoff），宣稱他所管理的基金報酬高達三○％，卻沒有風險，他的顯赫經歷吸引了許多投資人加入基金。其實馬多夫幾乎沒有進行投資交易，而是將後加入投資人的本金，當成投資收益發給先前投資人，只要加入者不斷，這騙局就能維持得下去。然而，在金融海嘯時，後加入者減少了，他無法再支付先前投資人，致使騙局被拆穿。其實，以金融運作的本質而言，「高報酬、低風險」是絕不可能的，若非人們強烈渴望致富而失去判斷能力，否則不會輕信他的謊言，導致損失。

● 幫助你全面了解金融的原理

　　由於人們一定會到銀行存款，也有投資致富的需求，而企業必須周轉資金才能營運，人人都不可避免會接觸金融，因此，金融相關知識是現代人的一個重要課題。然而，金融隨著經濟發展及產業變化而與時俱進，無論法規、制度或是交易方式都不時更新，一般人要掌握金融資訊或趨勢並不容易；加上金融並非自小就學習的學科，在金融知識尚未普及化之下，往往只有金融專業人士才能窺其全豹，一般人在缺乏基礎知識之下，面對多樣且多變的金融知識，往往會覺得困難。而一本好的入門書對於金融知識的建立可說是極為必要的。《圖解金融》以淺顯易懂的文字與圖解介紹金融市場的基本觀念，能幫助讀者有系統的學習金融知識，奠定紮實的基礎，日後對金融新知的了解、吸收也有很大的助益。本書先介紹一般人所熟悉的銀行的觀念，這是一個很好的開始；接著談貨幣市場、資本市場、匯率及衍生性市場金融工具的種類、特色以及交易方式，使讀者對於金融市場的架構有所了解；而對金融機構的經營風險與風險控管的探討更幫助讀者了解報酬與風險的相對關係，對於金融的運作原理能有更全面的認識。

目錄

Chapter 4　常見的金融產品工具

Chapter 5　金融機構的風險控管

目錄

Chapter 6　金融創新

Chapter 7　金融政策與金融制度

Chapter 1

什麼是金融？

　　在現代生活裡，「金融業」、「金融股」……等與「金融」有關的名詞經常出現，小至個人理財的存款、借款、消費，大至企業動輒上億的營運、籌資、資金調度和投資活動，只要關於金錢的運用、流動，都需要「金融」的協助，「金融」已是現代人經濟活動中不能不了解的課題。

學 習 重 點

- 什麼是金融？
- 經濟成長對金融市場有什麼影響？
- 景氣變動與金融市場的關連
- 財政與金融有什麼關係？
- 企業藉由哪些管道尋求資金？
- 國內金融與國際金融有哪些差異？

融通資金是金融活動的重心

「金融」二字常出現在生活周遭，任何有關錢的流通與運用都離不開金融。一般人在店家消費、透過銀行存提款、向保險公司投保、透過證券公司買賣股票等行為，都必須透過金融體系進行，金融已然成為現代社會資金流動的一環。

貨幣因應交易需求而誕生

在貨幣尚未出現前，早期的人類社會從最初的自給自足，發展為彼此交換生活必需品，例如甲將自己種的多餘稻米向乙交換布匹，或是丙拿自己捕的魚和丁交換所飼養的雞。但由於眾多物品沒有衡量價值的統一標準、物品本身又易於朽壞，因此很容易造成混亂。隨著社會活動、結構愈來愈複雜，這種以物易物的模式逐漸不適用，以「貨幣」為計價標準的交易媒介於是產生。

貨幣利用金、銀等貴金屬做為計算衡量的媒介，使各種商品的成本、利潤都能用同一種單位來計算、比較。例如一樣的稻米甲家一斤二十元，乙家一斤三十元，人們便可輕易比較商品的價格高低，選擇向甲家購買以付出較少成本。

在貨幣經濟制度下，貨幣是所有經濟活動的核心，讓貿易及商業活動進行得更為順暢。此外，貨幣的流通也強化及活絡了各方的借貸交易，例如當人們需要買入土地來耕作，但自有資金不足時，有了價值確定的貨幣做為未來還錢的計算標準，便可以對外借款。因此，貨幣的用途漸趨廣泛，不僅商品交易、價值儲存、債務清償、財富移轉等，都需要藉由貨幣的移轉來完成。

金融就是資金的轉移

貨幣的產生造成資金的互通有無，而產生了各種與「金融」有關的活動。「金融」的「金」是指資金、「融」是指融通，資金的融通也就是金錢的移轉，凡是和資金移轉相關的行為都屬於金融活動的一環，包括買賣商品的兌付、資金供需雙方彼此的借貸行為、日後債權債務的清償、或者投資理財的資金進出等，使資金的需求者（如一般個人及企業借款者）與資金的提供者（如銀行或有多餘資金的機構）得以互通有無、滿足彼此的需求。所以金融的重點不在於「金」而在「融」，有資金而不融通只是個人資金的數量累積，打通資金的流通管道才是金融活動的重心。

隨著經濟發展，產業分工日益專業，規模日益擴大，資金的移轉也逐漸龐大，一個明訂交易規範、方便資金的需求者與提供者交易往來的「金融市場」愈顯重要。在資金融通的過程當中，銀行扮演資金移轉的中介機構，接受存款大眾將多餘資金存入銀行帳戶內，再利用這些存款以放款或投資方式提供給需要資金的借款者。

交易的演進與金融發展

以物易物	金屬貨幣	紙幣	電子金流
物物交換，如用一斤米交換一匹布。	人們開始利用稀有可保值的貴金屬做為交易媒介，金屬貨幣出現。	為便於運送、儲存，於是有了紙幣。	現代資訊科技發達，資金的移轉可以藉由電子金流的運用來進行。

交換

產生

金　融

資金 ┃ 融通

資金的移轉與流通

流通原因包括商品買賣、資金借貸、償還債務、投資理財……等。

資金的供給者
有多餘資金的個人、企業或政府機關，即貸放者。

資金的需求者
缺乏資金的個人、企業或政府機關，即借款者。

形成

金融市場

借款者與貸放者來往交易的處所，有一定的交易制度與規範，可以保障雙方的權益。

經濟成長對金融市場的影響

一國經濟成長的主要驅動力來自於民間消費、投資及政府支出等經濟活動，金融市場能媒合經濟活動所需的資金以外，金融能否良好地運作亦與經濟能否暢旺有著重大關係；相對地，經濟成長也是促使金融活絡發展的基本要件。

經濟成長帶動金融的發展

經濟學上的「經濟成長」是指國民總生產值或平均每人所得的增加。經濟成長率通常是以在國內所生產的商品和服務總市值的國內生產毛額（GDP）年增長率，或平均每人實質所得的年增長率來衡量，如果GDP強勁增長，即代表該國的經濟快速成長。

當一國經濟快速成長，金融也會被帶動發展。從民間消費角度來看，由於消費意願會隨經濟成長而提高，消費者對商品的需求與支出也會增加，資金的流通也就更頻繁。

從企業生產方面來看，當市場需求量變大，生產訂單數量也會隨之增加，企業為了滿足市場消費需求必須進行擴大廠房、添購設備、聘僱人員等投資，使得企業資本支出相對擴大，資金的需求量也隨之增加。

此時，透過企業與企業之間，或民間私下的資金融通方式，像是向同業要求周轉、當鋪、標會等往往已無法滿足龐大的需求，而必須向金融市場融通資金。因此，做為資金供給者與需求者雙方橋樑的專門金融機構（例如銀行）勢必加速形成，才能乘勢帶動金融的蓬勃發展。

再以投資的角度來看，一個GDP數據強勁成長的國家，通常會獲得全球投資者的青睞，吸引大量外資投入該國金融市場，例如股、匯市，資金挹注將帶動股市上揚及貨幣升值，更加活絡該國資金的流動。

金融發展輔助經濟的成長

另一方面，發展健全的金融體系亦有助於經濟的成長。在金融市場中，以銀行為首的金融機構集合了大眾的存款，再由專業人員有效運用、貸放給資金需求者。因此，企業得以在金融機構的撮合之下，有效率地籌得購置廠房、機器設備等所需的資金，省去自行尋求符合融資條件交易對象的時間和精力。資訊成本和交易成本減低了，企業便能在有利條件下發展產業。

而擁有資金的一般民眾與企業，也能在資金的運用和投資管道更多元、更有效率之下增加收益。透過健全活絡的金融運作，使資金需求者和供給者各取所需、以發揮資金運用的最大效能，提升社會整體產能與國家的經濟成長。

經濟發展與金融市場發展的關係

經濟成長帶動金融發展

經濟成長
國內生產的商品和服務的總值（GDP）年增率成長。

↓

消費增加
消費意願增加，購物、購屋的人數增加。

＋

生產增加
企業訂單增加，生產更多商品。

↓

市場交易金額增加
有更多的商品可以供消費者購買，市場上的交易金額增加。

↓

資金需求增加
消費者需要更多資金買商品、企業主需要更多資金開拓生產線。

＋

資金供給增加
因應需求，銀行貸款給個人或企業的金額增加。

↓

金融交易量增加
資金借貸的活動增加，資金融通的流動量也隨之增加。

→

金融發展輔助經濟成長

帶動產能
健全的金融市場使得交易進行順暢，有助於整個社會的產能提高。

↑

金融交易規模擴大
資金使用效率及獲利增加，金融機構規模擴大、業務擴張，金融市場交易更活絡。

↑

降低資訊及交易成本
借貸雙方省去了尋求符合條件融資的時間與精力，降低了借貸的成本。

↑

撮合供給與需求
金融機構居間中介撮合更多資金供給者與需求者的交易。

↑

金融機構紛紛成立
更多的銀行、保險公司、證券商等金融機構成立。

景氣變動與金融的關係

景氣是指一國在某段時期經濟活動盛衰的情形。當經濟蓬勃發展，商業活動熱絡，金融市場資金交易量增加，景氣會進入「擴張期」；反之，當經濟衰退、金融市場資金交易量萎縮時，景氣則會進入「收縮期」。景氣通常會隨著經濟活動的發展而呈現繁榮、衰退、蕭條及復甦。

景氣變動如何影響金融活動

在經濟繁榮時，也就是所謂「景氣好」時，社會經濟活動達到高峰，消費與投資也同時都大幅增加。由於企業的營業量增加，需雇用更多的人力投入生產，失業人口因此減少。企業也在利潤增加之下，一方面需要運用短期資金（即借期一年內的周轉金）以支應平時的營運開支，同時也會因為需添購機器設備或擴建廠房等而需求長期資金（一般指七年以上的資本性投資），使得企業向金融機構借款的金額亦隨之增加。

相反地，在景氣蕭條時，企業因營業量減少，不需要過多人力，使得失業人口增加，消費意願也變得低迷，支出金額相對減少。企業因而緊縮生產而利潤減少，更糟的甚至倒閉，投資意願也隨之減低。金融機構的融資也趨向保守，金融交易也因此不再活絡。常聽到銀行「雨天收傘」就是指在景氣差的環境下，金融機構提高企業貸款的申請條件而減少貨幣供給的收縮銀根狀況。

金融機構如何因應景氣變化

一般商品市場，例如雞蛋等，可能因市場價格過高或過低，使得供給的一方願意提供的數量與需求方願意購買的數量不一致，而出現供需失調。若供過於求，會導致供給的一方降價；供不應求則會導致價格提高。金融市場和商品市場的供需現象也是一樣，資金就如同商品，而決定資金供給者與需求者交易價格的則是借貸「利率」。利率愈高，表示資金供給者可以取得的利息收益愈高，因此愈能吸引資金供給者；反之，利率愈低，表示需求資金者借入資金時需支付的利息愈低，因此也就愈能吸引資金需求。

金融機構便是運用調節利率，改變金融機構與一般民眾、企業的資金供給需求情形，進而改善景氣現況。例如，當經濟景氣時，因應企業的營業狀況轉佳，一般人多寧願將資金轉向投資報酬較高的股市或其他理財商品上，而減少存在銀行戶頭的資金。銀行收取的存款金額減少了，相對地銀行可供支領與融資的的資金供給量也跟著減少。此時，一般民眾和企業對資金的需求會大於銀行可供給的資金，資金在供不應求的狀況下形成市場資金緊俏。為了提高銀行可供給的資金，銀行可利用調升利率，吸引資金從市場回籠至銀行體系，讓金融市場資金供需恢復均衡。

相反地，當經濟不景氣時，民

眾會減少投資及消費的需求，使資金需求降低，形成銀行有多餘的資金貸放不出去（即所謂「濫頭寸」）。為了提高民眾對資金的需求，刺激民眾消費與投資的意願以提振景氣，以及讓銀行的多餘資金可貸出產生利息收益，銀行便可利用調降利率，讓資金從銀行體系流向市場。調節利率正是各國中央銀行因應景氣變化時最常採用的貨幣政策。

景氣榮枯對金融市場的影響

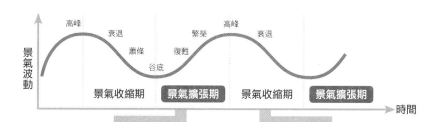

景氣波動 / 時間

高峰　衰退　蕭條　谷底　復甦　繁榮　高峰　衰退

景氣收縮期　**景氣擴張期**　景氣收縮期　**景氣擴張期**

消費金額增加	**消費金額減少**
消費者中就業人數增加、所得增加，消費意願及消費金額也隨之增加。	消費者中失業人數增加、所得減少，消費意願低落、消費金額隨之減少。
企業營運量增加	**企業營運量降低**
企業訂單增加，生產量增加、業績上揚。	企業訂單減少，生產量降低、業績下滑。
金融交易量增加	**金融交易量減少**
企業需要透過在金融市場籌資、或向銀行借款，補足擴充廠房與機器設備等營運資金的需求。	企業對營運資金的需求減少，在金融市場籌資、或向銀行借貸的意願也隨之降低。
金融市場活絡、資金供不應求	**金融市場萎縮、資金供過於求**
金融市場借貸活動頻繁、交易活絡。民眾與企業對資金的需求過大，形成銀行資金供給不足的情況。	企業暫緩籌資活動，金融市場交易萎縮，銀行無法貸放的資金過多。
造成通貨膨脹	**造成通貨緊縮**
消費需求擴大、消費支出增加而導致物價上漲，消費者要維持原本購買量的話，必須增加開銷。	物價因需求減低、消費支出降低而下跌，企業獲利減少。
中央銀行升息	**中央銀行降息**
中央銀行調升利率，帶動民間各銀行調升存放款利率使資金回流到銀行，以抑制通貨膨脹、引導景氣降溫。	中央銀行藉著調降利率刺激企業向銀行借款的意願，以抑制通貨緊縮、引導景氣復甦。

財政與金融的關係

財政是指政府將稅收、國營事業盈餘等資金運用在公共管理與公共服務上，以增進人民的生活水準與經濟的發展。財政工作包括了國庫、賦稅、關稅、金融、保險與證券管理、金融政策、政府採購等，各項業務都與金融市場的運作息息相關。

財政＝政府的收支管理

財政是指中央政府的收支與管理。在財政收入方面，各項稅制的訂定及實施是政府收入的最大來源，經營國營事業、發行公債也是增加收入的方法；在支出方面，政府部門政策預算的執行是財的重要活動之一，無論是增加公共投資建設、紓困災難、社會福利等各項政策的執行都需要龐大的支出。

據統計，政府每年收入、支出高達千億元，這麼龐大的資金量在金融市場中出入、流通，需要健全的金融體系，才能使資金調度更為便利、增進資金使用效率，達成財政的目標。

財政在金融市場扮演的角色

和其他金融市場的參與者一樣，財政同時也扮演著資金需求者和供給者的角色。當政府財政收入低於支出，意即財政收支出現赤字時，政府必須在金融市場裡籌措資金，成為需求者的角色，通常會發行政府公債（即政府為籌措資金所發行的債券）或短期國庫券。相對地，當財政收支有盈餘時，多餘資金可供應金融市場所需，通常會透過政府機關或公營銀行辦理政策性貸款，例如提供一般民眾的政策性低利購屋優惠、投資農業或中小企業等，成為資金的供給者。

財政對金融的調節作用

值得一提的是，由於財政工作的資金需求、供給的數量相當龐大，對金融的運作也比其他參與者（一般個人、企業等）具有更大的影響力，可做為金融市場資金的調節者。

當財政收支有盈餘投入金融市場會使金融市場資金趨向寬鬆，在市場資金供給大於需求狀況下，將可引導銀行利率緩步下降，驅使資金從銀行體系轉向其他投資管道，如購買股票、基金等。反之，當財政收支有赤字、在金融市場舉債時，金融市場資金就會變得緊俏，在市場資金供給小於需求的情況下，將可引導銀行利率緩步上升，驅使資金流入銀行體系。因此，政府會透過增加需求、減少供給或增加供給、減少需求的調整收支差額方式，介入金融市場的運作，達成引導景氣、促進經濟發展的效果。

財政與金融的關係

財政

政府對收入與支出的管理。政府將自稅收取得的收入，用於社會福利、公共投資等公共事務的支出。

在金融市場的角色

資金需求者

當財政資金不足時，政府經常透過銀行發行政府公債或短期國庫券的方式在金融市場上籌措資金。

＋

資金供給者

透過政府機關或公營銀行辦理政策性貸款，例如政策性優惠購屋貸款、中小企業專案創業專案貸款、提撥專款融資協助紓困。

調節金融市場的資金

財政對資金的需求、供給數量龐大，政府會透過收支差額的調整來調節金融市場的資金數量。

財政出現盈餘時	財政出現赤字時
將大量多餘資金投入金融市場	需要借款籌資，從金融市場吸走大量資金
使金融市場資金寬鬆	使金融市場資金緊縮
市場資金供給大於需求	市場資金供給小於需求
引導利率下降	引導利率上升

政府藉由投資或借款達到引導利率、調整景氣的效果。

直接金融與間接金融

從金融的演進過程來看，原先當企業有資金需求時，會向銀行借貸，也就是採用「間接金融」管道籌資；後來金融市場各種籌資的金融工具日漸發展，企業也可能以發行股票、公司債或商業本票的方式在資本市場直接向大眾投資人籌措，也就是「直接金融」的方式。

直接金融 vs. 間接金融

欠缺資金、急需融資的需求者在籌措所需資金時，可透過「間接金融」與「直接金融」兩種管道。「間接金融」是指企業或個人透過銀行等扮演資金供需中介角色的金融機構進行資金的融通。銀行接受因個人與企業的存款、信託等累積了龐大資金，再轉貸給企業、借款人等資金需求者，讓資金供給者享有一定的利息報酬、需求者負擔一定的利息費用，銀行本身則是賺取中間的利差。由於資金的供需是透過銀行的中介，而非需求者向資金供給者直接取得資金，因此稱為「間接金融」。

另一方面，企業也可以透過發行股票、公司債等中長期金融工具的資本市場，向社會大眾等資金供給者籌措資金，或是發行商業本票等短期票券籌措資金。由於企業可直接獲得所需要的資金、不需透過第三者募資，因此稱為「直接金融」。

直接金融的比例逐年增加

一直以來，間接金融都是企業主要的籌資管道，然而，企業使用直接金融的比例在近年來已有增加的趨勢。原因包括了：**①直接金融成本較低：**在間接金融的方式中，企業必須支付向銀行借款的利息，利息中包含了銀行的經營成本與中介費用，通常較為僵固。相對地，以直接金融的方式在資本市場裡發行有價證券，利率是由市場機制來決定，取得資金的成本相對較便宜，通常介於銀行存款利率及放款利率之間。**②直接金融的金融工具流通性高：**在直接金融方式中，投資人購入企業發行的股票、債券後，可以持有的股票、債券與其他投資人交易或轉讓，而且證券的交易熱絡的話，買賣價格也會隨之提高，企業又能取得更多資金。相較而言，間接金融大多不具能交易、轉讓的流動性，企業也無法藉由流動而獲得更多資金。**③直接金融投資人的報酬較高：**間接金融的投資人、也就是銀行存款的一般民眾，賺取的是存款利息，報酬一般而言較低。直接金融的投資人除了證券的固定利息，還可以賺得買賣價差，報酬相對較高。**④政府金融法令鬆綁：**近年來政府對於金融工具的發行限制減少，金融市場趨向自由開放，企業參與直接金融的機會也增加了。除了股票、公司債之外，海外無擔保可轉換公司債、全球存託憑證等新金融商品的發行，也提供企業更多元、效益更高的籌資選擇。

直接金融與間接金融

間接金融
- 企業或個人資金需求者向銀行借款以籌措所需資金。
- 銀行擔任資金移轉的中介者,將大眾的存款轉貸給需求者。銀行需支付存款人利息、借款人支付銀行利息費用,銀行則可賺取中間的利差。

資金需求者	← 放款	金融機構	← 存款	資金提供者
例如:需要融資的企業或個人	支付放款利息 →	例如:由銀行等機構中介資金,賺取利差。	取得存款利息 →	例如:手邊有多餘資金的投資人、企業

直接金融
- 企業直接向資金提供者籌措所需資金,不透過銀行的中介。
- 籌措所需資金的方法包括在資本市場中發行股票、債券等有價證券,或是在貨幣市場發行商業本票、可轉讓定期存單等短期票券。

資金需求者	← 獲得資金	貨幣市場 發行商業本票等短期票券	投入資金 →	資金提供者
例如:需要融資的企業	出售有價證券 →	資本市場 發行股票、債券。	購入有價證券 →	例如:手邊有多餘資金的投資人、企業

直接金融與間接金融的比較

比較項目	直接金融	間接金融
籌資管道	在貨幣市場發行商業本票、銀行承兌匯票或在資本市場發行公司債、股票。	透過銀行等金融機構中介籌資。
籌資成本	發行有價證券的利率訂價通常介於銀行存款、放款利率之間,成本較低。	銀行放款利率,成本較高。
投資者報酬	可賺得固定利息及買賣價差,報酬較高。	賺取存款利息,報酬較低。
金融工具流通性(即吸引新資金的能力)	投資人購買企業所發行的股票、債券後,可以再買賣、交易,如果證券的交易活絡,證券的買賣價格也會隨之提高,讓企業獲得更多資金。	存款與貸款大多不能交易、轉讓,企業也無法藉此吸引更多資金。

國內金融與國際金融

一九八〇年代後，隨著經濟日益繁榮，國際貿易的盛行使企業必須朝向全球化及國際化發展，金融市場亦不例外，政府對金融市場的規範也從嚴格限制到逐漸鬆綁，讓國內的金融市場能與國際金融市場接軌。

國內金融邁向國際金融

「國內金融」是指一國居民在國境以內從事金融活動。在金融發展初期，國內金融市場往往會受到該國政府法令與政策的嚴格規範。例如台灣在一九六〇年代正值經濟發展初期，政府的貿易政策是促進國內產業成長、擴大出口量，為了配合政策目的，當時採行單一匯率，讓新台幣維持低幣值，以利於商品出口；在金融活動上則是嚴格管制，如規定金融機構的存放款利率、施行外匯管制、限制新金融機構設立等，以免金融市場內的資金波動過大而無法控管。因此，國內金融具有市場封閉、交易管制多、金融產品種類少的特色。

然而，自一九八〇年代開始，由於對外貿易擴張迅速，尤其對美國鉅額順差（意即對外貿易中出口貨物的價值，高於進口貨物的價值），引發美國對台灣開始貿易談判，要求開放匯率，使新台幣的幣值能隨外匯供需自由變動；另一方面，國內企業因規模逐漸擴大，也向政府提出自由調度資金的需求。在內、外壓力之下，政府才開始進行金融自由化，逐步開放金融管制，例如放寬外匯管制、開放外資的投資、增加新銀行的設立，開

放新金融商品的交易等。因此，「國內金融」逐漸擴大為「國際金融」，金融活動開始跨越國界，國內企業逐漸能自由地與國際金融機構及全球金融市場互動往來，與各國的金融市場的關係也更為密切。

國際金融市場的特色

相對於金融市場受管制、交易單純的國內金融，國際金融有四項特色：**①以國際通用貨幣在市場上進行交易**：使用國際通貨能使資金在國際間流動得更加暢達無礙，目前全球第一大的國際通貨為美元，歐元則緊追在後。**②金融商品眾多**：國際金融市場上有各種不同新金融商品可供操作、運用，例如選擇權、期貨等，資金調度的工具更多樣化。**③制度更為健全**：歐美各國的金融制度如外幣的收支與結算等制度更完善、金融政策管制更少，因此市場規模更大、自由化程度更高，較國內金融更有效率。**④電子交易盛行**：國際金融市場並不因為地域限制而阻礙了交易進行，透過通訊系統的傳輸，投資人就能及時獲得交易資訊，再透過電子交易系統就能完成，交易成本相對便宜、且更有效率。

國內金融邁向國際金融

國內金融 一國居民在國境以內從事金融活動。

- 經濟發展初期，政府為了扶植國內產業，促進產品出口，對金融政策採取嚴格控管的立場，如採單一匯率以維持低幣值、對外匯管制、設立新金融機構的限制等。
- 市場封閉、交易受限制、可供選擇的金融產品種類少。

內在要求
國內企業對外貿易量擴大，出現在國際自由交易資金的需求，要求政府開放金融政策如解除外匯限制。

外在壓力
國內產業成長、出口量擴增導致對外貿易順差，引發外國對本國提出匯率自由的要求。

金融限制鬆綁
政府逐步開放金融限制，包括放寬匯率與外匯管制、開放外資投資、增設新銀行、開放新金融商品等。

國際金融 資金交易跨越國界的金融活動。

- 以國際通用貨幣交易：使用美元、歐元等國際貨幣交易，使資金流動更加順暢。
- 多樣化的金融商品：如選擇權、期貨等新金融商品。
- 金融制度健全：具備完整的收支與結算制度，有利交易進行的效率。
- 電子交易盛行：投資人可以透過通訊系統獲得即時的交易資訊，並以電子交易系統完成交易。

Chapter 2

認識金融市場和機構

　　「金融」是指有剩餘資金者融通資金給資金不足者；「金融市場」則是進行資金融通的場所，金融市場的參與者有銀行、保險公司、綜合證券商等金融機構、及一般投資的個人及企業等。人們經常從事的存放款、股票投資、買賣外幣；或是企業的資金周轉等籌資活動都必須在金融市場裡進行。

什麼是金融市場？

一般果菜市場、花卉市場是交易蔬菜、鮮花等商品的場所，商品的需求者（買方）與供應者（賣方）在市場會合，進行交易；相同地，資金的供需雙方會合、交易的場所就是「金融市場」。

為什麼需要金融市場？

「金融市場」是資金需求者向資金供給者融通、交易資金的場所（需求者與供給者可能是個人、企業、銀行或是政府）。雙方買賣交易的對象即為「金融工具」，亦稱為「金融商品」，如股票、基金、債券、外匯等。透過金融市場撮合交易，需求者例如政府可以取得資金順利推行政策、工商企業的投資計畫也得以順利進行，減少資金不足的阻礙；而供給者有了投資管道，可減少資金閒置的浪費。由此可見，金融市場能促進整個經濟社會的效率及生產力，是經濟社會運作不可或缺的一環。依照金融工具的不同，金融市場可區分為貨幣市場、資本市場、外匯市場及衍生性金融工具市場。

貨幣市場與資本市場

貨幣市場與資本市場的區別在於資金融通期間的長短，貨幣市場的融通期間在一年以下，為欠缺短期資金的需求者提供便利的融通管道，所交易的金融工具有國庫券、可轉讓定期存單、商業本票等短期票券。當公司有短期資金需要周轉，例如短期內需支付的款項、投資流動性資產；或是銀行因一時資金不足而需向其他銀行拆借兩天的資金等，就會在貨幣市場尋求資金。

相對地，資本市場的融通期間在一年以上、以融通長期資金為主要目的，金融工具則有股票、債券等中長期證券，因此又稱為「證券市場」。企業為了長期經營，需要從事擴充廠房、購置機器設備等長期投資時，就會在資本市場裡發行股票或債券，向大眾投資人募集長期性的資金。

外匯市場與衍生性金融市場

外匯市場是買、賣雙方交易各國貨幣的市場。在外匯市場交易的原因有從事進出口貿易者需要兌換對方國家貨幣以支付貨款、持有外幣者為避免外幣貶值虧損風險而兌換、以及為賺取各國匯率的價差而兌換等。近年來，國際貿易日益盛行，資金流動頻繁，外匯市場的地位也愈顯重要。

衍生性金融工具市場則是金融市場不斷發展、創新的新興產物。由於金融市場的匯率、利率、股價等價格急遽波動，為了規避波動產生的跌價損失風險，因而創造出由相關標的衍生出、與對方約定好未來交易價格的合約型商品，稱為「衍生性金融工具」，是近年來相當熱門的新金融工具。以「遠期外匯契約」為例，

專營電子出口的A公司三個月後會收到貨款100萬美元，為了避免三個月後美元貶值而造成匯兌損失，可先支付一定價格和銀行簽訂遠期外匯契約，約定三個月後交易以匯率30.5（USD/NTD）兌換100萬美元，即使三個月後匯率果真貶到29.5（USD/NTD），A公司仍能以約定的30.5匯率（USD/NTD）兌換100萬美元，藉以規避新台幣100萬〔1,000,000美元×匯差（30.5－29.5）〕的匯兌損失。

金融市場的架構

金融市場
資金的供需雙方交易的場所，買賣、交易的對象則是金融工具。

貨幣市場
交易一年以下短期金融工具的市場。

- **短期票券市場**
交易一年內到期的短期票券的市場。

  - ●**國庫券市場**
交易由中央政府發行的票券。
  - ●**可轉讓定期存單市場**
交易可在市場上轉讓流通的定期存單。
  - ●**商業本票市場**
交易由民間企業發行的短期票券。
  - ●**銀行承兌匯票市場**
銀行接受客戶委託擔任匯票的付款人，並承諾於到期日付款。

- **附條件交易市場**
買賣雙方將債券所有權暫時移轉，並約定好買或賣回的條件（如利率、天期）。

- **金融業拆款市場**
銀行間於存款準備金不足時互相拆借融通的市場。

資本市場
一年以上長期金融工具的市場。

- **股票市場**
買賣股票的交易市場。

- **債券市場**
買賣債券的交易市場。

外匯市場
交易各國貨幣的市場。

- **期貨市場**
交易期貨合約（未來交付特定價格、數量貨品）的市場。

- **選擇權市場**
交易選擇權合約（事先約買進或賣出價格）的市場。

衍生性金融商品市場
交易各種金融商品衍生出來的新金融商品的市場。

- **認購／售權證市場**
交易認購或認售權證（以事先約定價格購入或出售某投標的）的市場。

- **金融交換市場**
互相交換貨幣、利率、匯率的市場。

金融市場的功能

透過金融市場裡各種金融工具的融通，投資人的資金可以順利地移轉到資金不足的人手中，藉由金融市場提供的交易資訊，供需雙方都降低了交易成本，交易也能進行得更有效率。

功能 ①：降低交易成本

有了金融市場做為資金融通的橋樑，擁有多餘資金的資金供給者與欠缺資金的資金需求者，雙方皆可以用最少精神與時間達到資金融通的目的。資金的需求者能有效地募集資金，而資金的供給者亦可善加管理、運用剩餘資金以賺取利潤，如此一來，供需雙方都能以更簡便、更有效率的方式調度資金，降低交易成本，讓雙方共享其利。如果少了金融市場的撮合，有資金需求的人就得費時費力地自行尋求資金來源，資金供給者也沒有可靈活運用閒置資金的管道。

功能 ②：公開金融資訊

為了讓交易者確實獲悉市場即時的資訊及變化，金融市場設有一套標準化、制度化的交易流程：過去是在公開交易平台如證券交易所、證券商櫃檯、外匯交易中心設有專業的營業人員負責處理櫃檯上設大量下單、轉帳、匯款等與交易相關的作業，公開各項金融工具的相關知識及精確可靠的市場交易資訊，如價格、數量、交易對手，讓交易者能隨時查詢。現在則結合了電腦與資訊科技，提供藉由網際網路交易等更迅速便捷、無遠弗屆的服務。總之，金融市場的交易流程保障客戶在資訊完全透明、買賣雙方確實了解交易條件之下，以約定的合理價格達成交易，達到防範舞弊、維護交易安全的目的。

功能 ③：促進經濟效率

資金的需求者可在金融市場順利籌措所需的資金，便可進一步運用這些資金進行實質的投資計畫，例如企業可購置機器設備、政府可推行公共建設等，這些投資都可使生產力得到提升。相對地，資金的供給者可將剩餘的資金做更有效的運用，無論是經

金融市場資訊的供應商

目前在市場上專門提供金融市場資訊的廠商有路透社（Reuters）、美聯社（Telerate，現名德勵財富資訊社）、彭博社（Bloomberg）……等，其所提供的服務內容包括：貨幣市場、資本市場、期貨、外匯、財經指標、黃金及貴金屬、新聞、評論等市場即時連線資訊，使用者可在網路上瀏覽，讓金融資訊的取得更便捷快速。

由存款獲得利息、或是投入股票、債券等金融工具獲得收益，增加個人的財富水準。從整體經濟的角度來看，金融市場能將閒置浪費的資金移轉至有生產力的企業、政府之手，提高資金的使用效率，進而推動社會發展，對國家整體的生產力、經濟效率與人民福祉的提升都有很大的幫助。

金融市場的功能

資金供給者

有剩餘資金閒置的個人或單位。例如：

- 擁有資金的個人
- 有多餘資金的企業
- 資金有剩餘的政府
- 資金過多的金融機構

金融市場

將資金自供給者移轉至需求者的場所。

資金 →

← 金融工具

資金需求者

資金不足、需款孔急的個人或單位。例如：

- 需求資金的個人
- 需要融資的企業
- 資金不足的政府
- 資金不足的金融機構

資金 →

← 金融工具

> 包括了銀行存放款、股票、債券、共同基金、外匯等。

功能

❶ 降低交易成本

金融市場扮演中介的角色，為資金的供需雙方進行條件篩選及媒合，使尋找資金的成本及交易成本因而降低。

❷ 公開金融資訊

每種金融工具的交易都有標準的交易流程，交易相關資訊如價格、數量等可即時連線傳輸，供交易者即時查詢，以求資訊公開、透明，更能保障交易安全。

❸ 促進經濟效率

資金供給者可將多餘資金從事投資活動，獲得更多利息收益。資金需求者可獲得融資而擴充產能。整體的資金使用效率因而擴增。

金融組織架構

我國有許多種類的金融機構，有受理存放款等融資業務的銀行、專門承銷或仲介買賣有價證券的證券公司、辦理保險再將保險費轉投資的保險公司……等，與金融機構關係最深的政府機關則包括財政部、中央銀行和金融監督管理委員會。

與金融有關的政府機關

我國與金融市場運作有直接相關的政府機關有行政院之下的財政部、中央銀行（簡稱央行）、和金融監督管理委員會（簡稱金管會）。

財政部主要掌管政府的稅收與支出，監督國家金融行政事務如徵收賦稅、指揮國庫支付、國有財產管理等。財政部會運用財政政策影響金融市場，亦即編列預算時藉由收入與支出的盈餘或赤字來影響景氣，使市場利率與金融機關的借貸利率因受財政政策影響而升降。

央行對一般銀行而言可說是「銀行的銀行」，提供各銀行合理的資金融通，並負有最終貸款者之職。

原本金融機構的監督管理是由財政部與央行負責，財政部負責銀行、保險及證券業的監理；中央銀行負責票券金融公司的管理、以及郵匯局、銀行業務的監督管理。然而，由於職權歸屬不夠明確、執行效率不佳，因此在民國九十三年行政院之下又成立金融監督管理委員會，將原分屬於財政部、央行的職責移入金管會，統籌金融市場及金融服務業的監督、管理及檢查業務。

形形色色的金融機構

金融機構是媒合資金供給者與需求者的中介，資金的移轉必須遵守一定的法律規範，才能保障雙方的權利。我國的金融機構有依據銀行法設立的商業銀行、專業銀行及信託投資公司等。此外，亦有依其他法規設置的非銀行金融機構，可分為五大類：

①**郵政儲金機構**：即郵匯局，為附屬在郵政體制下的金融機構，隸屬於交通部，依據郵政法設立，主要配合郵遞業務辦理郵政儲金、匯兌（匯款與兌現等資金移轉）等。

②**基層金融機構**：包含信用合作社及農、漁會信用部，依據農漁會信用部業務管理辦法設立。信用合作社原本是以勞動者、公教人員、自由業等身分的「社員」為中心的金融機構，放款對象只限社員，後來才開放對非社員放款。但隨著金融環境變遷，信用合作社對地緣、人脈的掌握已逐漸失去競爭優勢，有的已改制為商業銀行，有的則因經營不善而讓與銀行。農、漁會信用部則是提供農漁民會員的融資需求，便利其存提款。

③**境外金融機構**：銀行依據「境外金融中心特許條例」附設國際金融業務單位，從事國外的存放款、進出

口外匯等國際金融業務，目的是吸引海外資金。

④**保險機構：**包括一般保險機構（人壽保險、產物保險）和特種保險機構（包括再保險公司、中央存款保險），由保險法等相關法規規範保險契約的內容及所從事的業務範圍。以中央存款保險公司為例，幾乎每個金融機構都參加了中央存款保險，只要繳交一定的保險費，萬一金融機構經營不善發生擠兌或倒閉，中央存款保險公司就有義務對每一位存款人負一定的理賠責任。

⑤**金融市場專業機構：**包括票券金融公司（設立法源為票券金融管理法）、證券商（含自營商及經紀商，設立法源為證券交易法）、證券投資信託公司（設立法源為證券投資信託及顧問法）、期貨經紀商（設立法源為期貨交易法）、金融業拆款中心及外幣拆款中心（由銀行同業公會成立）。

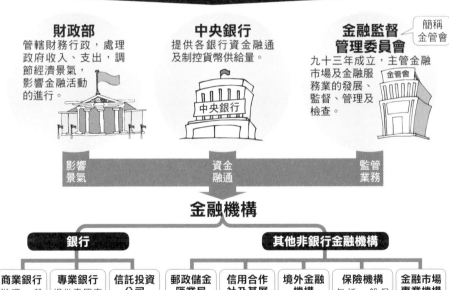

我國金融機構的組織架構

財政部
管轄財務行政，處理政府收入、支出，調節經濟景氣，影響金融活動的進行。

中央銀行
提供各銀行資金融通及制控貨幣供給量。

中央銀行

金融監督管理委員會
簡稱金管會
九十三年成立，主管金融市場及金融服務業的發展、監督、管理及檢查。

金管會

影響景氣　　　資金融通　　　監管業務

金融機構

銀行

商業銀行
辦理一般工商及私人存放款和外匯業務為主。

專業銀行
提供專門事業信用供貸款設立的銀行，如工業銀行、農業銀行、中小企業銀行等。

信託投資公司
接受客戶委託，運用委託資產從事投資的銀行。

其他非銀行金融機構

郵政儲金匯業局
辦理郵政儲金、匯兌等金融業務。

信用合作社及基層農漁會信用部
由勞動者、公教人員、自由業等社員組成，規模小、以地域性為主。

境外金融機構
專營國際金融業務的單位。

保險機構
包括一般保險機構如人壽保險及產物保險公司；和特種保險機構包括再保險公司、中央存保公司。

金融市場專業機構
金融市場中的其他機構如票券金融公司等。

金融市場的要角①：銀行

銀行是與一般人關係最密切的金融機構，提供存款、貸款、匯兌、投資理財規劃、信用卡等各項金融服務。其中，最重要的功能就是扮演資金中介的角色，匯聚大眾的存款，整合融資給需求資金的個人或企業。

銀行的主要功能：信用創造

一般銀行最主要的功能是收受大眾存款，扣除一定比例、轉存於央行保管、以備存戶提取的「存款準備金」後，再放款給有資金需求的人，藉由存款、放款的「信用創造」過程，增加貨幣供給量。

例如，民眾存款1,000萬，X銀行提法定準備200萬（假設存款準備金占總額的比率為20%），剩下資金800萬貸放給A企業；A企業再將這筆錢存入往來的Y銀行，同理，Y銀行保留160萬（存款800萬×存款準備率20%）的存款準備金後，剩餘的資金640萬再貸放給B企業；B企業再將這筆錢存入往來的Z銀行，Z銀行則須保留存款準備金128萬（存款640萬×存款準備率20%），剩餘的資金512萬再貸放給C企業。

在此不斷的借款過程中，各銀行的存款金額由原先的1,000萬增加為2,440萬（X銀行存款1,000萬＋Y銀行存款800萬＋Z銀行存款640萬），存入央行的存款準備金總額為488萬（X銀行存款準備金200萬＋Y銀行存款準備金160萬＋Z銀行存款準備金128萬），貸放總金額為1,952萬（A企業貸得800萬＋B企業貸得640萬＋C企業貸得512萬），使得市場上流通的貨幣數量大幅增加，除了便利了資金供需雙方的往來，也能刺激社會經濟發展。因此，「信用創造」正是銀行基本運作的功能。

銀行的五大主要業務

銀行與人們的日常生活息息相關，主要的業務有以下五種：

①**存款業務**：存款是銀行的傳統業務，也是人們接觸銀行最初的開端，更是銀行資金的主要來源。存款業務主要分為支票存款、活期存款、定期存款、儲蓄存款等四種。

「支票存款」是存款人簽發支票委託銀行支付、可隨時提取且不計利息。「活期存款」是存款人依存摺或其他約定方式而可隨時提領，利率較低。

「定期存款」則是存款人將資金依約定存入一定期間才能提領，利率較高。「儲蓄存款」則是以儲蓄為目的的活期或定期存款，可分為整存整付（存款人事先約定存款年限及金額，在期初將本金一次存入，到期一次領回本金加利息）、零存整付（存款人在約定期間內分次存入固定金額的本金，到期一次提領本息）、存本

取息（存款人將本金一次存入，約定此筆款項的利率及存款期限，之後按時領取利息，到期再領回本金）等方式。

②**放款授信業務：**為了有效運用存戶的存款，銀行會將一定比例的資金以信用放款的方式融通給需要資金的人、企業，再收取放款的利息。

銀行支付存款者較低（例如2%）的利息，再向貸款者收取較高（例如5%）的利息，藉由存放款的利差（例如3%）獲取合理的利潤。目前銀行的放款主要區分為企業金融（以企業法人為主體的籌資、理財）以及消費金融（以一般個人為主體的借款、信用卡等個人理財）兩大區塊。

銀行的主要任務：信用創造

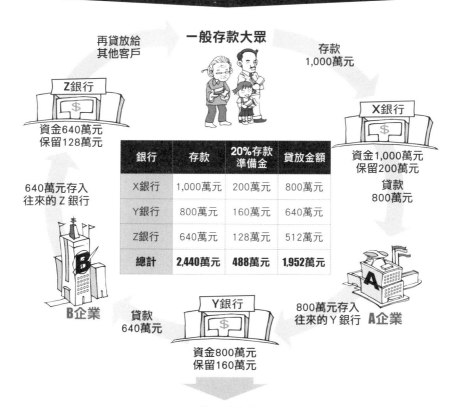

銀行	存款	20%存款準備金	貸放金額
X銀行	1,000萬元	200萬元	800萬元
Y銀行	800萬元	160萬元	640萬元
Z銀行	640萬元	128萬元	512萬元
總計	2,440萬元	488萬元	1,952萬元

再貸放給其他客戶

一般存款大眾

存款1,000萬元

Z銀行
資金640萬元
保留128萬元

X銀行
資金1,000萬元
保留200萬元

640萬元存入往來的Z銀行

貸款800萬元

B企業

Y銀行
貸款640萬元

資金800萬元
保留160萬元

800萬元存入往來的Y銀行　A企業

信用創造

透過不斷循環的存款與放款過程，增加貨幣的供給數量，進而促進資金的流通往來與經濟發展。

③**外匯業務：**外匯是國外匯兌的簡稱，指的是一般外幣的收付、貨幣兌換、外匯交易及進出口相關業務。因應國際貿易往來的外幣貨款交付、債務清償等需求，銀行的外匯業務也愈趨重要，例如開立「信用狀」便是銀行經辦的大宗外匯業務。

在進行進出口貿易時，為了避免無法如期交貨付款，進口商會先向往來銀行申請開立信用狀給出口商，只需先支付貨款的10%做為保證金。信用狀裡會載明付款條件、金額，出口商依照信用狀內容出貨後憑單據到往來銀行請求付款，銀行會先行代墊貨款，再寄送單據向進口商的開狀銀行取款。透過信用狀，出口商可以得到獲得貨款的保證；進口商則只要先支付部分保證金，其餘未付貨款則可先做其他週轉使用，使得資金融通更為便利。

④**國際金融業務：**因應近來海外投資的盛行和國際貿易自由化發展，金融服務對象也隨之擴展，許多銀行設立「國際金融業務分行（OBU）」。其性質相當於位國內銀行的海外分行，以不受國內銀行法規的外匯限制、及提供租稅減免的優惠，吸引非本國居民與非本國的個人和企業投入資金的意願，例如沒有居留權的外籍人士、在其他國家註冊設立的公司等，服務項目包括外幣存放款、匯兌、進出口業務等。

⑤**其他金融服務：**金融服務中最大宗的是信用卡業務。銀行會發行信用卡，持卡人能享受先消費後付款的利益及因消費帶來的優惠，銀行則收取帳戶管理費、掛失費、逾期未繳款的滯納金、與循環利息等費用做為利潤。

銀行也是許多金融商品的銷售通路，投資人可以透過銀行申購國內外共同基金、保險、金幣等，銀行則藉由推介、促銷商品賺取佣金或手續費收入。另一方面，銀行也兼營信託業務，如受託管理信託財產，包括富人的遺囑信託、公司的員工持股信託等，銀行同時也會收取諮詢或管理費用。依目前的趨勢看來，銀行如同金融商品的百貨公司，配合金融的脈動與客戶的需要進而提供愈來愈多新的理財服務。

銀行的角色與主要業務

存款人
以較低的利息收益存入資金。

→ 存款 →

銀行
以較低利息吸收大眾存款，再以較高利息融資給需要資金的人或企業，藉由利差獲取利潤。

→ 放款 →

貸款人
以較高的利息支出貸得款項。

業務 1 存款
收受大眾的存款，包括：支票存款、活期存款、定期存款、儲蓄存款。

業務 2 放款授信
將存款貸放出去，以賺取利息收入。放款對象分為貸放企業、法人的「企業金融」，及貸放一般個人的「消費金融」。

業務 3 外匯
外幣買賣交易、憑信用狀交易的進出口相關業務。

業務 4 國際金融
為吸引非本國居民與機構投入資金，銀行特別設立提供免稅優惠的「國際金融業務分行（OBU）」，服務項目包括外幣存放款、外匯業務等。

業務 5 其他金融服務
- 信用卡：給予持卡人一定的信用額度，在額度內可先消費、後付款。
- 代銷：銀行代銷基金、保險等金融商品。
- 信託業務：代委託人管理信託財產，例如遺囑信託、退休金信託、員工持股信託等。
- 理財服務：提供金融商品資訊、風險評估與市場動態，做為客戶選擇投資標的時的參考。

銀行的分類

銀行法是規範銀行設立、經營原則、業務項目等的法規。從銀行法規定，依據功能、營業性質、服務對象的不同，可將銀行分為三大類：商業銀行、專業銀行，和沒有銀行之名、卻有銀行功能的信託投資公司。

商業銀行

商業銀行是銀行體系中最重要的個體，占有比例最大，也是一般與個人理財活動及工商企業融通最息息相關的機構。主要業務要是收受大眾存款，再將資金提供給需求者，提供短期（一年以下）、中期（一年以上、七年以下）及長期（七年以上）資金。此外，商業銀行同時也兼營許多項目，如提供買賣股票及基金等金融商品的通路、代理收付款、附設保險箱代客保管物品等。例如一般熟知的國泰世華銀行、台北富邦銀行等；此外，台灣的外商銀行也多屬於商業銀行性質，如花旗銀行、渣打銀行、荷蘭銀行等。

專業銀行

專業銀行是以特定用途或主體為授信對象的銀行，僅為某些專門事業提供中長期資金，以達到便於供給專業團體資金的目的。專業銀行具有配合政府開發、扶持專門事業的政策性任務。不同於商業銀行由大眾存款來募集資金，專業銀行的資金主要來自收受專門事業的存款，或發行金融債券。

專業銀行主要可分為五大類：

①**工業銀行**：供給工、礦、交通及其他公用事業所需的中、長期信用，例如中華開發工業銀行、交通銀行（現已併入兆豐金控，稱為兆豐銀行）。②**農業銀行**：調節農村金融、及供應農、林、漁、牧之生產及有關事業所需，例如前中國農民銀行（現併入合作金庫，稱為合作金庫銀行）。③**輸出入銀行**：協助拓展外銷及輸入國內工業所需的設備與原料，我國僅有一家中國輸出入銀行。④**中小企業銀行**：供給中小企業中、長期信用貸款以改善生產設備及財務結構，健全經營管理，例如前台灣中小企銀（現為台灣企銀）。⑤**不動產銀行**：供給土地開發、都市改良、社區發展、道路建設、觀光設施及房屋建築等不動產相關業務資金所需，例如台灣土地銀行。

信託投資公司

「信託」是一種財產管理制度，由委託人（即財產所有權人）將財產或資金委託專人管理、運用或投資，管理所得的利益則由指定的受益人享有。信託投資公司及商業銀行附設的信託部則是擔任受託人的角色，代替委託人從事財產管理。例如為公司員

工退休儲蓄、社區環境管理、預售屋建案工程款……等特定目的設立指定用途的信託資金專戶，以「專款專用」方式處理相關收支事務，避免將基金挪做他用而使委託人利益受損害。著名的信託投資公司有前中國信託（現為中國信託銀行）、中聯信託（已併入國泰世華銀行）、亞洲信託（已併入渣打銀行）等。

專業銀行、信託投資公司改制的趨勢

隨著金融市場競爭日益激烈，專業銀行的政策性任務逐漸式微，目前大都改制為商業銀行，例如台灣中小企銀已由國營改制為民營的商業銀行，現稱台灣企銀。而信託投資公司由於業務與商業銀行雷同，也已改制或併入商業銀行，例如前中國信託改制為中國信託銀行、中聯信託已併入國泰世華銀行、亞洲信託併入渣打銀行。

銀行的分類

第1類 商業銀行

- 收受存款：括支票存款、活期存款、定期存款。
- 辦理放款：包括短期、中期及長期放款。
- 進行投資：投資公債、公司股票等有價證券以賺取利潤。
- 代銷金融商品：代銷公債、公司債及公司股票等。
- 其他業務：代理收付款、附設保管箱等。

例如：國泰世華銀行、台北富邦銀行、兆豐銀行、第一銀行，外商銀行有美商花旗銀行、英商渣打銀行等。

第2類 專業銀行

- 配合政府的產業發展政策，提供農業、工業、中小企業等專業信用而設立。
- 資金主要由收受專門事業存款以及發行金融債券募得。
- 放款對象亦限於專門事業。

主要可分為五大類：①工業銀行：如中華開發工業銀行。②農業銀行：如前中國農民銀行。③輸出入銀行：如中國輸出入銀行。④中小企業銀行，如前中小企銀。⑤不動產銀行，如土地銀行。

第3類 信託投資公司

- 信託投資公司受委託人的託付，管理及運用委託人的財產，財產管理所得的利益則由指定的受益人享有。
- 主要業務是設立信託資金專戶，經管特定財產，例如勞工退休金儲蓄專戶、社區環境管理專戶等。

例如：前中國信託、前亞洲信託等

信託資金專戶

金融市場的要角②：郵匯局

郵政儲金匯業局附屬於郵政體系下，是由交通部所管轄的金融機構，俗稱「郵匯局」或簡稱「郵局」。主要金融業務為配合郵務辦理存款、匯款，相當方便且大眾化。

主要功能：存款、匯兌

郵匯局是利用郵政單位遍布全國各地的特性，吸引民間的零星儲蓄，並配合郵遞業務辦理郵政儲金、劃撥儲金、匯兌等金融業務。郵匯局在「郵政儲金」業務方面大致和銀行的存款業務相似，也辦理支票存款、活期存款和定期存款。因為郵局分支機構遍布大小鄉鎮，有極高的便利性，和一般民眾接觸的機會多，加上郵政儲金享有一百萬元以內利息所得可免繳利息所得稅的優惠（銀行則是利息所得於二十七萬元內免稅），因此吸引了相當比例的存款。

值得一提的是，郵匯局有一項有別於銀行的特有匯兌業務：「劃撥儲金」，民眾可以存入專門劃撥帳戶的方式匯款，適合學雜費、工會費、公益捐款等特定繳款之用。

不過，郵匯局只能存款，無法辦理放款（僅提供房屋貸款），因而無法像銀行一般增加在外流通貨幣的創造信用貨幣能力，因此無法完全發揮銀行的所有功能，也不能取代銀行。

郵匯局資金的流向

由於郵匯局無法將資金貸放出去以收取利息，那麼該如何有效運用從存款戶吸收來的龐大資金呢？郵匯局主要將其用來購買中央政府公債、國庫券、央行發行的定期存單、金融債券等，透過買入公債，郵匯局可以釋出新台幣，以做為央行公開市場操作、及央行對一般銀行放款的資金來源。

另外，由於郵匯局的存款占整體金融機構總存款的比重相當大，所以也成為政府維持金融穩定的一項重要工具。郵匯局必須根據行政院的指示，將其所吸收郵政儲金的一定比例轉存於央行及其他代理銀行，如台灣銀行，加強央行對貨幣供給額的控制能力。轉存的比例則是由央行會同財政部，視經濟金融情勢發展而訂定。

貼近民眾生活的郵匯局

隨著郵匯局經營環境的改變，業務經營日益多角化，人們可以透過郵匯局代訂火車票、金幣、郵票甚至美容產品等各式產品，及辦理各項代收款服務，郵局已愈來愈貼近人們的生活。

通常當金融市場的貨幣供給額成長率提高、經濟過熱、貨幣大幅升值時，會提高郵政儲金轉存於央行的比例，使市場流通的資金減少、貨幣供給額成長趨緩。而當金融市場的貨幣供給額成長率下降，景氣低迷、貨幣貶值時，央行則會降低轉存比例，增加市場流通資金，使貨幣供給額成長。由此可知，郵政儲金轉存比例等於是央行間接的貨幣政策工具之一。

郵匯局的金融業務內容

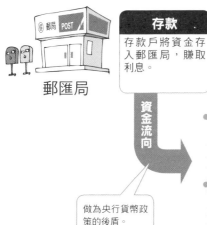

郵匯局

資金流向

做為央行貨幣政策的後盾。

存款
存款戶將資金存入郵匯局，賺取利息。

匯兌
用戶可以在郵匯局辦理匯款與兌現，完成資金的流通與移轉。

劃撥儲金
以存入劃撥帳戶的方式匯款，適合學雜費、工會費，捐款等用途。

● **投資公債**：
購買中央政府公債、國庫券、中央銀行發行的定期存單、金融債券，所釋出的資金可供央行公開市場操作，及供央行對銀行中長期放款之用。

● **轉存款**：
郵政儲金的轉存款可強化中央銀行對貨幣供給額的控制，例如當金融市場的貨幣供給額過多時，央行就會提高轉存比例，以減少市場流通的資金，使過熱的景氣降溫。

郵局與銀行的功能比較

功能	郵局	銀行
主管機關	交通部	金管會
存款	承辦存款業務，郵政儲金存款利息所得於100萬元以內免繳所得稅。	承辦存款業務，存款利息所得若超過27萬元，須繳利息所得稅。
放款	除房屋貸款外不得辦理放款。	放款為主要業務之一。
匯款	以劃撥帳號匯款為特有服務。	提供銀行間匯款服務。
保險	可辦理簡易壽險服務。	與銀行保險代理人或一般保險公司合作提供保險服務。
特有服務	郵政服務、郵件、郵票等。	進出口外匯、OBU等。
異業結盟	代售訂票、簡章、電話卡、金幣等商品。	代售基金、保險。

金融市場的監督者：中央銀行

央行是政府單位在金融領域的代表性角色，一方面做為一般銀行的後盾，既提供流動性資金也幫助銀行間往來清算；另一方面又對銀行業務加以監管，以維持金融體系的穩健，可說是一國金融正常運轉所不可缺少的環節。

中央銀行的誕生

隨著人類經濟活動的發展，提供人民存、貸款的商業銀行體系逐步建立，而隨著銀行數量的增加，也同時產生了許多金融管理的問題。

其中常見的問題之一是，銀行資金不足、無法支應存款人提款時，需要一個能提供必要貸款支持的貸款者做為後盾。其次是，銀行所收受的大筆票據缺乏一個全國性的交換、清算機構，使得銀行的結算發生困難。再來是，銀行各自發行「銀行券」做為貨幣，但流通範圍只侷限該銀行活動範圍、且多種銀行券造成了流通的混亂與困難。

最後，當銀行家數增加，彼此間激烈競爭而產生經營不善、甚至破產倒閉時，需要一個超越所有銀行之上、公正客觀的專門機構從事金融業務的監督與管理。

為了解決這些問題，因而發展出中央銀行做為政府解決危及金融運作問題的獨立、公正機構，以公正客觀的角度為銀行與政府提供金融服務。央行的功能具體表現在三種角色上：銀行中的銀行、控制貨幣供給的銀行、以及政府的銀行。

銀行中的銀行

央行與銀行的關係正如銀行與存款人的關係，央行會吸收銀行多餘的資金、並在緊急時提供資金予銀行，故稱為「銀行中的銀行」。當一般銀行面臨資金缺口，例如收受大眾存款所應提的存款準備金不足、經營不善或發生擠兌時，可向央行尋求資金融通，故央行扮演銀行「最後貸款者」的角色，可在資金周轉發生困難時給予支持。銀行也可以拿客戶給銀行要求貼現的未到期票據，向央行請求貼現，央行先購入這些未到期票據能舒緩銀行資金不足的窘況。央行對重貼現收取的利息占重貼現金額的比率，即稱為「重貼現率」。

央行也主管全國銀行票據的清算。各個銀行收受客戶的票據，都須經由央行管理的票據交易所進行票據交換及轉帳付款，以核算帳務，確保資金移轉得安全順暢。

控制貨幣供給

為解決銀行各自發行銀行券恐造成混亂，央行於是成為全國統一發行貨幣的機構。央行壟斷貨幣發行後，進一步地，央行發展出最主要的任

務，由控制貨幣的供給量調控金融市場的供需狀態，為經濟發展提供健全的貨幣環境。

無論是在景氣繁榮時，過多流通的貨幣供給造成通貨膨脹，或景氣蕭條時，貨幣供給減少形成通貨緊縮，央行都可經由貨幣供給的緊縮或寬鬆，因應需求調節至平衡狀態。為確實控制貨幣的供給量，央行也會調整各種金融市場融通利率，如存款準備率、重貼現率、以及公開市場操作等方法來統籌調度貨幣供給，這些管制貨幣供給量的方法統稱為「貨幣政策」（貨幣政策參見第七篇）。

政府的銀行

央行受政府的委託掌理國庫及外匯相關事務，扮演「政府的銀行」，主管的業務有：保管政府收入及政府機關存款、供給政府各種短期放款、代理發行政府債券、代理黃金外匯交易等。目的是給予政府所需資金的融通，調節財政收支，避免因政府收支失衡阻礙政策的落實。

另一方面，央行也肩負制訂金融管理法規以及監督管理金融機構的重任，以保證金融的穩健運作，防止金融機構因經營管理不善危及人民的交易安全。

央行的三種角色

角色1 銀行中的銀行

- **銀行將資金存入央行**：銀行為隨時應付存款人的提領，會提取部分存款存入央行做為「存款準備金」。「存款準備率」即為準備金占存款總額的比率。
- **銀行向央行借貸**：銀行欠缺資金時，銀行可以拿客戶要求貼現未到期的票據，向央行請求一次貼現。「重貼現率」即為銀行向央行貼現的利率。
- **票據清算**：各銀行間票據交換的清算、及差額清算，均須透過央行轉帳，確保交易正確及安全。

角色2 控制貨幣供給

央行除了主管貨幣的發行，同時會運用各種金融市場融通利率如存款準備率、重貼現率……控制貨幣的供給量、確保幣值的穩定。

角色3 政府的銀行

- **經理國庫**：掌理國庫收支，提供政府資金融通以調節財政收支。
- **發行票券**：代理發行政府公債與國庫券、及還本付息業務，以吸收執行政策所需資金。
- **金融監理**：制訂金融法規，監督金融機構營運情況。

境外金融市場①：境外金融中心

由於國際貿易日益發展，國際資金往來頻繁，金融市場也跨出國界。有別於國內金融市場的傳統交易模式，以國際通用貨幣交易、擁有較寬鬆外匯管制與較優租稅條件的境外金融市場逐漸形成。

發展境外金融的原因

對一國經濟發展而言，若該國金融市場能自由開放，使發展所需的資金無障礙地流動，便能引入更多資金，擴張本國的金融業務規模，對經濟成長也能有所助益。因此，金融市場的自由化、國際化是各國金融發展的趨勢。

然而，許多國家的政府為了保護國內金融穩定、避免投機性的外資進出短期套利造成金融危機，常以各種法規如外匯限額來管制金融，或對外來金融機構的成立和金融業務設下許多限制，這些限制會令國際資金卻步，長久下來反而會形成不利於與其他國家競爭的金融環境。

許多國家以發展國際金融市場為目標，卻無法全然滿足形成國際金融市場所必備的完全自由、開放等條件，於是退而求其次，在國內另外設立「境外金融市場」，或稱「境外金融中心」，相當於設置於境內、卻專門供外國籍人士、企業與金融機構交易外幣資金的金融市場。

「境外金融中心」由政府特別規劃，經特別法令規範、不受該國內原有金融法規所限制，以降低外匯管制、給予優惠的租稅條件等寬鬆的金融限制來吸引外國人投入國際資金，與以本國人、本國企業為交易對象的本國金融市場做出區隔。

成立境外金融中心的好處

對於境外金融中心的地主國而言，縱使流入的資金並非用於本國人的金融交易或投資國內企業，國際資金流入仍會帶來一些直接或間接的好處。例如，一來可以擴大地主國金融業的規模、加速金融國際化的腳步，以提升地主國的國際地位。二來也有益於地主國金融業務及其他周邊業務的活絡，促進經濟發展。三來可以藉由他國金融機構、金融從業人員進入本國而學習到更先進的管理方法，提升本國金融業的水準。例如香港、新加坡便是因為經營境外金融中心，而成為世界金融的重鎮。

資金為什麼要由境外移轉？

就資金提供者而言，為什麼資金需經第三地的境外金融中心移轉，而不直接往來呢？由於大企業為掌握最優勢的勞動力、原料等生產成本，往往在世界各國設有生產線子公司，若所獲得的境外盈餘需匯回母公司，便會出現匯率差價與稅賦等損失，如果

境外金融中心的概念

希望資金流入國內

- 一國的金融市場愈自由開放、資金流入愈無障礙，對於本國的金融規模擴大、經濟成長愈有助益。
- 政府希望能獲得大量資金流入的好處，同時又必須防杜過多的外來資金進入短期套利造成金融危機，必須進行外匯管制且對金融業務設立限制。

資金必須經由第三地移轉

- 大型跨國企業在各地所設的子公司若皆與母公司直接往來的話，會造成匯差與稅賦等損失，因此需要能提供免稅、無外匯管制、匯率自由等優惠的境外金融市場。
- 國家之間仍有投資金額、投資範圍的限制，必須尋求能間接轉運資金又安全可靠的境外金融市場。

境外金融中心

- 設於一國境內，為外籍人士、外籍企業、外籍金融機構所提供的金融市場。
- 不受該國內金融法規限制，採用自由、寬鬆的金融法令吸引外人投入資金。

實行狀況，以「銀行」為例：

國內金融市場 銀行

以本國貨幣交易為主

存款

放款 → 本國人、本國企業、本國金融機構

金融法規限制多

國內金融市場有利率、匯率的基本限制，存款利息也必須課稅，以免金融市場有過大的起伏波動。

境外金融中心 銀行

存款

放款

以外幣（如美元）交易

外國人、外國企業、外國金融機構

在政策、稅務給予優惠

脫離本國金融制度的層層管制，增加資金往來的自由、減低成本，外籍人士樂於前來參與金融活動。

資金可經由境外金融中心轉運，就能獲得母公司與子公司直接往來所不能享有的諸如免稅、外匯無管制、匯率自訂等優惠。因此，具有轉運優勢、資金調度靈活等優點的境外金融中心，對於資金輸出國而言非常重要。

另外，部分國家之間仍有投資金額、投資範圍的限制，境外金融中心也提供了在第三地間接轉運的機會，使海外投資更為便利。

兩種型態的境外金融中心

目前大部分的國家都致力於推展境外金融，許多知名的境外金融中心集結了許多跨國公司與銀行，進行大量的金融交易與活動。然而眾多的境外金融中心的市場性質卻有所不同，大致可分為兩種型態：

①**實質型境外金融中心**：指的是確實在當地從事金融交易、設有金融機構以提供存放款業務的境外金融中心，又可分為混合型與隔離型。

混合型境外金融中心指的是境內金融與境外金融並無明顯的區隔，形成內外合一型的金融中心，最具代表性的就是倫敦。

倫敦是世界上最早成立的境外金融市場，其起為二次大戰後美國境外的美元交易急遽成長，美國的銀行為了因應國際金融市場的龐大需求，便在允許以美元計價交易的國家開設分行，成立了「歐洲美元」市場，當時便以金融重鎮倫敦為首要地點，自然而然地促成了倫敦的金融市場同時以本國貨幣（英鎊）、外幣（歐洲美元）計價。

隔離型境外金融中心則是由政府規劃立法特別設立，將境外金融中心與境內金融分隔，專門處理境外的金融業務及其他帳務，紐約、東京、新加坡都是典型的例子。

②**租稅天堂型境外金融中心**：開曼群島、巴哈馬群島、英屬維京群島等鄰近美國的這些加勒比海小島，希望藉由吸引來自美國的境外資金，以增加金融及周邊業務的就業機會，達到提升經濟發展的目的，因此採取減少租稅、甚至免稅的優惠措施，使得本國稅賦較重的跨國大企業來此設立境外子公司。

這類境外公司註冊手續簡單，通常不必公布董、監事名稱。母公司藉由成立境外公司可以取得境外身分，進而設立境外戶頭，獲得在境外金融中心以優惠條件融資的好處；同時也能以境外子公司的名義進行交易，將交易利潤移轉至境外公司的帳下，以達到避稅、理財的目的。由於實際營運活動是在國內進行，境外公司只做為轉帳、記帳之用，故又稱為「紙上公司」。這類型的境外金融中心又稱為「租稅天堂」。

境外金融中心的特色

由於境外金融中心脫離原有國內金融制度、稅制的規範，向非當地居民籌措國際資金，通常具備以下五大特色才能成功籌資：

①租稅的優惠待遇：為了吸引外國金融機構及企業投入資金，境外金融中心會給予稅制上的優惠，如銀行不必提存法定存款準備金、不受存放款利率與外匯的限制；在租稅天堂型境外金融中心註冊的境外公司可減免營業稅、印花稅、所得稅，相對於國內的多種稅賦而言，租稅的優惠條件可以減低匯入資金的成本。

②優越的地理位置及發達的通訊網路系統：擁有優越地理位置的境外金融中心能和其他國家和周邊地區保持良好聯繫，使境外金融中心成為便利的區域中樞。此外，境外金融中心由於設於境外，客戶聯繫及處理交易都透過電話、網路等通訊系統，因此發達的電信基礎設施、以及廣泛的環

境外金融中心的分類

類別		意義	特點	著名案例
實質型境外金融中心	混合型	國內金融市場與境外金融並無明顯的區隔，形成內外合一型的金融中心。	為因應國際金融情勢而自然形成的金融中心。	倫敦：五〇年代末國際對於美元的需求龐大，倫敦自然形成美元在美國境外的最大交易市場。
	隔離型	將境外金融中心與國內金融市場分開，專門處理境外的存放款及其他帳務。	政府為吸引國際資金而規劃立法特別設立。	● 新加坡：六〇年代末成立。 ● 紐約：八〇年代初成立。 ● 東京：八〇年代中期成立。
租稅天堂型境外金融中心		成立目的不在於實質金融交易，而是提供租稅優惠，吸引企業或富人前來登記設立境外子公司，以達到將財富隱藏於境外、規避本國稅賦的目的。	境外子公司通常為控股公司，只進行紙上作業的記帳，實際營運活動則在國內進行。	● 開曼群島：六〇年代後期成立。 ● 巴哈馬群島：六〇年代後期成立。

球聯繫也是必備條件之一。

③**金融限制少**：相較於國內金融的諸多限制，如中華民國法令有人民每年匯出入五百萬美元、或者公司每年一千萬美元的上限規定，境外金融中心的資金沒有外匯管制，允許資金自由進出，往來客戶可靈活調度資金，成本獲得降低。

④**與當地的金融業務分離**：因境外金融中心的管制較少、優惠條件多且有更多機會參與國際性的金融活動，相較於國內金融業務更具有獲利性，因此最好與當地的金融業務分離，以減少對當地經濟的影響。但必須注意的是，像倫敦這種自然形成、非政府有計畫設立的境外金融中心則是與當地金融業務合為一體。

⑤**穩定的政治及經濟環境**：境外金融中心必須在穩定的政經環境下從事各項金融活動，若政經環境欠佳，資金融通的安全就會受到威脅，可能面臨資金凍結、外資大舉撤離的後果。

由 OBU 開始發展境外金融

許多國際金融重鎮的發展都是藉由境外金融得以成功，因此我國政府也致力於擴展國內金融規模為亞太區域、甚至國際的金融中心。政府的實際措施是於民國七十二年起特許銀行在中華民國境內，設立專為境外的自然人及法人服務的「國際金融業務分行」，簡稱OBU（Off-shore Banking Unit）。

OBU通常享有不必提存存款準備金、不受放款利率限制、不受外匯管制、減免營業稅、印花稅與所得稅等優惠，因此營運成本較低。相對地，給予在OBU開戶的境外人士的存放款利息也比較優惠，且免繳利息所得稅、資本利得亦免稅，因此具有吸引境外資金的能力。至目前為止，我國七十多家銀行中，OBU已開業營運的已有六十多家。

為區別起見，針對國人辦理、以本國幣別融通為主的金融業務則稱為「國內分行」（Domestic Banking Unit，簡稱DBU）。就設置地點而言，OBU與DBU沒有區別，都是設置於我國境內；就金融活動本身而言，OBU與DBU都是辦理存款、放款、匯入匯出以及金融商品承銷等銀行承辦的業務；OBU與DBU的不同之處在於OBU特殊的服務對象、幣別、享有賦稅優惠與較寬的金融限制。

OBU vs. DBU

OBU（國際金融業務分行）		**DBU（國內分行）**
位於境內、經營「境外」外匯業務的銀行金融單位，受國內金融法令限制較少。		位於境內、經營境內外匯業務的銀行金融單位，仍受我國金融法令規範。
吸引國際資金投入國內，擴張本國的金融業務規模，進而帶動經濟發展。	目的	執行國內金融政策，促進國內金融與經濟環境健全。
境外的自然人（排除雙重及多重國籍者）、境外的法人及境內或境外的金融同業。	資金來源	服務本國居民、本國企業。
以外國貨幣為計算單位。	流通貨幣	以本國貨幣為計價單位。
資金允許自由進出、盈餘自由匯出無設限。	金融規範	有外匯匯出入的金額上限，個人每年500萬美元、企業每年1,000萬美元。
● OBU不必提存法定存款準備金，也不受存放款利率限制。 ● OBU減免營業稅、印花稅、所得稅等。	應繳稅賦	● DBU依據央行政策提存法定存款準備金，存放款利率受限制。 ● DBU必須繳納營業稅、印花稅、所得稅等。
優惠條件較多 ● 存、放款享有優惠利率 ● 免營業稅、遺產稅等 ● 不必扣繳利息所得稅、資本利得免稅。	客戶優惠	**優惠條件較少** ● 一般存、放款利率 ● 需繳納營業稅、遺產稅等 ● 利息收入27萬以上需繳交利息所得稅、資本利得需繳稅。

境外金融市場②：實際操作方法

境外金融中心的金融限制寬鬆，稅賦又低，給予外籍人士更優惠的交易條件。吸引了許多大企業在租稅天堂成立境外子公司，以該紙上公司名義從事金融活動，再與境內的母公司藉由境外金融與境內金融的操作，帶來降低成本、減免稅賦的好處。

以境外子公司進行三角貿易

在跨國貿易活動進行時，境外金融與境內金融的操作配合，提供了企業降低成本的機會。

當兩國的公司要進行進出口的買賣交易時，如果進行直接的雙邊貿易往來，出售貨物的所得就必須繳交營業所得稅。若利用境外金融操作則可減低繳交的稅額，例如出口國母公司「繞道而行」在租稅天堂另外註冊一家紙上公司做為營運的中繼站，由於境外所得都是免稅（或低稅賦），即可將原本兩國之間的進出口交易分割為母公司對境外子公司（需繳稅）、及境外子公司對進口商（免稅）的二段交易，幫助出口國的母公司隱藏大部分所得，獲得減免本國營業所得稅的好處。

如此的貿易方式除了進口國、出口國外，因多了第三地，因此稱為「三角貿易」。

母公司除了可將實際銷售的利潤留在境外子公司而達成節稅的目的外，也可以利用境外公司的身分再回本國的境外金融中心開戶，取得更優惠的融資。在許多優惠條件之下，國際企業設立境外子公司、進行境外金融活動已經是非常普遍的現象。

操作配合的實際做法

舉例而言，台灣的A公司與英國買主B公司交易100萬元的筆記型電腦，如果是雙邊貿易，若台灣A公司向越南的下游廠商進貨成本是80萬元，以100萬元賣給英國買主B公司，則所獲得的20萬元利潤就必須在台灣繳稅。如果營利事業所得稅率為25％，則必須繳交5萬元的營業稅（獲利20萬元×稅率25％）。

如果台灣的A公司在英屬維京群島開設境外子公司a公司，則100萬元的交易可由台灣廠商賣給境外公司90萬元，利潤10萬元繳稅，營業稅率同為25％時也只需課2萬5千元（獲利10萬元×稅率25％），較雙邊貿易少了一半；另外由境外a公司出貨100萬元給英國買主，此10萬元利潤可保留在免稅的境外公司，為台灣的A公司達到節稅的目的。另外A公司可以利用a公司名義到台灣OBU開戶，進而取得銀行優惠的融資，使籌資成本也降低，獲得更大的競爭優勢。

以境外金融操作節稅的方法

雙邊貿易

一國出口商將產品外銷至他國進口商時，外銷價格減去生產成本所得的利潤必須掛在該出口商帳上，年底結算時必須繳交營利事業所得稅。

例如：一家越南工廠生產成本80萬元的筆記型電腦，台灣A公司以80萬元買進，再以100萬元賣給英國買主B公司。

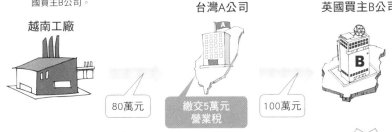

越南工廠　　　　　台灣A公司　　　　　英國買主B公司

80萬元　　　繳交5萬元營業稅　　　100萬元

- A公司銷貨毛利為20萬元（銷貨收入100萬元－銷貨成本80萬元）
- 如果營利事業所得稅率為25%，則必須繳交5萬元的營利事業所得稅費用（銷貨毛利20萬×稅率25%）

稅賦較高

三角貿易

一國出口商在第三國設立境外子公司之後，原本兩國之間的進出口交易分割為母公司對境外子公司、境外子公司對進口商的二段交易，母公司可以高價賣給境外子公司以隱藏利潤，使須繳的營業稅降低，境外子公司所得可享免稅優惠。

例如：台灣的A公司在英屬維京群島設立紙上公司a公司。台灣的A公司生產的筆記型電腦外銷給英國買主B公司，先由A公司以80萬元買進越南工廠生產的筆記型電腦，A公司再以90萬元轉賣給a公司，a公司以100萬元賣給英國買主。

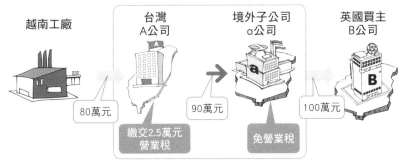

越南工廠　　台灣A公司　　境外子公司a公司　　英國買主B公司

80萬元　　　90萬元　　　100萬元

繳交2.5萬元營業稅　　　免營業稅

二段式交易隱藏了A公司的實際利潤

- A公司銷貨毛利為10萬元（銷貨收入90萬元－銷貨成本80萬元）
- a公司銷貨毛利為10萬元（銷貨收入100萬元－銷貨成本90萬元）
- 如果營利事業所得稅率為25%，則A公司必須繳交2.5萬元的營利事業所得稅費用（銷貨毛利10萬×稅率25%）
- a公司位於租稅天堂，不必繳交營利事業所得稅費用。

稅賦較低

境外金融市場③：境外銀行

一般人有理財需求時，會在國內的銀行開立存款帳戶；但對某些特別富有的客戶而言，可能會選擇位於海外的「境外銀行」開立「境外銀行帳戶」，享受更專屬、隱密的服務，例如將資金匯入瑞士銀行帳戶來保護資產。

境外銀行的意義

「境外銀行（overseas bank）」是指主要營業據點位於海外的銀行，所從事的主要業務為提供客戶海外理財投資、金融操作的服務。以台灣而言，凡是營業據點位於台灣以外地區或國家的銀行就是境外銀行。然而，境外金融操作最常提及的境外銀行則專指位於金融業發展先進、政治穩定、提供合理且優惠稅收政策的境外金融中心，如瑞士、新加坡、香港、紐約、倫敦的銀行，這些銀行特別提供利息所得免稅的優惠與諸如個人資料保密的嚴密管理，吸引世界各地的富人與企業到該國境外銀行開立帳戶，境外銀行則由收取帳戶管理費來獲利。

開立境外銀行戶頭的原因

吸引富人不在國內開戶，卻遠道海外的原因不外乎以下三項：

①**保密性**：富人的財富如果存在一般國內銀行裡，財富資料容易曝光，引來稅捐機關調查等麻煩，境外銀行戶頭對個人隱私的保障滴水不漏；例如瑞士設有「銀行保密法」，以「認密碼不認人」的隱密保障而聞名全世界，要取得客戶的銀行資料必須要有法庭的指令，若金融人員洩露客戶資料甚至有可能被判刑。極高的安全保障對富人而言極具吸引力。

②**節稅**：以我國而言，在國內存款的利息所得超過二十七萬要扣繳利息所得稅，境外所得則是免稅的，因此將資金存入境外戶頭可以合法的節稅。除了所得稅之外，以境外帳戶免除遺產稅、贈與稅也是常用的節稅技巧。例如富人先在租稅天堂為子女成立紙上公司，以紙上公司的名義開立境外銀行戶頭，再將資金轉匯至該公

境外銀行與OBU、本國銀行海外分行的分別

境外銀行與本國銀行的OBU都是服務外國客戶、收取境外資金的金融機構，然而，OBU的實體帳戶是位於境內、仍須受本國的金融法規管轄；境外銀行的實體帳戶則位於境外、可免除本國金融法規限制。最重要的區別是境外銀行以富人的私人理財與資產管理為主，以保密為訴求；OBU則是服務一般境外客戶。本國銀行海外分行則主要是為了服務海外的台商、僑民而設置，提供他們更快速、便捷的匯款服務管道，海外分行必須遵守所在地的金融法令。

司戶頭，就可以避開遺產、贈與稅的課徵，將資產留給子女。

③**多元的境外投資服務**：有些註冊在境外的金融商品並未經由本國金融監理單位許可，或尚未引進國內，透過境外銀行的投資服務就能購買更多元化的金融商品，理財的選擇也更為廣泛。

境外銀行的客戶調查

由於境外銀行提供富人相當隱密的理財服務，因此對於客戶的選擇也很謹慎。客戶資產負債狀況、資金來源、所從事的行業等背景資料都會經過深入調查，以免不肖人士透過境外金融管道將非法取得的金錢轉為明帳，躲避警政與財稅機關的調查（俗稱洗錢）。有些境外銀行為了保護商譽，會拒絕爭議性大的政要、軍火商等客戶。為了確保客源，大部分境外銀行的客戶來自既有客戶引介。

境外銀行與其他金融機構的比較

項目	境外銀行	本國銀行的海外分行	本國銀行的OBU
所在地	境外，受所在地金融法令管轄。	境外，受所在地金融法令管轄。	境內，受國內金融法令限制較少。
國家或地區	瑞士、新加坡、香港、紐約、倫敦……等境外金融中心。	各國皆有，以台商多的地區為主要據點。	本地。
服務客戶	外國人、在外國有登記之法人，服務對象多為富豪。	主要是至各國從事貿易、投資的台商，海外僑民。	外國人、在外國有登記之法人。
資金來源	國際資金	國內及國際資金	國際資金，只接受外匯存款。
優惠	●境外存款免扣繳利息所得稅 ●境外收入免稅 ●自由存提款	●國內總行與分行之間的交易手續較為簡便及費用減少	●境外存款免扣繳利息所得稅 ●OBU免繳營業稅、印花稅、所得稅
主要服務	為富人進行境外投資、帳戶管理、避稅等理財活動。	台商、海外僑民的金融理財服務如存款、貸款、匯兌。	外籍客戶的金融理財服務如存款、貸款、匯兌。

Chapter 3

金融市場與利率

　　與金融機構往來時，「利率」的高低是人們最關心的焦點。利率不僅影響個人借款的利息成本或存款的利息收入，利率的走勢更會連帶牽動各個金融市場，例如股票、債券的價格及匯率等。因此，要了解金融市場，利率是不可不知的重要觀念。

學 習 重 點

- 什麼是基本利率？
- 固定利率與浮動利率有什麼差別？
- 短期利率與長期利率的意義
- 區分國內利率與國外利率
- 利率與債券市場、股票市場的關係
- 利率與匯率有怎麼樣的連動關係？

了解「利率」

對一般民眾來說，利率愈高可賺取的利息愈多，把錢存入銀行的誘因也相對提高；對需求資金的企業而言，利率愈低，向銀行貸款的成本愈低，投資的意願也會提高。由此可見，利率高低對金融市場的資金走向有著重要影響。

什麼是利率？

借貸資金時，出借款項的人（即供給者、債權人）等於是放棄目前的消費、或其他投資獲利的機會，因此借款人（即需求者、債務人）必須支付「利息」做為報酬。而利息與本金（即所借入的金額）的比例就是「利率」。

例如，把錢存在銀行的話，銀行會依據存款金額與利率支付存款戶利息做為報酬，以存款100萬元為例，若年利率1.35%，一年後銀行的利息支出為13,500元（本金1,000,000元×利率1.35％）。若貸款人向銀行借入資金，也必須依據貸款金額與利率支付銀行利息，做為貸款人支付銀行的貸款成本。

除了銀行對民眾借、貸款有利率之外，銀行與銀行間的資金往來、或是政府、企業發行的債券、國庫券、以及各種金融商品也有利率。

利率的產生與影響

基本上，利率是依據供需原則形成的價格，當市場的資金需求大於供給，利率會上升，反之，若供給大於需求，利率就會下降。在供需決定利率的基本原則下，以穩定物價、維持

經濟穩健成長為要務的中央銀行，則會評估市場資金的情形，透過貨幣政策升息或降息，如調整對銀行的重貼現率、存款準備率等，影響銀行可貸放的資金量、與取得資金的成本，促使各銀行與央行同方向調整對一般民眾、企業的存放款利率，進而改變市場的貨幣供給量，以利達成任務。

所以，當景氣過熱、物價持續上漲有通貨膨脹之虞時，央行便會升息，墊高銀行的成本，進而調高利率，使企業投資、一般民眾貸款購屋、或消費的意願降低。如此一來，資金需求便會逐漸減少，使景氣降溫、物價走低。反之，當景氣不佳、物價下跌太多而有通貨緊縮壓力時，央行便會降息，使銀行取得資金的成本降低、進而調降利率，減低民眾把閒錢存在銀行賺利息的意願、以及提高企業向銀行借款投資的意願，更有效率地運用資金，以達到刺激經濟景氣、繁榮消費的目的。

利率是運用資金的判斷指標

由於將錢存入銀行孳息的風險較低，因此銀行的「一年期定存利率」經常被用來做為判斷其他投資理財的報酬率優劣的比較基準。一般人的理

財方式不乎是在銀行存款、或是在資本市場買股票、或債券等金融商品，若買金融商品的獲利率高於定存利率，便傾向投入金融商品；若低於定存利率，便定存取息。同樣地，當企業有籌資需求時亦然，若向銀行貸款的利率成本較低，便選擇間接金融，但若銀行貸款利率較高，就會傾向透過資本市場發行股票、債券的直接金融方式籌資。

央行升降息的影響幅度因銀行而異

由於各銀行握有的資金量、營運成本結構不同，當央行升降息而影響了銀行的資金成本時，有些銀行會在審視全盤成本後訂出在市場上最具競爭力的存款或放款利率，因此跟進央行升降息的步調和幅度會因銀行而異。然而，整體上，銀行的利率仍會依據央行的利率政策同方向地調整。

利率的意義與利率的決定

供給者

債權人借出資金意味著犧牲目前的消費或是其他投資獲利的機會，必須向需求者要求額外的利息做為補償。

借出本金
本金為實際供給的資金金額

支付利息
需求者付給供給者，做為借入資金的代價

需求者

債務人借入資金時必須支付債權人本金之外的利息做為報酬，也就是貸款的成本。

做為衡量借貸成本的指標。舉凡銀行貸款、債券買賣都有利率。

利息÷本金＝利率

重點 ❶ 利率的決定依據市場供需原則

當資金供給大於需求時，利率將自然趨向下降；供給小於需求時，利率將自然上升，最後達到市場均衡利率。

重點 ❷ 央行運用利率調控市場資金動能

央行調整對銀行的利率
- 景氣過熱時，為避免物價上漲，央行會升息，抑制資金需求。
- 景氣低迷時則會降息，提升資金需求。

銀行調整對民間的利率
- 央行升降息時，各銀行會隨之同步調整存款、放款利率。
- 各銀行分別經全盤成本考量後，提出較他行優惠的存款或放款利率。

央民間資金供需改變
銀行降低利率，民眾取得資金的成本降低，消費意願與需求也會提升，景氣隨之升溫；當銀行提高利率，民眾的消費意願與需求則會降低，使景氣降溫。

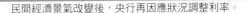

民間經濟景氣改變後，央行再因應狀況調整利率。

什麼是基本利率

每一家銀行牌告上都登載了活期存款、定期存款、基本利率、房貸……等利率，其中的「基本利率」代表該銀行放款時的利率基準，在此基準上依據借款人的借款項目和信用予以加碼。

「基本利率」的作用

基本利率是銀行依據央行所執行的利率政策，再加上銀行營運成本後所訂定出的，能反應出銀行從事放款的基本成本，所以被視為銀行各種放款利率的基準。

各銀行在央行訂定重貼現率……等利率政策、也就是銀行基本的資金成本外，必須加計的各項營運成本包括了銀行管理、人事、營業費用等成本，還需考量銀行資產價格變動的風險、銀行投資績效、銀行辦理存放款業務的成長規模等。因此，基本利率也是銀行利率結構中最關鍵的利率。

銀行之所以要特別牌告出最低成本的基本利率，主要是因為銀行的經營原本即是由存、放款的利差獲取合理的利潤，但在銀行之間業務的激烈競爭之下，可能會因過度競爭而壓低放款利率、減損利潤，甚而破壞金融秩序的情形。因此，央行規範各銀行必須實施基本利率制度，以能反應實際成本的基本利率做為各銀行的核貸依據，藉此發揮市場價格機能，同時也能讓銀行穩健地營運。

基本利率與放款利率

一般而言，各銀行在對一般借款人核算放款利率時，為了要賺取合理利潤、避免風險，會依借款人條件的不同，根據其基本利率再給予不同的加碼（一碼＝0.25%，是金融常用的計量單位）。加碼幅度大小則是根據借款人的財務狀況、存款實績（客戶與銀行實際存款往來狀況）、外匯實績（客戶進行外匯匯兌、外匯存款、進出口等外匯業務往來狀況）、借款期限、還款能力等項目做信用評等，評估其違約的風險，以計算出放款的成本，做為放款實際要求的利率水準。

一般而言，若是信用良好、往來密切、且還本付息正常無延宕的客戶，由於違約風險較低，銀行放款的成本相對較低，故會給較少的利率加碼，所適用的放款利率就會比較接近基本利率，即放款利率較低；反之，信用較差、企業規模較小或是借款期限較長的客戶有較高的違約風險，因為會提高銀行的放款成本，因此將給予較多的利率加碼，導致放款利率較高。

基本利率的變化

基本利率的變動代表銀行的資金成本變動，因此當各國負責執行利

率政策的中央銀行考量總體經濟、景氣等狀況，決定升（降）息，即調升（降）整重貼現率、存款準備率時，也代表各銀行因應借款成本的改變，同方向調整基本利率。例如我國央行宣布升息若干碼，各銀行基本利率也會調升，當央行宣布降息若干碼，基本利率則會隨之調降。

銀行以多元化定價方式擬定放款利率

需留意的是，因為各銀行會考量本身的資金、獲利情形等營運狀況不同，因此銀行基本利率調整的幅度並不等於央行所公布的碼數。例如八十九年底至九十二年中，央行十四度調降重貼現率，由4.625%逐步調降至1.375%，降幅達十三碼，銀行雖因應調降基本利率，但調降幅度卻較少，對一般貸款戶的放款利率經加碼後又更高，使貸款戶的權益受到影響。由此可見，銀行放款利率訂價指標除了考量基本利率外，會兼採多元化訂價方式，考量貨幣市場利率（通常為三十天或九十天期商業本票次級市場交易利率）、定儲利率指數（採用國內六家主要金融機構一年、二年、三年期定儲固定利率平均值）等，綜合多種指標以更符合市場交易實況。

基本利率制度的形成及目的

銀行必須維持獲利		銀行間業務競爭	基本利率制度
銀行主要的獲利為存款與放款的利率差，若利差過小則無法維持營運。	＋	為吸引更多客戶前來貸款，銀行可能訂立較他行低的放款利率。	可確保銀行的正常營運、存放款利率符合市場實際狀況，避免因惡性競爭危及金融秩序。

以基本利率做為對一般客戶放款利率的核算基礎

一般放款利率＝基本利率＋加碼 （一碼＝0.25%）

基本利率

為銀行對信用最佳客戶的放款利率，也就是放款最起碼的利率。基本利率由銀行總計各類成本後得出，包括：

- 資金成本：銀行籌措資金的成本，以央行重貼現率為判斷基準。
- 作業成本：包含管理、人事等成本。
- 價格風險：利率升貶引起銀行資產價值變動造成的損失。
- 投資績效：銀行本身投資操作績效高低。
- 存放款規模：銀行辦理存放款業務的成長規模。

加碼幅度反映銀行借款風險，考量因素包括：

- 客戶財務狀況：財務狀況好者加碼少。
- 存款實績：參考客戶與銀行實際存款往來狀況，往來密切、還本付息正常加碼少。
- 外匯實績：參考外匯業務往來狀況，往來密切、還本付息正常加碼少。
- 借款期限：期限短者加碼少。
- 還款能力：還款能力強者加碼少。

固定利率與浮動利率

與銀行往來存放款時，除利率高低外，採用「固定利率」或「浮動利率」的計息方式也是應注意的重點。以固定利率計息時，貸款成本或存款報酬固定不動，有鎖定利率上揚風險的好處。浮動利率則配合市場利率升降的脈動，獲利空間較具彈性。

固定利率 vs. 浮動利率

銀行牌告上有「固定利率」與「浮動利率」供客戶選擇。「固定利率」指的是借貸雙方在某一段期間內都採用同一個利率計息，到期則依當初約定利率計算收付利息。「浮動利率」則為雙方約定以變動的利率計息，利率隨銀行調整牌告的浮動利率時而調整。

例如甲存入一年期新台幣定存10萬元、固定利率1.36%，即表示一年後存單到期時可以拿回存入的本金10萬元加上利息1,360元（100,000元×1.36%）。乙存入一年期新台幣定存10萬，選擇浮動利率1.345%，若銀行於第七個月時因應央行升息而調升利率半碼（0.125%），存單到期時乙可以領回本金10萬元及利息1,408元〔（100,000元×1.345%×6/12）＋（100,000元×1.47%×6/12）〕

設定兩種利率的原因是為因應利率的自由化發展趨勢，讓交易雙方可以依據資金調度習慣選擇計息方式。選擇浮動利率者可以隨著當時市場狀況上升和下降微調利率，使成本、收益能與市場變動趨勢之間不致出現重大差異而蒙受損失。選擇固定利率者則可以事先預計成本、收益，減低不確定性。

兩種利率的適用時機

存、貸款時約定利率的計算有固定及浮動利率兩種方式，那麼，何時該選擇固定利率、何時該選擇浮動利率？對存款的一方而言，當市場利率看漲，存款人選擇以浮動利率存款自然較有利，因為利率上升時，存款戶可享受到利息增加的好處；反之，當市場利率看跌時，則採取固定利率較有利，以避免未來因利率下跌而蒙受損失。但對貸款的一方而言則正好相反，當利率看漲時，利率愈高所需支付的貸款利息愈多，貸款利率應採用固定利率則較有利；相反地，當利率看跌時，應該選擇浮動利率。

而市場利率的漲跌則是根據央行的貨幣政策而定，央行會依據總體經濟環境、景氣好壞等因素考量升息或降息。存款者可以由長期觀察市場狀況來幫助判斷，例如財經新聞中對於國內外景氣情況的報導，或是央行釋出將升降息的訊息等皆可做為參考。除此之外，銀行的牌告利率也能看出對未來利率預期的一點玄機：若牌告上的浮動利率大於固定利率，表示利

率可能將往下走，所以銀行將機動利率訂得較高，以吸引存款人選擇浮動利率。若浮動利率小於固定利率，通常表示銀行希望存款人選擇固定利率，如此未來利率反而可能會往上調整。

固定利率與浮動利率的比較

固定利率
借貸雙方約定確定的利率，到期則依當初約定利率計算利息，利息事先已經確定。

浮動利率
借貸雙方約定以會變動的牌告利率計息，利息視市場利率調整，事先未能確定。

根據未來利率走向選擇
市場利率看漲時，存款人選擇以浮動利率存款較有利，利率上揚時可享受到利息增加的好處。反之，貸款人則應選擇固定利率，以免需多支付利息。

判斷依據 1 觀察市場狀況
央行會依據總體經濟環境及景氣等多重因素決定升降息，景氣過熱時會升息、景氣蕭條則會降息。

判斷依據 2 觀察牌告利率
- 牌告浮動利率＞固定利率
  →利率可能走低
- 牌告浮動利率＜固定利率
  →利率可能上揚

例如
- 王小華和張小明到A銀行存了1,000,000元的定期存款，為期一年。固定利率為1.36%，浮動利率為1.345%
- 王小華選擇固定利率；張小明判斷利率將會調升，選擇浮動利率。

存單到期時，王小華可以領回本金加利息1,013,600元。

計算方法
本金1,000,000元＋利息13,600元
（1,000,000元×利率1.36%）
＝1,013,600元

張小明判斷正確，較王小華多賺取475元（14,075元－13,600元）的利息收入。

銀行於半年後調升利率半碼（0.125%）

存單到期時，張小明可以領回本金加利息1,014,075元。

計算方法
- 張小明的定期存款前半年依據調升前的利率1.345%計息，後半年依據調升後的利率1.47%（1.345%+0.125%）計息。
- 本金1,000,000元＋利息14,075元〔（1,000,000元×利率1.345%×1/2）＋（1,000,000元×利率1.47%×1/2）〕＝1,014,075元

短期利率與長期利率

利率是金融市場裡進行資金交易的價格基準，反映了取得資金的成本。交易天期愈長，無法如期還款的風險愈高，利率也相對會訂得愈高。一般而言，金融市場的利率可以分為短期、中期以及長期利率。

短期、中期、長期利率

短期利率為個人或企業因應短時間的資金周轉，向貨幣市場或資金供給者要求短期融通的利率。融通的交易工具大多是常見於貨幣市場中一年以下的短期票券為主，如國庫券、商業本票等。最常交易的期間有隔夜、一星期、二星期、一個月、三個月、六個月、九個月及一年。

中期率利率是指一至七年的中期放款或中期債券的利率水準；長期利率則是指七年以上的長期放款或長期債券的利率水準。適用中期以及長期利率的金融商品常見的有債券、一般的房屋貸款、企業購置廠房及機器設備等資本支出的貸款。一般銀行的牌告利率表都會標示各種天期的利率水準以供需求客戶查詢。

借貸時間愈長，利率愈高

一般而言，無論是放款或是存款，短期利率都比長期利率來得低。以短期利率融通的資金多為周轉用途，資金流動性較高；由於貸款期限短，債權人所承擔的市場利率變動因素低、債務人無法如期償付的風險也比較低，出借資金的風險相對小，因此借款時只須負擔較低的借款利率，支付出較少的代價即可獲得資金。所以，存款的時間愈短，所能獲得的報酬（利息收入）也較少。

相較而言，以中期與長期利率融通的資金多為建廠買屋、購置機器設備等資本性支出，資金流動性較低。因為貸款期限加長，債權人所承受的市場利率變動因素變大、到期無法償還的風險也增加，因此出借資金的人會要求更高的報酬來做為承擔風險的補償，借款人也必須付出較高的成本來取得資金。相對地，融通的時間愈長，利息水準也會愈高，所以中期與長期利率應該高於短期利率。

一般銀行訂定中期與長期利率時會以短期利率為基礎，視期限的延長相對增加的風險成本予以加碼計息。

中長期利率多採用浮動利率

市場有時會發生特殊狀況，如預期未來景氣會發生嚴重衰退、或利率下降趨勢非常明顯時，會造成短期利率高於長期利率的情形。為了規避利率變化的風險，通常中長期利率會採用浮動利率或分段計息的方式來調整。例如房貸多採分段計息：前六個月以固定利率計息，第七個月之後開始採定期儲蓄利率加碼的浮動計息方式。

短期、中期、長期利率

	短期利率	中期利率	長期利率
定義	資金需求者要求短期（一年以下）融資所適用的利率。	資金需求者要求中期（一至七年）融資所適用的利率。	資金需求者要求長期融資（七年以上）所適用的利率。
常見融通工具	●國庫券（政府為調節收支所發行的短期票券） ●商業本票（企業為籌措短期周轉資金而發行） ●可轉讓定期存單（可以在存款期間出售的定期存款存單）	●債券（企業或政府為籌措資金所發行、一至七年到期的有價證券） ●為期一至七年的房屋貸款 ●企業購置廠房、機器設備的貸款	●債券（企業或政府為籌措資金所發行、七年以上到期的有價證券） ●為期七年以上的房屋貸款 ●企業購置廠房、機器設備的貸款
風險	●短期資金的借款期限最短，市場利率變動的可能較低。 ●支應短期週轉用途，資金流動性高 ➡債務人無法如期償付的風險較低、債權人所承擔的到期日風險較低。	●中期資金的借款期限較長，市場利率變動的可能較高。 ●中期資金是支應資本性支出需求，流動性較低。 ➡債務人無法如期償付的風險較高、債權人所承擔的到期日風險較高。	●長期資金的借款期限最長，所承受的市場利率變動風險最高。 ●長期資金是支應資本性支出需求，流動性較低。 ➡債務人無法如期償付的風險較最高、債權人所承擔的到期日風險最高。
	利率最低 債權人支付最少的代價就能取得資金。	**利率較高** 債權人支付較多的代價才能取得資金。	**利率最高** 債權人支付最多的代價才能取得資金。

利率對匯率的影響

隨著金融自由化與國際化，資金在跨國之間流動、追求更高獲利投資的情形也大幅增加，國內利率與國外利率的高低差額會引導資金的流向，進而影響外匯市場裡匯率的波動。

國際資金流向高利率國家

不同國由於經濟環境、景氣等狀況不同，利率水準也會相異。就國際資金移動的角度看來，投資人會將資金投入利率較高的國家，以獲取較高的投資收益。這些在國際金融市場追逐高利率的資金即為「國際熱錢」。例如當本國利率低於外國利率時，在本國投資的利潤較低，轉向國外投資相對變得較為有利，就會造成本國資金的流出；當國內利率高於外國利率、投資利潤相對較高時，則會引起國際資金流入。

舉例而言，金融海嘯後，美國實施量化寬鬆政策(QE)，引導利率下降，國際資金便大幅流向利率較高的新興國家；近期QE退場預期再起，美國低利率的環境即將結束，敏感的金融市場又開始引發資金紛紛退出新興市場，朝已開發國家回流的情況。

升降息對匯率的短期影響

央行貨幣政策的升息或降息是影響一國利率水準的主要原因。由外匯市場實際供需來看，央行調息後造成的國內外利率的差異影響國際熱錢的流入（流出），會立即牽動外匯市場的波動。當央行升息，短期間將帶動銀行利率調升，而本國利率上升，將吸引更多國際資金流入國內，使得外匯的供給增加，促使本國貨幣升值，外國貨幣相對貶值。

相對地，央行降息短期間也會帶動銀行調降利率，當本國利率下降，會驅使本國資金大量流出，外國資金對本國的投資意願也會相形減低，造成外國貨幣需求增加，促使本國貨幣貶值、外國貨幣升值。

升降息對匯率的長期影響

然而，從長期總體經濟的效果而言，央行評估景氣、並以貨幣政策的利率控制調節市場流通的貨幣供給量，藉以影響景氣的做法，也會帶動本國貨幣升值或貶值。

當央行採取升息的做法，目的是為了緩和過熱的景氣，使個人與企業在利息調升之下，因貸款需負擔較高利息，而降低借款意願；同時存款利息增加也會促使資金回流至銀行，讓金融市場上流通的貨幣數量減少，最終達成景氣降溫。

雖然，央行的升息短期可能使國際資金湧入國內，帶動本國貨幣升值，但央行升息的貨幣政策達成景氣降溫的目的後，在市場上貨幣的供給與需求都減少的情況下，卻會造成本國貨幣貶值的結果。相對地，降息則

會提升借款意願、刺激消費需求，驅使更多資金挹注於市場，最終刺激景氣回溫，在市場上對貨幣的供、需皆提升的情況下，將帶動本國貨幣升值。

然而，由於央行通常調整利率後需一段期間才能帶動市場的資金動能，進而影響整體經濟狀況，效果會落後三至六個月才顯現出來，但外匯市場短期內國際熱錢流入（流出）影響本國貨幣升值（貶值）的效果，卻是比央行調息的效益更快更直接。

央行升（降）息對匯率的影響

景氣低迷，民間消費與投資萎靡。

↓

央行為刺激經濟成長宣布降息，調降重貼現率、存款準備率等。

↓

銀行因應成本調降利率。

政策效果反應較慢，需時較久。

長期影響

- 個人與企業借貸成本降低
- 民間握有的資金量增加
- 刺激消費與投資需求
- 景氣回升
- 帶動本國貨幣升值

短期影響

- 存款的利息降低、存款意願降低
- 追逐高利率的國際熱錢流出
- 外國貨幣需求增加、供給減少
- 外國貨幣升值、本國貨幣貶值
- 待刺激經濟景氣的效果浮現，本國貨幣轉強，長期走勢看升。

景氣過熱，民間消費與投資大量增加。

↓

央行為使經濟降溫宣布升息，調升重貼現率、存款準備率等。

↓

銀行因應成本調升利率。

立即改變國際熱錢的流向。

長期影響

- 個人與企業借貸成本增加
- 民間握有的資金量減少
- 降低消費與投資需求
- 景氣降溫
- 帶動本國貨幣貶值

短期影響

- 存款的利息上升、存款意願增加
- 吸引國際熱錢流入
- 外國貨幣供給增加、需求減少
- 外國貨幣貶值、本國貨幣升值
- 當景氣降溫的效果浮現，本國貨幣則是趨弱，可預期長期看貶。

利率與債券價格的關係

利率波動對不同特性的金融商品有不同的影響。其中，債券因載明了票面利率，每期固定以票面利率乘以票面金額支付債券持有人利息，當市場利率水準一有變動，債券實際交易價格即會受影響，與利率的關係可說最密切也最直接。

什麼是債券

債券是一種表彰長期債權的有價證券，期間通常為一年以上。當政府、企業或金融機構需要籌措資金時，透過發行債券向社會大眾籌資，購買債券的投資人就是債權人，發行債券的機構則為債務人。發行者承諾在債券的未到期期間，依約定的條件按期支付利息，到期時償還本金。支付利息的水準是依照債券的票面利率，通常為固定利率，所以債券被歸類為固定收益且保本型的投資工具。當投資人覺得定存利率太低，買股票又擔心套牢，債券可說是提供了一個較為安穩的投資方式。

債券最大的好處是除了享有固定發放的利息收益外，也可以在債券市場價格好時，將持有的債券在到期之前轉賣給他人，獲得債券價格上揚的資本利得。

債券價格與利率的關係

由於債券的到期日較長，投資人往往為了減低長期供給資金的風險，少有投資人會一直持有債券到到期日，而在持有期間趁著債券市場有好價格時賣出。債券價格和股票價格一樣會有上下的波動，債券價格因此會隨著市場行情變化，投資人有機會賺到低買高賣的價差，而影響債券價格變動的最主要因素就是市場利率水準。

市場利率即為交易當時金融市場的交易利率水準，可由與債券性質相似的金融工具利率觀察得知，如同天期的政府公債利率、同業發行債券利率、各大行庫一年期定存利率等。

一般說來，當景氣轉弱，市場利率下跌，新債券的發行者得以採較低的利率在初級市場發行債券以籌措資金。與此同時，受惠於利率的下跌，原先在次級市場交易、票息較高的舊債券則變得更有價值，造成投資人搶購，在需求大增之下，導致次級市場債券價格上揚。

同理，當景氣變熱，市場利率走強，將引導債券價格下跌。由此可歸結出，債券價格對利率水準變化相當敏感，且債券價格與利率是呈反向的關係。

初級和次級市場

有價證券的「初級市場」即為首次發行的市場,政府、企業等透過證券承銷商的協助,發行有價證券以籌措資金。而有價證券發行後,於其到期日前欲出售有價證券,只能以轉手流通方式來賣給第三者,提供已發行的舊有價證券轉手流通交易的市場即為「次級市場」,一般投資人多在次級市場進行交易。

債券價格與利率呈現反向關係

情況1　**市場利率下跌,債券價格上漲**

景氣蕭條 ▸ 市場上資金供給大於需求 ▸ 市場利率水準下跌

初級(發行)市場
配合當時市場利率水準,以較低的票面利率發行新債券。

次級(流通)市場
原先在次級市場的舊債券票面利率相對較高,更能吸引投資人購買。

▸ 債券需求量增加,市場交易熱絡,債券價格上揚

情況2　**市場利率上升,債券價格滑落**

景氣繁榮 ▸ 市場上資金需求大於供給 ▸ 市場利率水準上升

初級(發行)市場
配合當時市場利率水準,以較高的票面利率發行新債券。

次級(流通)市場
原先在次級市場的舊債券票面利率相對較高低,持有者傾向賣出舊債券。

▸ 債券供給量增加,市場交易清淡,債券價格下降

利率與股票市場的關係

利率是金融市場中的一項重要指標，利率的波動牽動了整個金融市場的表現。除了債券以外，利率的變動也會影響股票的價格，進而影響投資人進入股票市場的意願。

銀行利率影響股價變動？

股票是金融市場的商品之一，股票的價格會受到市場供需所影響。當投資人需求增加、紛紛搶購股票時，股價會上升；投資需求降低、拋售股票時，股價則會降低，而對於市場利率如銀行定存利率、公債利率等其他資金去處的觀察，正是影響投資人買賣股票的重要因素之一。一般而言，利率與股價存在著反向變動的關係，亦即當市場利率上升時，股價會下跌；反之，市場利率下跌則會使股價上揚。

之所以有如此影響，可分別從上市公司與投資人的角度加以了解。以國內的上市公司來說，利率的升降對公司的經營成本影響甚鉅，因為公司除了自有資金外，大部分須仰賴銀行的借貸或藉著在債市、股市等資本市場籌資，以進行更多的投資計畫。一旦利率上揚，利息支出增加了，取得資金的成本負擔加重，營業收入及利潤自然降低，可分派給股東的股利將相對減少。當投資人無法從該公司股票獲利，購買股票的需求也隨之降低，進而使股價下跌。相反地，當利率下跌時，公司經營成本下降，獲利能力增加、分派的股利增加，投資人的購買意願也就增加。

從投資人角度來看，由於利率上揚可增加投資人購買其他金融商品，如定存或債券等可能的獲利，除非股票報酬率可以相對高於銀行定存、或甚至債券的報酬率，否則投資人會傾向將資金從股票市場轉向購買其他金融商品，如此一來，股價也就隨之下跌。反之，當投資人購買其他金融商品的獲利降低，也會使股票的需求相對增加，股價也將隨之上揚。

央行利率政策對股市的影響

股市是衡量一國經濟景氣與否的重要指標，暢旺的資金則是股市能否蓬勃發展的重要關鍵。為此，中央銀行往往透過貨幣政策，以利率的調整來調節市場流通的貨幣供給額，間接影響股市的表現。當股市因景氣不佳而交易冷清時，央行會採取降息措施，使企業融通資金的成本降低，增加資本支出，以利於產量提升，同時刺激消費，讓企業的營業收入及利潤增加，能分配給股東的股利也可能因此提高。此外，調降利率也會減弱資金擁有者將資金存於銀行的誘因，而當資金從銀行流出時，便可能轉向投資股市。總的看來，股利的增加、更

加充裕的資金都將刺激股市上漲，進而恢復景氣。相對而言，一旦股市表現過熱時，央行則會採用調升利率的手法，使市場的貨幣供給數量減少，企業資金成本提高，進而減低資本支出；民眾則降低消費，投資人將資金挪出銀行，轉進股市的誘因也會減少，將使股市下跌的機率增加。

央行利率政策如何影響股市？

中央銀行

運用調整重貼現率、存款準備率…等利率政策帶動銀行調整存放利率、調節市場資金，進而影響股價。

情況1 股市過熱時	**情況2** 股市低迷時
投資意願高，交易熱絡、股價被哄抬。	投資意願低迷，交易冷清、股價不振。
央行調升重貼現率、存款準備率。	央行調降重貼現率、存款準備率。
銀行因反應成本而調升存款、貸款利率。	銀行因反應成本而調降存款、貸款利率。

企業向銀行借款資金成本增加。	存入銀行或是購買債券的利息收入增加。	企業向銀行借款資金成本降低。	存入銀行或是購買債券的利息收入下降。
企業的利息支出增加。	投資股票的利潤相對變得較低。	企業的利息支出減少。	投資股票的利潤相對變得較高。
企業的營業收入及利潤降低。	投資人將資金轉投其他金融市場的意願提高。	企業的營業收入及利潤增加。	投資人將資金轉投入股市的意願提高。
股東的股利減少。		股東的股利增加。	

資金流出股市。	資金湧入股市。
股價反應下跌	**股價反應上漲**

Chapter 4

常見的金融產品工具

　　貨幣市場、股票及債券市場、外匯市場、共同基金市場以及衍生性商品市場，這許多金融工具交易買賣的組合，構成了一般通稱的「金融市場」。幾乎每個人的日常活動都與金融市場有關，例如到銀行存款，辦理貸款、申請信用卡、買賣股票、基金甚至出國結匯等。這些在金融市場中經常為人使用的各種金融產品及交易方式可以分為貨幣、股票與外匯三大範疇，也是金融市場的核心內容。

學 習 重 點

● 貨幣市場的參與者有哪些？如何運作？

● 貨幣市場交易的商品有哪些？

● 股票市場的運作方式

● 債券市場的金融工具有哪些？

● 外匯市場如何運作？

● 外匯投資商品有哪些？

● 衍生性商品如何分類？

● 共同基金市場的運作方式

貨幣市場①：貨幣市場的運作

現實生活中幾乎每一個人都參與了貨幣市場的活動。貨幣市場中交易的「貨幣」或「準貨幣」，包括了流通最快的現金、支票存款、國庫券、銀行承兌匯票、商業本票、銀行可轉讓定期存單等。

參與貨幣市場的目的

貨幣市場促成了短期資金的流通，是金融活動最頻繁的市場，一般個人參與貨幣市場的目的主要有下列幾點：①做為支付交易酬勞的工具：當買賣雙方進行商品或勞務的買賣時，買方可以用短期票券代替現金支付。②做為投資工具：大眾可以利用閒置資金購買短期票券，進行個人投資理財。③短期資金調度：由於短期金融工具流動性高，未來可隨時變現，又有孳息，是很重要的短期資金調度工具。

參與者與運作方式

貨幣市場的交易屬於「直接金融」，資金由供給者所購買的短期金融商品直接移轉到資金需求者的手上，就像公司發行股票或債券直接向投資人籌資一般。在資金移轉的過程中，金融機構在交易中扮演協助發行短期金融工具的角色，而非中介者角色。

貨幣市場的主要參與者包括了金融機構、政府部門、中央銀行、一般的企業及個人，分述如下：

①金融機構：最大宗的參與者首推銀行及票券商等金融機構。銀行及票券商一方面協助所有信用良好、又有資金需求的企業發行短期金融工具，例如商業本票、銀行承兌匯票等；另一方面，金融機構也會持有短期票券，由於短期票券變現性高，既可以獲取利得，也能保有一定的資產流動性，可隨時因應資金周轉之需，若金融機構本身有短期資金的需求，就會賣出所持有的短期票券。

②政府部門：政府部門扮演資金供給者與需求者的角色，當政府入不敷出時，可以經財政部或央行發行國庫券，向大眾募資以支應國庫支出；當政府有盈餘時，也可以將閒置的資金投資短期金融工具以賺取獲利。

③中央銀行：央行所執行的公開市場操作是藉由購入或賣出票券，達成調節貨幣市場資金、穩定金融的目標，由於資金量相當龐大，所以也是最有力的資金供給者與需求者。

④企業及個人：經由金融機構的協助，企業可以發行短期金融工具來籌措短期資金，也會運用閒置資金購買進行短期投資。個人則主要是資金供給者，購買貨幣市場的短期票券以獲得投資的收益，或是拿持有的短期金融工具向金融機構貼現，成為資金的需求者。例如「交易性商業本票」

即為企業所使用的短期金融工具，企業在平日進行商業交易、需要支付貨款時，可以發行專為交易用途、載有到期日的交易性商業本票代替現金支付；而取得交易性商業本票的一方在到期日即可向發行者要求兌換成現金，若在到期前有現金需求，也可向金融機構要求貼現，預扣貼現息後即可取得現金。

貨幣市場的運作方式

供給者

- 政府部門：國庫有多餘的短期資金時，會投資貨幣市場的短期金融工具。
- 金融機構：為了保持資金的流動性，會購入貨幣市場的短期金融工具。
- 央行：貨幣市場資金量不足時，會買進短期金融工具以釋出資金，藉以穩定金融。
- 企業：握有閒置資金時會進行短期投資。
- 個人：握有閒置資金時會進行短期投資。

提供資金　買進

國庫券

商業本票

銀行可轉讓定存單

一年以內到期的短期金融商品，具有高度的流動性，容易脫手變現。包括：存款、支票、國庫券、銀行可轉讓定期存單、銀行承兌匯票、商業本票等。

貨幣＋準貨幣

由金融機構（銀行、票券商等）協助企業發行短期金融工具。

借入資金　發行

需求者

- 政府部門：政府入不敷出時會發行國庫券。
- 金融機構：有資金需求時會賣出所持有的短期金融工具，銀行也可以發行可轉讓定期存單籌資。
- 央行：貨幣市場資金過多時，會發行短期金融工具，將過多的資金收回。
- 企業：可發行短期金融工具來籌募資金。
- 個人：可將所持有的短期金融工具貼現。

貨幣市場② ：貨幣市場工具

融通一年內到期的短期貨幣市場中，交易工具包括了國庫券、商業本票等短期票券、附帶買回或賣回等條件的附條件交易、以及金融業欠缺短期資金時互相拆借的金融業拆款。

短期票券 ① ：
國庫券、可轉讓定期存單

　　貨幣市場中常見的短期票券包含了國庫券、可轉讓定期存單、商業本票及銀行承兌匯票等。這些短期票券因發行單位的不同而有不同的名稱，但基本融通資金的性質大抵相同。

● **國庫券（TB）**：是指中央政府在入不敷出時，為調節國庫收支而發行的短期票券。發行的數額、面額及期限是由財政部洽商中央銀行，依當時實際狀況而定。國庫券通常採貼現方式計息，以低於面額的方式公開標售，到期時依面額將資金返還給投資人，差額即為利息（投資利得）。持有者不一定要持有到期，若市場上有不錯的收購價格時，也可以透過銀行、票券商在次級市場賣出，提早取得獲利，以減低資金積壓的疑慮。當國庫有多餘的短期資金，中央銀行也可隨時買回國庫券，以穩定金融。

● **可轉讓定期存單（NCD）**：定期存單是由銀行簽發給存款人，在特定期間按約定利率支付利息的存款憑證，到期時存款人可持定期存單向銀行領取原有的本金加利息。原本定期存單並沒有轉讓的性質，無法在市場上流通，後來銀行開始發行具有轉讓性質的定期存單，投資人可以持有至到期日或是中途在貨幣市場（通常是透過銀行）轉讓出售，成為可自由買賣流通的金融工具。定期存單的利率是由各發行銀行參考當時貨幣市場利率水準，再依各自的資金成本訂定。

短期票券 ② ：
商業本票、銀行承兌匯票

　　一般民間企業為籌措短期資金所發行的短期票券稱為商業本票，可分為交易性商業本票（CP1）與融資性商業本票（CP2）。

● **交易性商業本票**：為具信譽的工商大企業所發行的一種短期債務憑證，通常期限不超過一百八十天。交易性商業本票可做為支付商業交易如買賣原料、勞務等酬勞的工具，發票人為該筆商業交易的買方、受款人則為賣方，買方承諾於本票指定到期日無條件支付貨款給賣方。商業本票到期前，持票人若急需現金，可以背書（在票據背面簽名，以示轉讓該票據的權利）後售與銀行、票券商貼現，以取得周轉資金。由於此類本票的信用建立在「交易」之上，並無銀行信用保證，因此銀行、票券商須對交易雙

方做確實徵信，例如查核交易憑證等。到期時，再持票向開立交易性商業本票的買方要求付款。

- **融資性商業本票**：和交易性商業本票不同，融資性商業本票不是支付交易之用，而是為了籌集短期資金所發行的票據，性質與債券較為相似，但發行期限在一年之內。融資性商業本票可分為經銀行、票券商等金融機構保證、及未經金融機構保證兩種。

經金融機構保證的融資性商業本票為一般企業所發行，需先委託金融機構辦理保證、簽證、承銷等業務，使投資風險降低並增加市場流通性；未經金融機構保證的融資性商業本票則是知名上市公司在取得銀行授與信用額度後發行，由於財務狀況已獲投資人信賴，即使未經保證仍具有很高的投資價值。

投資人向銀行、票券商等金融機構買入的融資性商業本票可於到期兌現；也可做為融資工具，在到期前以貼現方式售予銀行、票券商，取得資金。

- **銀行承兌匯票（BA）**：「匯票」與交易性商業本票相同，也是便於商品交易活動而發行。匯票的發票人簽發一定的金額，委託付款人於指定到期日支付持票人匯票所載金額。而「銀行承兌匯票」即是銀行接受客戶委託擔任匯票的付款人。銀行承兌匯票的發票人必須在銀行擁有一定的授信額度，所簽發的金額必須在限定的額度之內。銀行先代發票人付款給持票人後，再向發票人索取款項。由於銀行的承諾降低了持有匯票的風險，因此也是安全性、流通性較高的短期金融工具。

附條件交易市場

買進、賣出短期票券時，除了買（賣）斷交易外，也可以採取附條件交易的方式，包括附買回交易（RP）及附賣回交易（RS）兩種：

- **附買回交易**：銀行、票券商等金融機構（賣方）將短期票券賣給投資人（買方）的同時，約定未來某一特定日以某一特定價格向投資人買回持有的票券，買回的價格則依據承做敲定的價格、利率及期間而定。等於銀行、票券商先向投資人借入一筆資金，到期買回的價格則等於借款所償還的利息與本金。附買回交易是銀行、票券商短期資金調度的常用工具。

- **附賣回交易**：與附買回交易相反，即銀行、票券商（買方）先向投資人（賣方）買進短期票券，並約定在未來某日以某一價格再賣回給投資人，相當於投資人向銀行、票券商借入資金，到期再償還利息與本金，也是投資人短期融資的管道。

對於需要在某一段時間內調度一筆資金的人而言，附買回交易及附賣

回交易承做天期沒有限制（一年內任何天期皆可），且買（賣）回利率皆高於活儲利率、資金調度靈活且收益率高，因此相當受到歡迎。

金融業拆款利率

銀行不只扮演一般社會大眾借貸的中介機構，銀行之間也會互相借貸。因銀行向社會大眾吸收存款後，必須依央行規定保留存款的某一比例做為「法定存款準備金」，以隨時應付存款人的提取，並將剩餘的資金貸放出去。銀行的準備金超過法定準備金時，稱為「超額準備」。具有超額準備金的銀行可以將資金拆借給準備金不足的銀行，這種銀行間的借貸即為「金融業拆款」，借貸的利率就是「金融業拆款利率」。金融業拆款最短為一天（隔夜）、最長為一百八十天。通常銀行會將金融業隔夜拆款利率做為基本放款利率的定價基礎，央行也視其為短期利率的指標，以做為調節資金的依據。

短期票券市場的交易工具

國庫券（TB）
- 中央政府為了調節國庫收支或穩定金融，由財政部或央行所發行的短期票券。
- 期間為182、273天、364天，依據資金需求而定。
- 發行面額以十萬元（或其倍數）為單位。
- 發行時以低於面額的方式公開標售，到期則以票面金額清償。

國庫入不敷出，需要短期資金。 → 財政部或央行發行國庫券。 → 發行時採投標方式出售，由金融機構如銀行、票券商、保險公司、郵匯局等參與投標。 → 投資人可至金融機構申請購買國庫券。 → 投資人持有至到期，款項會撥入帳戶。 / 投資人亦可在到期前於次級市場賣出。

可轉讓定期存單（NCD）
- 銀行發行的具有轉讓性質的定期存單，藉此吸收市場短期資金。
- 期間通常為一、三、六、九、十二個月。
- 發行面額以十萬元（或其倍數）為單位。
- 存款人持可轉讓定期存單，到期可向銀行領取本金利息；也可先轉讓取得資金。

銀行想在市場吸收短期閒置資金。 → 銀行發行可轉讓定期存單。 → 投資人可於銀行申請購買可轉讓定期存單。 → 投資人可持有至到期，向銀行兌領本息。 / 投資人亦可在到期前於次級市場轉讓。

交易性商業本票（CP1）

- 工商企業為商業交易的付款所發行，發票人為交易買方、受款人為交易賣方。買方承諾於指定到期日無條件支付給賣方一定金額。
- 期間不超過180天。
- 發行面額以實際交易為準。
- 持票人可於到期後向發票人請求付款，也可以在到期前背書後售予銀行、票券商等金融機構，金融機構對本票進行徵信，確認無誤後會給予資金。

| 工商企業進行交易買賣時，有支付款項的需求。 | → | 交易買方簽發交易性商業本票給交易賣方，做為支付工具。 | → | 發票人簽發實際交易金額，承諾於到期日支付持票人。 | → | 持票人可持有至到期，向發票人請領款項。 |
| | | | | | | 持票人於到期前可以貼現方式售予銀行、票券商等金融機構取得週轉金。金融機構則會先徵信後買入。 |

融資性商業本票（CP2）

- 企業為籌集資金所發行的短期票券。
- 期間不超過一年。
- 發行面額以十萬元（或其倍數）為單位。
- 發行條件可分兩種，①經保證：發票人若為一般公司，須銀行、票券商等金融機構同意授與發行商業本票的額度，且經金融機構簽證、承銷。②不需保證：為股票上市公司，且已取得銀行授與的信用額度。

| 企業需求短期資金。 | → | 企業發行融資性商業本票籌資。 | → | 發票人為一般公司，需經金融機構保證；為股票上市公司則不需保證。 | → | 投資人至金融機構申購融資性商業本票。 | → | 投資人持有至到期，款項會撥入帳戶。 |
| | | | | | | | | | | 投資人亦可在到期前於次級市場賣出。 |

銀行承兌匯票（BA）

- 工商企業所簽發，因商品或勞務交易而發行，銀行接受公司委託擔任匯票的付款人，並承諾於到期日付款。
- 期間不超過六個月。
- 面額以實際交易金額為準，發票人在銀行擁有授信額度，面額會在額度之內。

| 工商企業有商品或勞務交易。 | → | 企業在銀行擁有授信額度。 | → | 企業發行銀行承兌匯票。 | → | 投資人可持有至到期，向銀行要求兌領。 |
| | | | | | | 投資人亦可在到期前於次級市場賣出。 |

股票市場①：股票發行與獲利方式

交易到期日在一年以上長期資金的市場即為「資本市場」，常見的交易工具有股票、公債及公司債等，又區分為股票市場及債券市場兩大交易市場。其中股票市場是企業吸收資金的重要橋樑，在金融市場的地位非常重要。

認識股票市場

　　股票是股東合股經營的「股份有限公司」依公司法、證券交易法規定核准後以公開發行的方式募集資金，並發給投資人的有價證券，擁有這家公司股票的投資人就是公司的股東。

　　股票市場的運作兼具讓企業取得長期資金並與投資人分享的雙重功能。企業在擴大經營規模時，需要更龐大的資本，藉著發行股票可以募集企業發展所需要的資金；而投資人購買股票後，可期望在企業有盈餘時獲得股利分紅，或是透過在公開的股票市場買賣股票而獲利。

股票的發行

　　一家公司將資本分成若干股份、印成股票以分散公司股權，就成為「股份有限公司」，如公司想要擴大規模，在資本市場裡向一般投資大眾公開募集資金，就必須通過「公開發行」程序，成為「公開發行公司」，將公司的財務、業務狀況公開。

　　「公開發行」程序亦即公司向金管會證期局提出申請，由金管會審查該公司是否符合證券交易法及相關法令的規範，例如公司財務報告需經兩位會計師簽證、財務報告與財務預測等資訊必須揭露於公開資訊觀測站等，確保讓投資人可以如實地了解該公司的財務及業務狀況。經金管會核准後，股份有限公司才能成為公開發行公司。

　　依據金管會的規定，在成為公開發行公司後，還需向主管機關提出申請及核准，才能真正掛牌在股票市場中買賣交易。目前台灣的股市中，可供交易的市場包括了集中市場與店頭市場，集中市場的主管機關為證交所，店頭市場則為證券商櫃檯買賣中心。要在集中市場或店頭市場掛牌交易股票，審核標準也有所不同，在集中市場內公開掛牌買賣的公司必須符合公司成立滿三年、實收資本額達六億元、獲利占年度實收資本額六％以上等條件；此類公司稱為「上市公司」，所發行的是「上市股票」。

　　而在證券商櫃檯買賣中心掛牌進行買賣交易的公司可分為兩種，一是「上櫃公司」，必須符合公司成立滿兩年、實收資本額達五千萬元、獲利占年度實收資本額四％以上等條件，所發行的是「上櫃股票」；另一種是「興櫃公司」，興櫃公司是以經申請上市（櫃）輔導、但尚未上市（櫃）掛牌，股票先在櫃檯買賣中心議價買

賣的公司，此類公司須符合有兩家以上證券商書面推薦等條件，所發行的是「興櫃股票」。

股票的獲利方式

投資人購買某家公司股票，成為該公司股東，獲利的方式分為三種：配股、配息、與買賣股票賺取價差。一般上市（櫃）公司在年中或年底會有年度分紅，以股票方式發放即為「配股」，以現金方式發放則為「配息」，股價的價差則是因股價上漲產生的資本利得。

股價上漲的原因很多，包括公司的財務體質健全、獲利表現佳、公司與產業遠景看好，及總體經濟翻揚等，使股市中買進的人多於賣出，供不應求的狀況下股價自然向上走高，投資人就可從中獲得利潤。

為了保護投資人的權益，股票必須在一個制度化、公開、透明安全的市場裡交易，因此上市（櫃）公司股票的公司資訊、相關財務及業務資料必須對外公開，投資人可在證券交易所及金管會證期局網站查詢，再判斷是否投資。

股票的交易受證券交易法的規範及證期局的監督，上市（櫃）公司若財務表現不佳，依法院裁定申請重整或破產、財務報告淨值為負數、獲利能力已不符合上市（櫃）規定條件、或有拒絕往來、及存款不足的金融機構退票記錄等情形發生時，公司可自行向交易所或櫃買中心申請將股票下市（櫃），或是由主管機關強制下市（櫃）的處分。

股票的種類與交易市場

**發行
募資**

股票
一種有價證券，也是一種投資憑證，可以在股票市場買賣交易。

**買賣
投資**

公司
當經營規模擴大時，公司會藉由公開發行股票以募集資金。

分為

投資人
購買股票成為股東後可享有配股、配息，也可以透過股票市場買賣賺取價差。

---

① 上市股票
- 公司成立滿三年以上。
- 實收資本額達6億元。
- 獲利占年度實收資本額6%以上，且要近兩年均達成；或是五年均達3%以上。
- 股東1,000人以上。

**門檻
最高**

② 上櫃股票
- 公司成立滿兩年以上。
- 實收資本額達5,000萬元。
- 獲利占年度實收資本額近一年度達4%以上，近兩年均達3%以上。
- 股東300人以上。

**門檻
次高**

③ 興櫃股票
- 已經申請上市（櫃）輔導。
- 經兩家以上證券商書面推薦。
- 在櫃檯買賣中心有專人辦理股務。

**門檻
最低**

**交易
市場**

**交易
市場**

集中市場
由證券交易所提供的上市股票市場。

皆屬於公司財務資訊公開、交易管道透明安全的交易市場

店頭市場
由櫃檯買賣中心所提供的上櫃股票、興櫃股票市場。

股票市場②：股票種類與交易方式

股票是企業籌資的重要管道，股票市場可以視為一國經濟發展的櫥窗，股市的興衰通常可以反映整體經濟情勢。股票投資幾乎已經成為全民運動，是所有證券投資中最普及、也最活躍的。

股票種類 ① ：普通股

投資人購買了某公司的股票，就成為了該公司的股東。股票代表著持有人對公司的股權或所有權，享有股東權益。在股票市場的金融工具包含了「普通股」及「特別股」，兩者各有其特性，享有的股東權益也有些許差異。

普通股是一般企業籌資時最常發行的股票。投資人持有公司的普通股的權益包括以下四種：

①表彰對公司的所有權：例如A公司流通在外的股數有五百萬股，而投資人甲持有A公司股票五千股，則甲擁有A公司0.1%（5,000股÷5,000,000股）的股份。

②投票權：股東可以參與公司營運決策，對於公司一些重要的事務例如董監事選舉、盈餘分配、增資案等具有投票權。每個普通股股東具有平等的投票權，可以親自出席股東大會或使用委託書委託他人代為行使投票權。

③股利分配：投資股票除了可以獲得買低賣高的資本利得外，更重要的是享有股利的分配。股利的來源自於發行公司的營運業績，有盈餘時會將部份分配給所有股東。股利的形式分為配發股票的股票股利及配發現金的現金股利。

④優先認股權：除了第一次發行股票外，發行公司可以為改善公司財務結構或擴大規模辦理增資發行新股，普通股股東可以依照目前持股比例優先認購。

股票種類 ② ：特別股

特別股是公司因應特殊目的所發行的股票，特別股股東享有不同於普通股股東一些特別的權利，一為優於普通股的配股（息）權，公司的未分配盈餘必須先支付特別股股利，剩餘的才可以分配給普通股股東。再者為剩餘財產優先分配權，即當公司結束營運或清算時，特別股股東有優於普通股分配剩餘財產的權利。不過特別股的股東通常沒有選舉董監事與參與營運決策的權利。

股票市場的交易方式

買賣股票時，投資人必須委託證券經紀商的證券營業員代為下單買進或賣出股票，而非親自在股票市場買賣。參與股市的第一步就是在證券經紀商開立委託買賣證券帳戶，同時在券商指定銀行開立交割專戶，用以記

錄買賣股票所進出的款項；證券經紀商的角色即是接受投資人的委託進行股票的買賣。投資人下單的方式可分為當面下單、電話下單、及近年流行的網路下單等方式。

在股票集中市場及店頭市場都是以電子自動化的方式進行撮合，當投資人下單後，證券商的營業員會將資料輸入電腦終端機，並傳送至證券交易所，證券交易所則是依「集合競價」方式，集中撮合所有買方及賣方，依據買賣委託價由低到高、依序逐筆配對成交。證券交易所會隨時將買價、賣價及成交價回報於行情揭示板，以及受委託下單的券商，讓投資人隨時掌握各股成交行情。確定成交後，券商會辦理交割，完成買賣手續。

整股與零股交易

股票交易的常態是「整股交易」，依證券交易所明定一千股為一個交易單位，簡稱「一張」，而不足一千股的交易就稱為「零股交易」。

普通股vs.特別股

	公司所有權	投票權	股利分配	優先認股權	剩餘財產分配權
普通股	普通股的股東即為公司的所有人之一。	可參與公司重要營運事務的決策,如對董監事選舉、盈餘分配、增資案等具有投票權。	公司有盈餘時會分派股票股利與現金股利。	公司增資發行新股時,普通股股東可以依據持股比例優先認購。	當公司結束營運或清算時,普通股股東擁有的是最後順位的剩餘財產分配權。
特別股	特別股的股東亦為公司的所有人之一,但權利義務較為特殊。	通常沒有選舉董監事與參與營運決策的權利。	優於普通股的配股(息)權,公司的未分配盈餘必須先支付特別股股利,剩餘的才可以分配給普通股股東。	特別股股東無此權利。	特別股股東有優於普通股分配剩餘財產的權利。

股票市場如何交易?

Step1
開立委託買賣證券帳戶

投資人必須先委託證券經紀商進行股票買賣手續,至證券商處開立證券帳戶,並在指定銀行開立交割專戶。

Step2
下單買進或下單賣出

投資人可向券商下單委託買進或是賣出某一支股票,可選擇當面下單、電話下單(券商營業員或語音服務)、或網路下單的方式。

Step3
證券交易所集中競價

下單後,交易系統會自動以集中競價方式進行撮合,並將買價、賣價及成交價回報予券商,並揭露於行情揭示版,讓股市參與者能掌握行情。

Step4
成交後進行交割手續

確定成交後,證券帳戶裡的股票就會隨交易數目增加(買進)或減少(賣出);指定銀行的交割款項也自動扣除(買進)或撥入(賣出)。

債券市場①：認識債券

債券是籌措長期資金的重要工具，債券市場也是屬於資本市場的一環，交易規模甚至比股票市場來得大。股票與債券同屬為有價證券，但其發行、交易和特性則有很大的不同。

債券的四種要素

債券是一種長期的借款契約，也可視為一種債權憑證，代表債券發行者與投資者的一種協議，發行者藉由發行債券向投資者借款來籌措長期資金，並約定於特定期間償付借入的本金加上利息。簡單地說，債券主要是由以下四種要素所組成：①發行者：可以是政府、銀行或企業。②票面金額：在發行時會約定票面金額，一張債券的票面金額多為新台幣十萬元，也有些是一百萬元。③票面利率：發行者同意支付給投資人的利率。通常每一年或半年支付一次，因為債券持有者有固定的利息收入，因此債券也被稱為固定收益工具。④到期日：發行的期間依據資金運用所需時間來訂定，通常為一年、二年、五年、十年至三十年不等。

債券市場的主要參與者

債券市場主要有三種參與者：

①發行者：債券的發行機構包括政府、金融機構或企業，當發行機構本身具備良好的信用狀況與發展前景，就可以因應籌資目的而發行債券。政府所發行的債券稱為「政府公債」，企業發行的債券是「公司

債」，銀行或其他金融機構的則是「金融債券」。

值得一提的是，資本市場中長期的金融工具有股票及債券，金融機構不發行股票而選擇發行債券的主要原因有三：第一，債券持有人並沒有如股東的投票權或盈餘分配的權利，因此債券的發行不會分散公司的所有權，或因股本變大而稀釋公司的獲利。第二，發行的期間可以配合發行機構的資金需求而定，由於債券有到期日，因此債券可以因應發行機構某段時期資金融通需要而發行，股票則無期間限制，不一定能配合資金需求釋出或收回股權。第三，發行債券也可尋得比向銀行借款更低的市場利率。由於企業發行債券向投資人籌資是屬於直接金融，債券利率會直接依市場利率訂價；相對地，向銀行借款則屬於間接金融，貸款利率需隱含銀行的營運成本和利潤，從基本利率起算加碼。

②投資者：發行者扮演資金需求的角色，而投資者則是資金的供給者。債券的投資者可區分為銀行、券商、保險公司、政府基金、共同基金、退休基金等「法人投資者」以及個人投資者。購買債券與股票類似，

是透過證交所（集中市場）或是櫃檯買賣中心（店頭市場）購買。投資者選擇購買債券的原因在於債券利息收入穩定，較銀行定存利率高，有急需時又可出售變現，是一項保守、風險較低的投資工具。

③中間商：在債券市場中扮演中介角色的中間商包括券商、經紀商，負責撮合買賣雙方及管理整個債券發行及交易的流程。

什麼是債券？

中間商

證券商協助債券的發行，與居間撮合買賣。

中介

中介

發行者

政府、金融機構或企業可以發行債券籌資。

投資人

擁有閒置資金，可藉由購買債券賺取利息，亦可轉賣賺取價差。包括法人投資者與個人投資者。

買回　發行

領取利息　支付利息

債券

- **債券是一種債務憑證**：代表發行者必須依約定條件定期支付利息、且到期償還本金。
- **債券票面載有約定條件**：包括發行者、票面金額、票面利率及派發利息時間、到期日

債券可定期領息且能保本，是一種低風險的金融工具。

債券市場②：債券的種類

債券是債券市場的金融工具，依發行者的不同，可以區分為政府公債、公司債及金融債券等，而交易的方式則分為買（賣）斷與附條件交易，前者屬於長期投資，後者則可視為買賣雙方的短期信用擴張，具有融資效果。

政府公債

當政府財政入不敷出時，為籌措資金、填補財政赤字，政府會發行「政府公債」。投資人投資這類債券等於是借錢給政府。一般而言，有了政府背書，購買政府公債幾乎沒有風險，也由於投資風險低，因此政府公債的信用評等較高，利率（報酬）也較低。政府公債雖說風險極低，但並非零風險，其風險程度仍須視各國政府償債能力的不同而定。

公司債

公司債則是一般企業為了籌組中長期的資金，直接向投資大眾募集資金所發行的債券。由於企業的違約風險較高，必須支付較高的利息才能吸引投資人，因此公司債的利率通常較政府公債高。

企業償還本金及利息的能力仰賴的是財務狀況與獲利能力，企業會依據本身條件的不同，發行性質不同的公司債。企業如果本身財務狀況、信用評等良好，就可以發行不需銀行或資產擔保的「無擔保債券」。反之就須選擇有銀行、資產擔保的「有擔保債券」來降低違約風險、增加債券的吸引力。

金融債券

金融債券則是配合專業投資及中長期放款的需要，由銀行發行的一種債券。發行的目的是要在傳統以存款業務取得資金外，另闢資金來源。由於債券償還期限固定，不需像存款要提存準備金，也可降低銀行的資金成本。

金融債券在發行時，除了和公司債一樣依據財務條件區分為有擔保、無擔保債券之外，還會依債權人對銀行的償債請求權順序，區分為一般（首順位）金融債券及次順位金融債券。

一般金融債券的債權人的求償順位優先於次順位金融債券，因此持有風險較低，故發行利率通常低於次順位金融債券。一般金融債券對銀行的利息負擔較小，次順位金融債券則較大。目前實務上，次順位的發行數量較大，主要原因是次順位債券的發行列為銀行合格的自有資本，可提高銀行「資本適足率」（自有資本÷風險性資產，參見144頁）。金融債券的違約風險通常比公司債為低，因此利率會介於政府公債與公司債之間。

三種類型的債券

項目	發行者及目的	票面利率與風險	分類
政府公債	政府於公共建設需要資金或財政出現赤字時發行。	由政府發行,故不履約風險最低,票面利率最低。	●中央公債:由中央政府發行,例如美國十年期國庫券。 ●地方公債:由地方政府發行,例如美國市政債券。
公司債	一般企業為了籌措中長期的資金,直接向投資大眾募集資金所發行。	因企業的違約風險較高,票面利率通常較政府公債高。	●有擔保債券:需有銀行擔保或有資產擔保。 ●無擔保債券:不需銀行或資產擔保。
金融債券	由銀行所發行,配合專業投資及中長期放款的需要。	●違約風險與票面利率介於政府公債與公司債之間。 ●次順位債券的票面利率通常高於一般債券。	●有擔保債券 ●無擔保債券 ●一般債券:首順位求償。 ●次順位債券:債權人居次順位,於一般的存款人及債權人之後。

債券vs.股票

項目	發行目的	發行期間	獲利方式	風險與獲利高低	公司倒閉、清算時的權利
債券	公司利用發行債券向投資者借款來籌資。持有債券即為債權人。	長期,有一年、二年、五年至三十年,依據資金需求所設計。	●持有人可以按時領取固定投資收益,到期還本。 ●依債券的市場價格高低可能會有利得或是損失。	投資風險低,報酬率較低。	持有人享有優先債償權。
股票	將公司資本平均分為若干股份,持有股票的股東可以表彰對公司的所有權。	長期的永久性資金,未訂定期間。	●公司有盈餘時會按股東持有的股數分配股票或現金股利,股利並不固定。 ●依股票的市場價格高低可能會有利得或是損失。	投資風險高,報酬率較高。	特別股股東有優先清償權,普通股股東則無,有可能血本無歸。

債券交易的方式

債券的交易方式與貨幣市場的短期票券相同，有買（賣）斷及附條件交易兩種。

買（賣）斷交易是指由賣方將債券的所有權真正移轉到買方的交易方式，交易方式與股票大同小異，也是買賣雙方透過證券自營商的電話議價或櫃檯買賣中心等的自動成交系統電腦議價。

附條件交易包括附買回交易（RP）及附賣回交易（RS）。在附買回交易的協議中，銀行、證券商等金融機構（賣方）將債券賣給投資人（買方）的同時，會先約定未來某一特定日以某一特定價格向投資人買回持有的債券。以承做公債為例，小華與證券商進行公債附買回交易，承做金額為100萬元，期間為三十天，約定附買回利率為0.48%，則在承做當天，小華支付100萬元取得債券，在三十天後，證券商則以1,000,395元｛1000,000元×〔1+（利率0.48%×30天／365天）〕｝向小華買回公債；相當於證券商向小華借了100萬元，到期後再償還本金及利息395元（買回價1000,395元－賣出價1000,000元）給小華。因此附買回利率其實就是貸款的成本，也是券商調度資金的工具。

附賣回交易則正好與附買回交易相反，即銀行、證券商等金融機構先向投資人買進債券，並約定在未來某一特日以某一特定價格再賣回給投資人，是投資人短期融資的管道。

附買（賣）回交易的運作方式

附買回交易（RP）

券商（賣方）將債券賣給投資人（買方），並約定未來某一特定日期、以某一特定附買回利率向投資人買回。

例如：小華與券商進行附買回交易。
承做條件：①金額：1,000,000元；②RP利率：0.48%；③期間：30天。

STEP1　承做當天

小華支付券商1,000,000元買入債券。

STEP2　到期買回

券商以1,000,395元〔1,000,000元×〔1+（利率0.48%×30/365）〕〕賣給小華。

等於券商以債券向小華借款1000,000元，到期券商取回債券，小華領到本金1,000,000元與利息395元。

附賣回交易（RS）

券商（買方）將向持有債券的投資人（賣方）買進債券，並約定未來某一特定日期、以某一特定附賣回利率再賣回給投資人。

例如：小明與券商進行附賣回交易。
承做條件：①金額：1,000,000元；②RP利率：0.95%；③期間：30天。

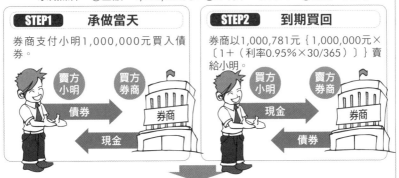

STEP1　承做當天

券商支付小明1,000,000元買入債券。

STEP2　到期買回

券商以1,000,781元〔1,000,000元×〔1+（利率0.95%×30/365）〕〕賣給小明。

等於券商提供小明1,000,000元的債券擔保放款，到期時小明再償還券商本金1,000,000元與利息781元。

外匯市場①：什麼是匯率？

隨著國際貿易頻繁，各國貨幣需要彼此互相兌換，於是產生了「外匯市場」。外匯市場是指國際間不同貨幣買賣的交易場所，在其中交易的價格就是「匯率」，要了解外匯市場的操作就得從了解匯率開始。

匯率的意義與報價

匯率是指本國貨幣與他國貨幣互相兌換的比率，也可說是兩國貨幣買賣的價格。由於貨幣涉及一國主權的展現，因此各國使用的幣值各不相同。國際間為了方便進行交易，因而產生「匯率」做為兌換的基礎。國際間匯率的報價方式有「間接報價」與「直接報價」兩種。

直接報價是指一單位的外國貨幣可以兌換多少本國貨幣。例如1美元可以兌換30元新台幣，則表示為美元兌新台幣的匯率為30（USD／TWD＝30）。此種報價是將外國貨幣（美元）視為「商品」，本國貨幣視為「商品價格」，美元為被報價幣，台幣則為報價幣。

目前世界上以釘住美元為主的大多數國家都採用此種報價。例如美元兌日圓（USD／JPY）、美元兌港幣（USD／HKD）等。當匯率數字上升（例如USD／TWD由30上升至32），則代表本國貨幣（如新台幣）價格下降，亦即貶值，外國貨幣（美元）價格上升，亦即升值。相反地，當匯率數字下降（例如USD／TWD自32下降至30），則代表本國貨幣（如新台幣）價格上升，亦即升值，

外國貨幣（美元）價格下降貶值。

間接報價的匯率所表示的就是外匯的價格，指一單位本國貨幣可以兌換多少外國貨幣。目前只有歐盟區、英國、南非、澳洲、紐西蘭等國家貨幣採用此種報價方式。例如1歐元可以兌換1.295美元，表示方式為歐元兌美元的匯率為1.295（EUR／USD＝1.295），此時是將外國貨幣（美元）視為報價幣、本國貨幣（歐元）視為被報價幣。匯率數字的上升與下降則代表被報價幣的升值與貶值。例如EUR／USD由1.295上升至1.305，則是歐元升值，相對美元貶值。

匯率是外匯的價格

匯率表示的是外匯的價格，在外匯市場中是將貨幣視為商品做交易，自然也如同其他商品一樣有買賣價格。一般企業或個人透過銀行進行外匯交易都會參考銀行牌告或路透社等報價系統的報價來進行買賣。

以美元兌新台幣為例，若銀行的牌告顯示的匯率為29.91／30.01，左邊的匯率（29.91）為銀行的「買匯匯率」，亦即銀行買進美元的匯率，當出口商手中持有大筆的外銷收入或一般的旅遊剩餘等須結匯成新台幣

時，就適用銀行牌告上的買價。右邊的匯率（30.01）則是銀行的「賣匯匯率」（簡稱銀行賣價），是銀行賣出美元的匯率。適用於進口商向國外購入原料、或出國留學經商等需購買外幣者。

此外，銀行牌告上的買進匯率較低，賣出匯率較高，銀行便可從中賺取差價。

直接報價與間接報價

直接報價

- 將外國貨幣視為商品（被報價幣）、本國貨幣視為商品價格（報價幣），顯示一單位的外國貨幣可以兌換多少本國貨幣。
- 國際外匯市場多採直接報價，台灣亦採直接報價。

例如：

外國貨幣 被報價幣	/	本國貨幣 報價幣
1美元	可兌換	30.16新台幣
1美元		96.08日圓
1美元		7.589港幣

當本國貨幣 匯價數字上升	⇨	本國貨幣 貶值
當本國貨幣 匯價數字下降	⇨	本國貨幣 升值

間接報價

- 將本國貨幣視為商品（被報價幣）、外國貨幣視為商品價格（報價幣），顯示一單位的本國貨幣可以兌換多少外國貨幣。
- 歐盟區、英國、澳洲、紐西蘭等國家採用。

例如：

本國貨幣 被報價幣	/	外國貨幣 報價幣
1歐元	可兌換	1.295美元
1英鎊		1.492美元
1紐幣		0.790美元

當外國貨幣 匯價數字上升	⇨	本國貨幣 升值
當外國貨幣 匯價數字下降	⇨	本國貨幣 貶值

外匯市場②：外匯市場交易工具

在外匯市場進行交易時，依據交易者使用外幣的需求不同，與買賣交割的時間差異，可以區分為即時成交的「即期匯率交易」，和一段日期後以約定匯率成交的「遠期匯率交易」，以及結合即期外匯交易與遠期外匯交易的「換匯交易」。

即期匯率交易

匯率依買賣時間差異可以區分為即期匯率和遠期匯率。即期匯率指的是買賣雙方進行即期外匯交易的交易價格，成交後必須在兩個營業日內進行現貨外匯交割。交易金額較小者一般依銀行牌告匯率交易、金額較大者則可以議價方式決定成交匯率。

例如A進口商要在八月十二日支付進口所需的貨款10,000,000美元，應於八月十日進行即期外匯交易。A進口商向銀行詢價，銀行報價為30.12，假設A進口商接受報價，同意以此匯率成交，則A公司必須在八月十二日以前將301,200,000元新台幣（10,000,000美元×即期匯率30.12）交付給銀行兌換10,000,000美元以支付貨款。

目前全球即期外匯的交易量約占整個外匯交易量的四成，是外匯市場最普遍的交易工具。

即期匯率 vs. 遠期匯率

即期外匯交易是交易買賣雙方以即期匯率進行現貨交易，但若成交時間在三個月後，交易價格又該如何訂定呢？

例如小張目前手上握有美元，在三個月後會使用到新台幣，需將美元兌換成新台幣，可以有兩種兌換方法：第一種是現在先將美元根據目前的即期匯率兌換成新台幣，再將新台幣存入台灣銀行的三個月定期存款，到期後連本帶息領出。另外一個方法是現在先將美元存入美國銀行的三個月定期存款，到期後再根據當時的即期匯率連本帶息兌換成新台幣。

按理來說，這兩種方法最後獲得的新台幣數目應該是相同的，以免市場上出現套利的空間。但由於交易市場上美元和新台幣利率不同，利率高低會使得匯率水準也不同，利率水準高者，匯率水準會因應降低；利率水準低者，匯率水準則會升高，藉此使得最後獲得的本利和相同。因此匯率需要分為當時交易的「即期匯率」與隔一段時間（通常為一星期以上）才交易的「遠期匯率」。而遠期匯率與即期匯率的價差，主要是由兩種貨幣的利率差所形成。

遠期匯率與即期匯率的價差稱為「換匯點」，當被報價幣（例如美元）的利率低於報價幣（例如新台幣）的利率時，換匯點為正數，遠期匯率會高於即期匯率，又稱為「升水」。相對地，當被報價幣的利率高

為什麼即期匯率與遠期匯率會不同？

實例 假設小張持有美元1,000元，預計三個月後有使用台幣的需求。兌換的方法可以有兩種：

方法1
現在就將美元換成台幣

假設目前美元兌新台幣的現貨價格是30.12，則小張可以換得新台幣30,120元。

⬇

新台幣30,120元放在銀行需以新台幣利率計價，當時三個月期的新台幣利率為2%。

⬇

三個月後新台幣本利和是30,271元〔30,120元×（1＋利率2%×3/12）〕

方法2
三個月後再將美元換成台幣

小張繼續持有美元1,000元。

⬇

美元1,000元放在銀行需以美元利率計價，當時三個月期的美元利率為2.4%。

⬇

三個月後美元本利和是1,006元〔1,000元×（1＋利率2.4%×3/12）〕

三個月後台幣 30,271 元＝美元 1,006 元
理論上三個月後新台幣30,271元必須在外匯市場上換到美元1,006元，以免有投機者趁機在市場上套利。

三個月後美元兌換新台幣的現貨價格應為30.09（30,271÷1,006）

當時交易的現貨價格30.12即為「即期匯率」

三個月後交易的現貨價格30.09即為「遠期匯率」

兩種貨幣買賣交割的時間不同，由於兩國利率水準不同，形成匯率的價差，所以實務上需以不同的匯率進行交易。匯率的價差又稱為「換匯點」。

即期匯率
買賣雙方成交當天或兩個營業日完成交割的外匯交易價格。

價差
（換匯點）

遠期匯率
買賣雙方約定在未來的某一天完成交割的外匯交易價格。

即期匯率與遠期匯率的價差來自兩種貨幣的利率差。

判斷遠期匯率走勢的方法
持有A貨幣欲兌換為B貨幣時，可以根據當時利率來判斷遠期匯率的走勢（A貨幣為被報價幣、B貨幣為報價幣）：

若A貨幣利率＞B貨幣利率 ➡ 換匯點為負數，遠期貼水 ➡ 遠期匯率＜即期匯率
若A貨幣利率＜B貨幣利率 ➡ 換匯點為正數，遠期升水 ➡ 遠期匯率＞即期匯率

於報價幣的利率時，則換匯點為負數，遠期匯率會低於即期匯率，又稱為「貼水」。

以小張的美元兌換新台幣為例，由於美元為被報價幣，新台幣為報價幣，假設美元利率較新台幣利率為低，則換匯點為正數，表示美元兌新台幣的遠期匯率會高於即期匯率，即為遠期升水；若美元利率較新台幣利率高，則換匯點為負數，表示美元對新台幣的遠期匯率會低於即期匯率，即是遠期貼水。

遠期匯率交易

那麼，遠期匯率交易是如何進行呢？遠期外匯交易的買賣雙方在外匯交易日先訂定契約，彼此約定未來某一特定日期交割的價格，即遠期匯率，交割日通常為一星期、一個月、三個月，最長為一百八十天。實務上遠期匯率價格都是以「換匯點」報價，即報出遠期匯率與即期匯率的價差，或直接以遠期匯率報價。例如美元兌換新台幣一個月的換匯點為+0.015，即期匯率在29.67時，則可知遠期匯率為29.685（即期匯率29.67＋換匯點+0.015）。

遠期匯率交易的目的在於規避匯率波動的風險，是目前許多進出口廠商常運用的避險操作方法。例如A公司出口電子零組件至美國，預計三個月後會收到1,000,000美元的貨款。

因為擔心屆時新台幣升值，收到貨款在帳面上會立刻產生匯兌損失，於是在八月十日向銀行定下遠期外匯契約，先行約定三個月遠期匯率為30.148，假設三個月後的十一月十日當天美元兌新台幣的即期匯率下降為30.130，但A公司仍然可將1,000,000美元以約定的較佳匯率30.148賣給銀行換成新台幣30,148,000元，而不會產生18,000元新台幣〔1,000,000美元×（約定遠期匯率30.148－到期即期匯率30.130）〕的匯兌損失。

除了在約定的到期日雙方以本金交割的遠期外匯契約外，還有針對有外匯管制的國家所衍生出來的遠期外匯契約——無本金交割遠期外匯契約，在約定的到期日不需交割本金，僅需以約定的遠期匯率與到期日當時的即期匯率相比較，給付結算差額即可，可省去雙方交割整筆本金的手續。

如上述的A公司也可以與銀行簽訂無本金交割遠期外匯契約，假設三個月後十一月十日當天的美元兌新台幣的匯率為30.130，則銀行則須支付差額新台幣18,000元給A公司〔1,000,000美元×（約定遠期匯率30.148－到期日即期匯率30.130）〕。A公司則可將此獲利用於彌補所收1,000,000美元貨款匯率下跌的匯兌損失。

即期外匯交易vs.遠期外匯交易

即期外匯交易

- 買賣雙方成交當天或兩個營業日完成交割的外匯交易。
- 交易價格為「即期匯率」。

報價法

- 以匯率報價，銀行牌告上左為買匯匯率，右為賣匯匯率。

實例

大光公司進口電子零件，在一月十日需支付貨款1,000,000美元，故於一月八日向銀行買進美元。

銀行報價賣價即期匯率為30.15，大光公司同意報價，此交易成交。

在交割日（一月十日以前）A公司必須交付30,150,000元（1,000,000美元×匯率30.15）向銀行兌換1,000,000美元。

遠期外匯交易

- 買賣雙方約定在未來的某一天（一週、一個月、三個月至半年）以約定的價格，用約定的數量，交換本國幣與外幣。
- 交易價格為「遠期匯率」。

報價法

- 通常以換匯點報價，即期匯率＋換匯點＝遠期匯率
- 換匯點為正數則遠期匯率大於即期匯率，稱為「升水」，負數稱為「貼水」。

兩種做法

一般遠期外匯契約	無本金交割遠期外匯契約
到期日買賣雙方需以約定匯率交割本金。	到期日買賣雙方不需交割本金，直接結算到期日即期匯率與約定遠期匯率的差額。

實例

大光公司在一月十日出口電子產品，預計一個月後會收到貨款5,000,000美元，擔心美元貶值會產生匯損，故向銀行定下遠期外匯契約，約定三個月後美元兌新台幣的匯率水準。

雙方約定一個月換匯點＋0.02，遠期匯率為30.17。

銀行與大光公司簽訂一般遠期外匯契約

- 二月十日遠期外匯契約到期時，美元貶至30.05。
- 大光公司以約定的匯率30.17，將5,000,000美元交付銀行，兌換成150,850,000元新台幣（5,000,000美元×約定遠期匯率30.17）。

大光公司可以鎖定所收到貨款的匯率，規避了600,000元新台幣〔5,000,000美元×（約定遠期匯率30.17－即期匯率30.05）〕的匯兌損失。

與大光公司簽訂無本金交割遠期外匯契約

- 二月十日遠期外匯契約到期時，美元貶至30.05。
- 銀行需支付差額600,000元新台幣〔5,000,000美元×（約定遠期匯率30.17－即期匯率30.05）〕給大光公司。

大光公司從無本金交割遠期外匯契約取得約定遠期匯率與即期匯率的差額600,000元新台幣，可彌補美元貨款貶值的損失。

換匯交易

常見的換匯交易（Swap）是由即期外匯交易與遠期外匯交易結合而成，即交易雙方在買進（賣出）一種即期外匯的同時，也賣出（買進）相同貨幣、金額的遠期外匯。交易雙方透過同時買賣金額相同、但交割日不同、買賣方向相反的特性，彌補某種貨幣的資金缺口，做為資金調度的工具。和遠期外匯交易相同的是，換匯交易中的遠期匯率也是由即期匯率加上反應兩種貨幣利率差的換匯點所決定。

比方說，甲銀行有美金的資金缺口和多餘的新台幣、乙銀行則有新台幣的資金缺口和多餘的美金，甲銀行請乙銀行承做一筆換匯交易：承做當天美元兌新台幣匯率為30.128，三個月換匯點為+0.01，則遠期匯率為30.138。承做當天甲銀行以新台幣30,128,000（1,000,000美元×即期匯率32.128）元向乙銀行買進1,000,000美元，同時約定三個月後向乙銀行賣出1,000,000美元。三個月到期時，甲銀行將1,000,000美元賣給乙銀行取得新台幣30,138,000元（1,000,000美元×約定遠期匯率30.138）。

在這項換匯交易中，美元與新台幣的利率差可由換匯點為+0.01（遠期升水）與乙銀行多支付甲銀行新台幣10,000元（乙銀行到期支付30,138,000元－甲銀行承做當天支付30,128,000元）的差額看出美元利率低於新台幣利率，因此美元兌新台幣的遠期匯率高於即期匯率。由於必須消弭套利的空間，借入高利率新台幣的乙銀行必須支付新台幣10,000元的利率差額給借入低利率美元的甲銀行。

換匯交易

換匯交易	即期外匯交易	遠期外匯交易
持有兩種貨幣的雙方彼此互換，達到互相調度資金的目的。	承做當天使用「即期匯率」交易。	約定某特定時間使用「遠期匯率」（即「即期匯率」＋「換匯點」），將兩種貨幣以反方向交換回來。

中間符號：第一格與第二格之間為「＝」，第二格與第三格之間為「＋」。

- 當換匯點為正數，遠期匯率高於即期匯率（升水），表示被報價幣（例如美元）的利率低於報價幣（例如新台幣）的利率。
- 相反地，若換匯點為負數，遠期利率低於即期利率（貼水），表示被報價幣（例如美元）的利率高於報價幣（例如新台幣）的利率。

實例

- 甲銀行現在有美金缺口和多餘的新台幣，故向有相對有台幣需求並有多餘美元的乙銀行承做換匯交易。
- 匯率條件：承做當天美元兌新台幣即期匯率為30.128，三個月換匯點+0.01，遠期期匯率為30.138。

承做當天
即期匯率：**30.128**（USD／NTD）

甲銀行將新台幣30,128,000元賣給乙銀行取得1,000,000美元。

三個月後
遠期匯率：**30.138**（USD／NTD）

甲銀行將1,000,000美元賣給乙銀行取得新台幣30,138,000元。

遠期升水

甲銀行借乙銀行新台幣30,128,000元，並向乙銀行借入1,000,000美元。

乙銀行償還新台幣30,138,000元給甲銀行，並向甲銀行取回1,000,000美元。

乙銀行多支付新台幣10,000元
（30,138,000元－30,128,000元）。

遠期匯率升水，表示承做換匯交易時，有新台幣需求的乙銀行所持有的美元利率低於新台幣利率，因此借入新台幣（高利率貨幣）的乙銀行必需支付新台幣10,000元做為利率差給出借新台幣的甲銀行。

外匯市場③：全球外匯市場

不同於資本市場和貨幣市場，外匯市場是一個二十四小時不停歇的無形交易市場，讓世界各地的金融機構、企業與個人進行外匯的買賣，國際資金的移動能夠順暢，可說是國際金融市場的樞紐。

外匯市場的架構

目前外匯市場的架構可以區分為「銀行與客戶間市場」及「銀行間市場」。銀行與客戶間市場主要透過外匯的需求者，包括進口商、個人出國留學、移民與海外投資等，以及外匯的供給者如出口商、境外機構投資人（外資）的交易運作而形成，可稱為外匯交易的「零售市場」。而銀行間交易的市場則是外匯市場中成交量最大宗的市場，可稱為外匯交易的「批發市場」。

一般而言，銀行會考量業務成本及合理利潤，將「銀行間市場」買賣成交的匯率予以減碼（加碼），做為「銀行與客戶間市場」外匯的買價（賣價）。例如銀行在銀行間市場買進大筆美元的匯率是30.3（銀行買進1美元，需支付30.3新台幣），銀行向一般客戶買進美金的匯率則減碼為30.1（銀行買進1美元只需支付30.1新台幣）。

銀行間市場的參與者

參與「銀行間市場」的主要成員有：外匯指定銀行、外匯經紀商及中央銀行。外匯指定銀行為經中央銀行許可辦理外匯業務的銀行（銀行幾乎都是外匯指定銀行），主要經營對一般客戶及銀行間的外匯買賣。外匯指定銀行每天在買進、賣出外匯後，必須跟其他的外匯指定銀行交易，藉以軋平本身的外匯持有額部位，即結清買賣部位。例如A銀行當天買賣美金結算後帳上留有100萬美金結餘，就會將此結餘賣出，以免匯率的不時波動導致帳面上立即有匯損發生。

外匯經紀商則是外匯交易的中介機構，提供一套外匯交易系統以集中撮合買賣雙方的交易，本身不實際操作外匯的買賣，因此服務的對象僅限外匯指定銀行、央行，而非一般投資大眾。此外，各個外匯指定銀行之間不得直接進行外匯交易，都必須透過外匯經紀商的撮合才能完成。目前台

為什麼需要外匯經紀商？

外匯經紀商成立的主要目的有兩方面：一是基於外匯業務的保密需求，外匯指定銀行透過外匯經紀商到市場買賣，買賣的細節及所持外匯部位才不會暴露給其他人；二是外匯經紀商可做為交易平台，且即時提供客戶最佳市場行情。

灣有二家外匯經紀商：台北外匯及元太外匯經紀公司。

央行無庸置疑是穩定一國匯率的最主要角色，透過在外匯市場的交易來調節外匯的供需，達到干預外匯市場、穩定匯率的目的。例如新台幣升值時，央行可以在外匯市場買入外匯以壓抑走勢，貶值時則可賣出外匯。央行可以直接與外匯指定銀行往來，或透過外匯經紀商的中介來進行外匯買賣。

全球外匯交易市場

外匯市場是一個二十四小時不歇息，全球接力的全天候交易市場，日本東京、美國紐約、英國倫敦、德國法蘭克福等市場都是全球主要的外匯市場。由於世界各地時差的關係，位於不同地區的外匯市場如同接力賽般進行大量的交易，以滿足外匯需求者與供給者的需求。

各地的外匯交易員是如何開始忙碌的一天呢？台北時間早上七點時，澳洲雪梨外匯市場開始交易（當地時間早上九點）；台北時間早上八點時，日本東京市場開盤（當地時間早上九點）；台北時間早上九點，台北、香港、新加坡三地外匯市場同時開盤；台北時間下午三點，德國法蘭克福市場開始交易，而澳洲雪梨外匯收盤（當地時間下午五點）；台北時間下午四點，台北外匯市場及日本東京外匯市場（當地時間下午五點）收盤，英國倫敦交易市場正式進場交易。台北時間晚上九點，美國紐約外匯市場開始交易（當地時間早上九點）；台北時間晚上十點，美國芝加哥外匯市場開盤。台北時間早上五點至七點，美國紐約等市場陸續收盤。

外匯交易重鎮：倫敦、紐約

外匯市場是一個全球性的交易市場，各國的機構或個人皆可透過電話、網路等媒介全天候參與全世界的外匯買賣。倫敦由於時區、語言、歷史傳統等優勢地位，是全球規模最大的外匯交易中心。而美國的紐約由於金融市場發達、各類投資活躍，外匯交易也很活絡，目前是世界上第二大外匯交易中心。

全球主要外匯市場

全球外匯交易市場

24小時永不歇息的交易市場，和全球
各地外匯需求（供給）者進行交易。

買賣　　買賣　　買賣

透過外匯經紀
商撮合交易

外匯經紀商
集中撮合買賣雙方外匯交易，本身則不從事買賣。

中央銀行
以調節外匯市場
供需、穩定匯率
為目標。

直接往來
或透過外
匯經紀商
撮合交易

外匯指定銀行A
● 在外匯交易市場買賣大宗部位。
● 加減碼買賣零售

外匯
經紀商

外匯指定銀行B
● 在外匯交易市場買賣大宗部位。
● 加減碼買賣零售

外匯
經紀商

外匯指定銀行C
● 在外匯交易市場買賣大宗部位。
● 加減碼買賣零售

外匯銀行
間相互交
易以軋平
買賣部位

外匯銀行
間相互交
易以軋平
買賣部位

買賣　　買賣　　買賣

外匯銀行每
日交易完會
立刻結清買
賣部位，以
免匯率的波
動導致匯
損。

一般零售客戶
有小額、零星外匯交易需求的客戶，如進出口商、
外資、移民者、留學生、旅客、海外投資者等。

衍生性商品市場①：
認識衍生性金融商品

隨著金融市場的發展，傳統的金融商品如外匯、債券、股票等逐漸創新，進而產生新的「衍生性金融商品」，近年來，已成為金融市場上最熱門的話題。

衍生性金融商品是什麼？

衍生性金融商品不像股票、債券等是有價的資產，而是一種附屬性的金融合約，其價值會依所附屬的標的如利率、匯率、股價等資產價值而波動，因而被稱為「衍生性」。

金融市場中有許多投資工具，都有其相對應的價格波動風險，諸如產品價格、原物料價格、股價、利率及匯率的價格波動，為了規避未來價格不如預期而產生虧損的風險，於是設計從出標的資產衍生而來、其交易價格的波動和標的物價格之間有密切連動關係的金融商品，讓持有標的物的投資人可藉由反向操作標的物的衍生性商品，以規避標的物價格變動造成大額損失的風險。

舉例而言，目前黃豆一噸的市價為10,000元，豆製品廠商預計半年後需要買進一百噸黃豆，預期屆時買入的黃豆會漲價至15,000元，使進貨成本提高。豆製品廠商希望能以較低價格買進，於是和豆農簽訂契約，雙方約定在半年後以10,000元的價格交易黃豆。雖然豆製品廠商半年後將失去以低於10,000元的價格買進黃豆的機會，卻可以規避豆價上漲使成本大增的風險；同樣地，豆農雖然失去以高於10,000元的價格賣出的機會，卻可以規避豆價下跌而使收入大減的風險。

換做金融市場，持有大量股票的投資人，一旦股市暴跌，可能會承受相當大的損失，因此也可以股價指數為標的，當預計股價指數下跌時賣出股價指數的衍生性商品，例如股價指數期貨，來彌補股價現貨跌價的虧損。

最早的衍生性商品交易源自於商品市場，例如小麥、黃豆等價格波動明顯的商品，但隨著發展愈趨多元化，包括利率、股價指數、貨幣市場工具、匯率等，也都成了衍生性金融市場的標的資產，例如遠期契約、期貨契約、選擇權契約、交換交易等，都是隨之誕生的衍生性金融商品。

高風險的槓桿操作

衍生性商品最重要的特性是「槓桿操作」。投入資金與實際操作商品價值的比率即為「槓桿操作」比率。以「融資」買股票而言,投資人向證券金融公司借錢購買股票時需繳占買入股票一定比例價值的保證金,但不需支付全額股價,就能買進股票,需繳的保證金得占股價金額的50%,因此一般股票的槓桿操作比率約50%,比率不大,損失可控制在保證金的兩倍以內。

然而,衍生性金融商品的交易者只需支付更少的保證金(或權利金)就可以操作數倍價值的資產,只要付出契約價值5%至10%的保證金就可以操作期貨契約。因為槓桿比率過大,往往能在短時間內賺得數倍於本金的利潤,但相對地也可能迅速造成巨額損失。

也因為衍生性商品低成本、高風險、高報酬的特性,使得原本做為避險工具的功能逐漸模糊,反而瀰漫投機操作的氣氛,因操作衍生性商品造成鉅額投資損失,損及本業利益的事件更時有所聞。例如,一九九五年英國霸菱銀行的交易員李森因操作衍生性金融商品不當,造成有兩百多年歷史的銀行破產;二〇〇八年法國興業銀行的一名交易員則是因為越權操作衍生性金融商品,造成銀行產生約七十二億美元損失的弊案。

衍生性金融商品的出現

商品的交易

雙方約定在未來某一時間交易某項商品，包括一般商品（如黃豆、棉花、原油）和金融商品（如股票、外匯）。

具有

價格波動風險

例如原物料、產品、股價、利率及匯率……等，買方有擔心未來價格變高、賣方有擔心未來價格走低的風險。

衍生

| 衍生性
金融商品 | 依附於標的物商品上隨標的物的價格波動而變化，並非實質商品，可做為規避標的物風險的工具。常見衍生性金融商品如下： |

商品類型 現貨	遠期契約 （Forward）	期貨契約 （Future）	選擇權 （Option）	金融交換 （Swap）
利率 （interest rate）	遠期利率協定 （FRN）	利率期貨	利率選擇權	利率交換 （IRS）
匯率 （exchange rate）	遠期外匯 （Forward）	外匯期貨	外匯選擇權	貨幣交換（CS） 利率貨幣交換 （CCS）
股權 （equity）	無	股價指數期貨	股票（指數） 選擇權	股權／ 債權交換
商品 （commodity）	遠期商品契約	商品期貨	商品選擇權	商品交換

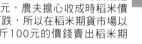

避險方法

與標的物風險反向操作，達到風險移轉的效果

例1 稻米期貨交易：農夫在三月的時候播種稻米，預計同年的六月會收成，此時稻米1公斤的價錢是100元，農夫擔心收成時稻米價格下跌，所以在稻米期貨市場以1公斤100元的價錢賣出稻米期貨。

➡ 若六月收成時米價下跌，則農夫手上的稻米現貨貶值，但在稻米期貨市場賺錢，可彌補損失；若收成時米價上漲，農夫在期貨上虧損，但現貨卻賺錢，即可彌補期貨的損失。

例2 股價指數：股票投資人以股價指數為買賣標的，預計股價指數下跌時可先賣出指數期貨。

➡ 若股價指數下跌，則投資人手上的股票現貨貶值，但可由在期貨市場賺得的錢彌補損失；若股價指數上漲，投資人雖在期貨上虧損，但現貨賺的錢可彌補期貨的損失。

衍生性商品市場②：
遠期契約、期貨與選擇權

衍生性金融商品交易的並非資產，而是契約，由買賣雙方根據標的資產的價值如匯率、利率、股價等、或其他指標如股價指數來決定衍生性商品的契約價值。

遠期契約與期貨契約

遠期契約是交易雙方約定在未來某一特定日，買方（賣方）以事先約定的價格買進（賣出）某一資產的契約。買賣的資產並不限定實質商品，金融商品或工具也可做為契約的標的物，如遠期外匯契約即是以匯率做為標的物。

期貨契約則是從遠期契約發展而來，約定未來某一時點，以約定買賣價格買進（賣出）一定數量的商品，契約的單位為「口」，一紙契約即為‧「口」。以原油期貨為例，每口契約規格為1,000桶，若十月份到期的原油期貨價格為每桶80美元，則此契約總價值為80,000美元（1,000桶×每桶80美元）。

期貨契約為了要確定交易能夠安全順利進行，買方不須支付全額合約價格80,000美元，而是買賣雙方都須支付保證金給撮合期貨交易、辦理結算的交易所（如紐約期貨交易所），保證金的多寡依不同的期貨合約或交易所而定，但通常占合約總額的5%至10%，假設此原油期貨契約保證金比率為5%，意即只需繳4,000美元（80,000美元×5%）保證金。期貨契約可以一小部分的金額來放大可以

承做的交易量，具有高槓桿、以小搏大的操作特性。當期貨價格走勢如預期，獲利自然相當可觀，但若期貨價格與預期呈反向變動，便會遭致相當慘重的損失。例如當原油上漲5%，買方即享有高達100%（漲幅5%÷保證金比率5%）的獲利；但相反地若跌價5%，保證金則已全數虧空。因此，期貨契約是一個高報酬、高風險的金融工具。

期貨契約的保證金在實際交易時，又分為「原始保證金」與「維持保證金」。原始保證金是指新增一口契約所必須存入帳戶的保證金款項；維持保證金則為交易人持有期貨部位所必須維持在保證金專戶中的保證金最低限額，若期貨交易人的保證金專戶存款餘額低於維持保證金額度時，就必須再補足金額至原始保證金的水平，才有足以維持應付價格波動的能力，若不補繳就必須強迫出場。

一般期貨契約的標的資產包含商品期貨及金融期貨。商品期貨是以農產品或金屬、能源為買賣的標的；而金融期貨則是以股票、債券、利率、匯率等金融工具或指標為買賣標的。因為期貨契約是屬於未來的契約，訂定目的是為了鎖住未來的價格而規避

期貨契約的操作：以黃金期貨契約為例

實例 2013年12月16日倫敦黃金現貨價格收盤每盎司為1,180美元。大明因從事銀樓生意，未來有買入黃金現貨的需求，又擔心金價不斷上漲，使得購入成本墊高，在避險考量下，決定買進黃金期貨合約鎖定購入成本來避險。

2013年12月17日上午

大明於台北期貨交易所12月17日買進一口2014年2月25日到期的美元黃金期貨合約，單位為100盎司，成交價為1,190美元，黃金期貨合約價值119,000美元（成交價1,190美元×100盎司）。

依公告規定，原始保證金10,320美元，維持保證金7,910美元

2013年12月17日收盤時

假設當日收盤結算價為1,200美元。大明帳上獲利1,000美元〔（收盤價1,200美元－成交價1,190美元）×100盎司〕。

保證金淨值11,320美元（原始10,320美元＋獲利1,000美元），11,320美元＞維持保證金7,910美元，故不需追繳保證金。

2014年2月25日結算日

情況1 黃金期貨結算時倫敦黃金現貨價格每盎司為1,250美元。在現金結算下，大明在期貨避險部有6,000美元的獲利〔（收盤價1,250美元－成交價1,190美元）×100盎司〕。

保證金淨值16,320美元（原始10,320美元＋獲利6,000美元），16,320美元＞維持保證金7,910美元，故不需追繳保證金。

大明再以每盎司1,250美元買進100盎司的黃金現貨，共支付125,000美元（1,250美元×100盎司）。

結合避險部位後，100盎司的黃金成本鎖定在119,000美元（現貨支出125,000美元－期貨獲利6,000美元）。

情況2 黃金期貨結算時倫敦黃金現貨價格每盎司為1,175美元。在現金結算下，大明在期貨避險部有1,500美元的虧損〔（收盤價1,175美元－成交價1,190美元）×100盎司〕。

保證金淨值8,820美元（原始10,320美元－虧損1,500美元），8,820美元＞維持保證金7,910美元，故不需追繳保證金。

大明再以每盎司1,175美元買進100盎司的黃金現貨，共支付117,500美元（1,175美元×100盎司）。

結合避險部位後，100盎司的黃金成本鎖定在119,000美元（現貨支出117,500美元＋期貨虧損1,500美元）。

這段期間價格波動的風險，例如預期持有的現貨市場資產價格將會走跌，因此買進一紙預期未來價格走升的期貨合約，當未來價格不論是升、跌，現貨與期貨也必然是一獲利一虧損，兩相抵銷之下，而達到避險的目的。

選擇權契約

即期、遠期、期貨契約等金融商品都只強調交易雙方必須依約定價格條件各自履行承諾進行交割，亦即必須承擔一定履約的「義務」。但投資人也可能只想擁有權利，可以視當時市場狀況再考慮買進或賣出，並且等市場對自己有利時才會執行權利，但又不想負擔義務，選擇權契約就是依照這樣的概念設計的。選擇權是一種選擇的權利，契約的買方必須支付一定比例的權利金，即可享有在到期日之前或到期日時以特定執行價格買進或賣出某特定商品的權利。

選擇權可以分為兩種類型：買進標的物稱為「買權（Call）」、賣出標的物則稱為「賣權（Put）」。從權利義務的觀點來看，契約的買方須支付權利金才能享有執行買權或賣權的權利，而不需負擔義務；而相對地，賣方就可收取權利金，並且負有應執行買權或賣權的義務而不得拒絕。也就是說，履行契約的決定權是在買方而非賣方，買方履行契約的最大獲利可能是無限，最大損失則有限

（即已支付的權利金），但賣方只有接受買方要求的義務，履行契約最大的損失就是無限，最大獲利則是當買方選擇不履約時可賺取已收取的權利金。

影響權利金的因素

權利金的定價是選擇權契約一個重要的因子，其價格由市場供需所決定，受到包括選擇權的履約價格、標的資產的現貨價格、到期日及市場價格波動幅度等因素所影響。

由選擇權的履約價格及標的資產的現貨價格兩者比較來看，當選擇權的履約價格剛好或接近標的資產的現貨價格，若買方馬上執行時將不賺不賠，稱為「價平」。當選擇權的履約價格可以讓買方馬上執行就獲利，稱為「價內」，以買權而言是選擇權的履約價格小於標的資產的現貨價格、對賣權而言則是履約價格大於標的資產的現貨價格。反之當買方執行權利無利可圖、或選擇不執行的狀況則為「價外」，以買權而言是選擇權的履約價格大於標的資產的現貨價格、對賣權而言則是履約價格小於標的資產的現貨價格。若交易時選擇權處於「價內」的程度愈深，獲利機會愈高，故權利金價格愈高；反之，選擇權處於「價外」的程度愈深則獲利機會愈小，故權利金價格愈低。

另一方面，若到期日愈長，標

的資產出現較低或較高價的機會都愈高，因此不論買權或賣權的權利金都愈高。相同地，當市場價格波動幅度愈高時，標的資產出現較低或較高價的機會都愈高，買權或賣權的權利金都愈高。

選擇權的四種基本操作法

買權買方　買進「以履約價買入」的權利

適用時機：預期未來標的資產的現貨價格將會大漲時。

結果1

當現貨價格上漲超過履約價時，買方即可以低於現貨價的履約價執行買入的權利，產生價差獲利。

結果2

若現貨價格不如預期，下跌低過履約價，可放棄履約，最多損失權利金。

買權賣方　賣出讓買方「以履約價買入」的權利

適用時機：預期未來標的資產的現貨價格將盤整、並且偏向下跌時。

結果1

當現貨價格上漲超過履約價時，即有義務執行買方權利而造成賣方虧損。

結果2

若現貨價格下跌低過於履約價、買方放棄履約時，賣方將因而獲利，最大獲利為權利金。

賣權買方　買進「以履約價賣出」的權利

適用時機：預期未來標的資產的現貨價格將會大跌時。

結果1

當現貨價格下跌低過履約價時，即可以高於現貨價的履約價執行賣出的權利，產生價差獲利。

結果2

若現貨價格上漲超過履約價，可放棄履約，最多損失權利金。

賣權賣方　賣出讓買方「以履約價賣出」的權利

適用時機：預期未來標的資產的現貨價格盤整、並且偏向上漲時。

結果1

當現貨價格下跌低於履約價時，即有義務執行買方賣出的權利而造成虧損。

結果2

若現貨價格上漲高過履約價、買方放棄履約時，賣方將因而獲利，最大獲利為權利金。

註：圖解內容參考《第一次投資台指選擇權就上手（最新修訂版）》120頁～129頁

衍生性商品市場③：
連動式債券與組合式定存商品

金融市場環境日益自由化，金融商品的發展也不斷創新。以衍生性商品而言，近年已有許多國內自行發行或從國外引進的「結構型商品」出現，如連動式債券與組合式定存商品等。

什麼是結構型商品？

結構型商品是以保本為目的，主要是結合承做一個固定收益型商品（例如債券、定存）和衍生性金融商品（例如連結股價、利率或匯率的選擇權）的組合式商品。將大部分的本金用於投資在債券或定存上，讓投資人享有固定的收益，達到保本的目的，並將其中一小部分的本金或利息拿來投資連結股權、利率或匯率的選擇權以獲得額外的報酬，但若虧損則有可能會侵蝕到本金。例如近年在銀行銷售非常熱門的連動式債券、組合式定存商品等都可視為結構型商品。

商品①：連動式債券

連動式債券是一種以債券與選擇權結合的投資方式。以大部分的本金投資在孳息的債券上，進而達到保本的目的，但同時為了獲取比定存較高的報酬，也將少部分的本金或是利息用來買入選擇權，以達強化獲利的目的。

選擇權連結的標的十分多樣化，可以是利率，例如倫敦銀行同業拆借利率（LIBOR）、新加坡銀行同業拆借利率（SIBOR）；也可以是匯率，例如EUR／USD（歐元／美元）、AUD／USD（澳幣／美元）；或是股價指數，例如美國標準普爾500指數（S&P500）、英國金融時報100指數（FTSE100）等。當連結標的如預期上漲或下跌時，投資人可以享有較高的投資報酬；但當連結標的的表現不如預期，選擇權的價值會喪失，本金則視投入比例而發生損失。

目前大部分國內銀行代銷的連動式債券都是由國外金融機構所發行，期間通常為一年至七年，投資人過了閉鎖期就能依約定贖回，不過，若是提前贖回的話就可能會有本金的折損，因此存在著流動性風險。

此外，連動式債券除了利率、匯率等連結標的漲跌波動帶來的價值變動風險外，也隱含發行機構本身的信用風險，若倒閉則可能會血本無歸。再者，申購連動式債券時需以新台幣兌換外幣（通常為美元）、贖回時再換回新台幣，因此也隱含匯兌損失的風險。最後，由於連動式債券獲利計算較一般債券複雜，投資人較不熟悉，也有投資決策錯誤的可能。

結構型商品

結構型商品 =

固定收益型商品
大部分本金用於投資固定收益型商品，達到一定程度的保本，例如：
- 貨幣市場：國庫券、商業本票、銀行承兌匯票、可轉讓定期存單、債券附買（賣）回。
- 債券市場：政府公債、公司債、金融債券。
- 共同基金市場：貨幣市場基金、債券型基金。

+

衍生性金融商品
小部分本金或利息投資衍生性商品，例如：
- 選擇權：連結匯率、利率、股權、信用、商品價格的選擇權。
- 遠期契約：約定在某一期間交易匯率、利率、股權、信用、商品價格的契約。
- 交換合約：約定在某一期間進行利率、貨幣、股權交換。

結果1 本金 **+** 固定收益 **+** 獲利

> 獲得低成本、高報酬的好處。

結果2 本金 **+** 固定收益 **+** 虧損

> 當所搭配的衍生性商品虧損，即有可能侵蝕到本金

| 當 固定收益≧虧損 | ◀ **仍保有本金，獲利縮水或獲利為0** |

| 當 固定收益＜虧損 | ◀ **獲利為0，並侵蝕本金** |

商品②：組合式定存商品

由於國內銀行代銷國外金融機構的產品，只能賺得代銷手續費，獲利有限，因此銀行也傾向推出更多「客製化」結構型商品。客戶可以依自己對風險的承受度來選擇風險資產組合，不但滿足客戶多樣化的理財需求，也可以增加銀行的銷售業績，增加銀行不少獲利。

在連動式債券的概念引導下，創造了由定存加上選擇權的「組合式定存商品」，獲利也比傳統外幣定存來得高，因此也吸引不少希望增加獲利空間的定存族投資。例如市場上常見的「雙幣定存」，即投資人存入一筆「外幣定存」，並以「外幣定存」為本金，銀行再搭配承做一筆「賣出」的「外幣選擇權」，藉由所收取的權利金增加投資人的利息收益。但若到期時，匯率跌破（或突破）原本設定執行轉換的履約價格，本金就會被轉換成弱勢貨幣，屆時投資人有可能賺了利息，但是賠了本金的匯率差，帳面上就會發生虧損。

舉例而言，A銀行發行一檔三個月期的雙幣定存商品，客戶小張存入一筆美元定存本金，A銀行可提供較原三個月美元定存利率（如2％）為高的利率（如5％），多出的3％利率其實是由搭配賣出選擇權所收取的權利金墊高所形成。

若小張選擇以美金定存搭配一個歐元賣權／美元買權（Sell EUR／PUT），EUR／USD 設定的選擇權履約價格為1.37，如果到期日當天歐元仍走強，匯價突破1.37，則選擇權沒有市場價值，就不會被執行，投資人可保有原來美元存款的利息加本金。反之若歐元相對走弱，匯價低於1.37，則選擇權具有市場價值，就會執行，則小張原持有的美元存款本金就必須強制被轉換成弱勢貨幣（歐元）存款，本金就縮水了，對小張而言，這筆雙幣定存雖然可以獲得美元存款的利息，但本金被迫轉換時，帳面上就會產生匯兌損失。

連動式債券

實例 甲投資於台灣某銀行代銷、由美國XYZ銀行所發行的一年期連動式債券，投資金額為10,000美元。契約及獲利狀況如下：

連動式債券

發行機構：XYZ銀行
發行機構評等：AA-級（標準普爾）
發行日期：2014年4月13日
到期日：2017年4月14日
投資期間：三年
連結標的：一籃子股票，包括A、B、C、D、E等五家公司股價
計價貨幣：美元
名目本金：每單位發行價1000美元
最低投資金額：10,000美元或10單位
保本比率：名目本金之100%
到期金額：本金 ×〔100% + 最大值（0，15% × 期末評價表現最差連結標的的報酬率）〕

註：此產品說明樣式為已經簡化，一般連動式債券產品說明較詳盡

發行機構評等
金管會對於連動債發行機構的信用評等必須達標準普爾BBB級以上、穆迪Baa2級以上、惠譽BBB級以上

連結標的
連動式債券的利息是由所連結標的的獲利來決定，連結標的為「一籃子股票」，意即選擇多家某一種類型股票（如金融股、科技股、精品股）的投資組合，獲利隨股票的漲跌波動而定。

計價貨幣
連動式債券大多屬外幣計價投資產品，當商品到期交割時須兌換回台幣時，若遇到台幣走勢相對走弱，會有匯兌損失。

保本比率
- 本金以預先決定的特定比率保證歸還，通常是原始投入金額的95%、97%、100%或105%。
- 保本的前提是發行（保證）機構正常營運，如果倒閉或聲請破產就不保本，投資人依法可分配破產後的剩餘財產。

到期金額
每檔連動式債券會設計出不同的連結投資資產漲跌的方式。本檔規定最佳報酬率為表現最差標的報酬率的15%，最差報酬率則不低於0。

到期金額計算

可能1
甲投資本金為10,000美元，期末評價表現最差的股票報酬率為40%，契約規定最佳報酬率為表現最差標的的報酬率的15%，則甲可獲得契約金額10,000美元×〔100% +（15%×資產連結報酬40%）〕＝10,000美元×（100%+6%）＝10,600美元

甲獲得600美元利息收入。

可能2
甲投資本金為10,000美元，期末評價表現最差的股票報酬率為-10%，契約規定最差報酬率不低於0。則甲可取得契約金額10,000美元×〔100% +（0×資產連結報酬-10%）〕＝10,000美元×（100%+0）＝10,000美元

甲保有10,000美元本金。

可能3
甲需承擔發行機構XYZ銀行的信用風險，XYZ銀行破產遭清算，無法正常償付利息與本金。甲為債權人，只能和其他債權人共同分配XYZ銀行剩餘財產。

甲血本無歸。

共同基金市場

對投資大眾而言，股票、債券及外匯等都需要相當金額的投資門檻，共同基金可說是相對平民化且又能累積財富的金融工具，投資範圍更可跨越到海外股市或進而投資債券、貨幣、衍生性金融工具、大宗物資商品、不動產等，種類更日益多樣化。

什麼是共同基金？

　　一般財力有限的市井小民，即使想要參與投資，卻無法將資金放在不同的金融工具以達到分散風險的目的。共同基金則提供一種「投資組合形式」的投資方式，集合投資大眾集資的資金，委託專業投資機構的經理人代為操作投資，將此資金投資在不同的金融商品上，並共同分享投資收益。投資人購買了共同基金即取得了投資憑證，代表未來能有共享基金的利潤，因此基金的投資人一般稱為「受益人」。

共同基金如何運作？

　　共同基金就是集合眾人的資金委託專家來操作。實際的共同基金運作因此可以分為募集資金階段、以及募資完成進場投資兩個階段。共同基金在正式成立前必須有一個募集資金的過程。基金公司（意即證券投資信託公司，簡稱投信）在要發行一檔新的共同基金時，須先向金管會證期局申請並審核通過，再透過銀行做為代銷機構，或由基金管理公司本身向一般投資大眾銷售。

　　當該檔基金達到了募集的規模，基金公司會將募集到的資金委託銀行保管，並透過基金公司指定的基金經理人利用這筆資金代為投資操作，進入進場投資階段。一切操作必須受到主管機構的監督及層層法令的規範，

定期定額vs.單筆投資

共同基金購買的方式一般有兩種方式：單筆投資與定期定額。單筆投資的最低限額國內基金通常為10,000元，海外基金則為50,000元。因為一次申購，投資成本是固定的，當贖回價高於成本才會獲利。定期定額則是以每月最低3,000的方式（國內基金），以平均成本法的概念購入，使平均成本大多低於平均市價，通常這種方式須長期投資才能發揮平均成本的效益。

基金淨值

基金淨值也簡稱NAV（Net Asset Value），計算方式為基金的總資產除以發行單位總數。基金的總資產即為基金所投資的標的物（如股票、債券）當日的收盤價格總值，標的物收盤價格的漲跌不一，所以基金淨值會隨著行情的波動而變動。淨值愈高，表示基金獲利愈好，但相對地也代表購買基金的投資成本增加。

更須對所有投資人公開透明所有投資訊息。尤其為保障投資人的權益，共同基金的一項最高指導原則為「資產管理與保管分開」，即負責基金操作的基金管理公司，並不能經手或保管投資人的資產。

共同基金的參與者

在共同基金運作的過程中，最重要的參與者除了基金受益人外，還包括了基金公司、銀行及金管會證期局。基金公司最主要的業務是成立及操作基金，主要賺取代為投資的服務費。基金經理人更是基金的靈魂人物，負責資金的投資決策操作的工作，關係著基金操作績效好壞。銀行則扮演基金的代銷機構、保管銀行，在接受基金公司的委託後處分資產，並擔任分配利潤給投資人的匯款機構。證期局則是監督管理者，負責監督基金公司的運作及操作過程，核准基金公司成立及定期向保管銀行查帳等功能，投資人權益受損時可向證期會申訴。

共同基金的主要種類

市面上林林總總的基金，大致可分類為下列幾種：第一類以發行地區的不同分為「國內基金」及「海外基金」。由國內基金公司（投信）所發行的基金即為國內基金；例如元大高科技、統一大滿貫、新光摩天等基金，這些基金都是向證期局申請核准，受到相關的證券法規所規範，且均以新台幣計價，投資範疇及於國內與海外金融市場。若是由海外基金公司（例如霸菱、富蘭克林、富達等）所推出的基金稱為海外基金。

但目前台灣銷售的海外基金多由台灣設立的投信（或投顧）所引進，投資人須至代銷金融機構如銀行、證券公司、投信、投顧進行投資，計價的幣別以美元及歐元為主，投資範疇以海外金融市場為主。海外基金因引進成本較高，因此投資門檻較高，海外基金最低投資金額單筆投資為50,000元、定期定額為5,000元，較國內基金單筆投資10,000元、定期定額3,000元為高，且手續費約2.5％，較國內基金的1.5％稍多。投資人也必須留意將海外獲利兌換回新台幣時可能產生的匯兌損失。

第二類以基金發行的單位數區分為「封閉型」及「開放型」基金。如果基金發行的單位數是固定的就是封閉型基金。因發行數量有一定的限制，一旦達到預定規模，則停止發行並至證券交易所掛牌上市，若要買賣則須透過證券經紀商依照市價來買賣，交易流程與股票類似。若基金發行的單位數是變動的，則是開放型基金。投資人可以隨時向基金公司或銀行購買及賣出，價格則依基金淨值計算。目前開放型基金較封閉型基金為普遍，且許多封閉型基金逐漸轉型為開放型基金。

基金的其他分類

依照基金的獲利目標及投資人可承受的風險程度，還可以將基金區分為成長型、收益型、平衡型、保本型。成長型的基金以投資業績營收展望較佳的企業股票為主；收益型基金強調以獲得穩定的報酬為主，因此投資的標的偏重在以帶來固定收益的債券、票券。平衡型基金則是介於前二者，將投資比例分散在股票及基金，以取得資本利得增長及固定收益之間的平衡。保本型基金強調「不賠本」，所選擇的投資的標的通常也是以風險報酬較低的公債或零息債券為主，利息則投資衍生性金融商品。若依投資地區區分，則有全球型、單一國家型及區域型基金三種。

近年熱門的新興市場基金大多是區域型基金，投資區域含蓋東歐及拉丁美洲等區域。一般而言，投資地區域愈廣泛，可選擇的投資標的愈多，較能達到投資風險分散的目的。

什麼是共同基金？

眾人有投資理財的需求

投資人A、B、C、D……擁有閒置資金，但財力有限，且無暇、無專業理財，但有理財的需求。

基金公司發行基金

為滿足投資人的需求，基金公司於是發行一檔基金，由專業的基金經理人專職負責管理這檔基金的資產。

匯集眾人的錢交給專家管理

投資人A、B、C、D……的資金皆投入這檔基金。在聚沙成塔之後，這檔基金所匯集的資金規模達10億台幣，基金投資人共同委任基金經理人代理操盤。

將基金投資於金融商品

基金經理人將所匯集的10億台幣投資於股票、債券等金融商品，以期幫投資人賺取最高利益。

基金投資狀況

情況1 當基金績效良好時

基金所投資的股票或債券等金融商品增值,同時使這檔基金價值(或稱基金淨值)隨之增加。

例如:這檔基金的價值從原先的10元上升到12元,投資人因此獲益。基金經理人只收取基金管理費,並無權分享基金成長的利益。

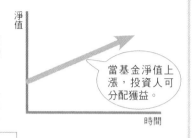

當基金淨值上漲,投資人可分配獲益。

結果

● 愈來愈多人將資金投入這檔基金,使得基金規模愈來愈大,基金經理人可投資標的便愈豐富。
● 投資期間需要用錢的基金投資人也可以將基金賣掉,賺取基金的成長價差。

例如:買入成本10元,賣價12元,投資人可賺得2元價差。

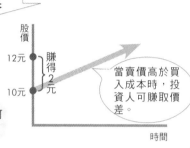

當賣價高於買入成本時,投資人可賺取價差。

情況2 當基金績效不佳時

如果基金經理人操作的績效不佳,也就是基金所投資的股票或債券等金融商品價格不漲反跌,基金淨值也隨之下降。

例如:從原先的10元下跌到8元,投資人因而遭受損失。但同樣地,基金經理無須同步承受這樣的損失。

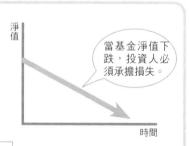

當基金淨值下跌,投資人必須承擔損失。

結果

● 因為績效不彰,愈來愈多人將資金退出這檔基金,使得基金規模愈來愈小,基金經理人可投資標的也相對減少。
● 受不了虧損的基金投資人也開始將基金賣掉,投資基金出現損失。

例如:買入成本10元,賣價8元,投資人損失2元價差。

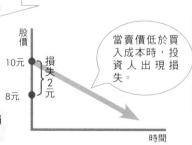

當賣價低於買入成本時,投資人出現損失。

註:圖解參考《第一次買基金就上手(修訂版)》26頁~29頁

113

Chapter 5

金融機構
的風險控管

　　金融自由、開放,伴隨而來的便是風險的增加,因此風險控管早已被視為金融機構的主要業務之一。一般金融機構所面臨的風險主要有兩大部分:一是來自於本身內部管理出現問題,例如人為疏失、舞弊所造成的作業風險;二是來自市場客觀環境的變動,例如:利率風險、匯率風險、信用風險、流動性風險、市場風險等。如何有效管理這些風險、使可能造成的損失降低至最小,亦成為衡量金融機構績效的主要標準。

學 習 重 點

- 金融機構面臨的經營風險有哪些？
- 信用風險如何產生？
- 利率風險如何產生？
- 匯率風險如何產生？
- 流動性風險如何產生？
- 市場風險如何產生？
- 如何判斷銀行的經營績效？

金融機構的經營風險

自一九九〇年起政府開放新銀行設立，銀行之間競爭日益激烈，加上近年來金融產品的創新、業務領域的限制逐漸放寬，使金融機構的服務項目日趨多元，同時也使得金融機構在經營上面臨更多的不穩定性，經營風險也同步提高。

主要的風險類型

金融機構主要面臨的風險可區分為五大部分：①**經營風險**：主要和金融機構本身承做的業務相關，包含了因內部人員、系統管理疏失所造成的作業風險，及因規章制度或內部稽核不良所引起的行政事務風險，和犯罪集團盜刷金融卡、偽造貨幣等的詐欺偽造風險。②**信用風險**：銀行是以大眾為信用基礎的行業，主要為吸收資金、支付利息的存款業務，和將資金借出、收取利息的放款業務。其中，放款被視為銀行的資產，一旦借款人的信用能力惡化無法如約還款，就會產生壞帳、資產減損的風險。③**利率風險**：由於銀行長期持有許多和利率相關的資產（如放款）和負債（如存款），若放款與存款到期期間相同，銀行確定可賺得存放款的利差；但若放款與存款到期期間不同、或是在期間中放款或存款利率有所變動，則可能會產生利差損失。④**匯率風險**：金融機構也會長期持有以外幣計價的國外資產與負債，若外幣資產與負債金額不同，當外幣兌新台幣匯率有所升貶時，就會造成資產減損或負債增加的風險。⑤**市場風險**：金融機構操作短期交易時，所持有的票券、外匯、

衍生性金融商品等部位，可能因市場狀況突然改變如金融危機、政治事件發生，使利率、匯率、股價巨大波動而造成價值變動，而有發生損失的風險。此外，銀行也要避免擠兌而帶來現金不足以支應提領的流動性風險。

風險管理的原則

面對各種潛在風險，金融機構已開發如衍生性商品等具有風險管理功能的金融工具。例如操作大部位股票時，同時反向操作股價指數選擇權。然而，要防範於風險於未然，最重要的還是建立一套有效的風險管理制度。目前，金融機構大致會遵循一般公認、普遍接受的四項風險管理原則：

● **風險自承原則**：金融機構所發生的風險應全部自行承受吸收。假設作業風險來自於人員作業疏失，理應由金融機構自行承擔。在此原則下，金融機構必須設法在事故發生前嚴格監督，一旦發生事故時能立即提出有效的應變計畫。

● **風險規避原則**：金融機構應清楚界定主要風險的特性及部位，並以對應的特定方式來避險。以匯率風險為例，例如金融機構已知一年後將有

大筆美元放款到期，為了規避美元兌新台幣貶值的風險，應事先訂定遠期外匯契約以規避匯率損失。

● **風險分散原則：**金融機構進行投資時，最重要的是秉持「雞蛋不可放在同一個籃子裡」的基本原則，藉由分散所投資的國家、區域、行業、幣別等來分散風險。

● **風險轉嫁原則：**金融機構可以透過不同金融商品的設計將自身所承擔的風險轉嫁給願意承擔交易的第三者。例如銀行承做了許多房屋貸款，為了規避房貸戶倒帳或違約的風險，而將房貸債權包裝成被分割為許多小單位的有價證券，並提供固定利息或分配股利、股息給投資人，藉由願意承擔風險的投資人買入有價證券以轉嫁銀行的風險。

金融機構所面臨的主要風險與管理原則

1 經營風險

和金融機構從事的業務相關的風險。包括：
● **行政事務風險：**制度、規章的安全性有疏失。
● **作業風險：**發生內部作業、人員及系統不當或失誤的風險。
● **詐欺偽造風險：**信用卡詐欺或偽造發生的風險。

2 信用風險

交易對手無法履行契約義務，讓金融企業承受經濟損失的風險。包括：
● **壞帳風險：**借款人無法按期償付利息或本金的風險。
● **違約風險：**契約中處於不利的一方逃避履約義務的風險。

3 利率風險

金融機構長期持有放款資產和存款負債，賺取存放款的利差；若放款與存款到期期間不同，當放款或存款利率有變動，則會產生利差損失的風險。

4 匯率風險

金融機構長期持有以外幣計價的國外資產與負債，當資產與負債金額不同，匯率變動時會造成較多的資產（或負債）暴露於風險之中。

5 市場風險

因市場突發狀況如經濟、政治環境改變，導致短期交易所持有的資產、負債或衍生性金融商品價值發生變動的風險。

四大管理原則

● 風險自承原則

因必須自行承受吸收全部風險，必須在事故前或發生後有效降低其衝擊力。

例如：行政事務風險、作業風險可以在事前監督預防、事後以緊急應變措施因應。

● 風險規避原則

找出特定風險的特性及部位，予以規避及預防。

例如：事先訂定遠期外匯契約，規避匯率變動的風險。

● 風險分散原則

多方布局，以分散風險的衝擊力。

例如：分散投資國家、區域、行業、幣別。

● 風險轉嫁原則

將風險轉由願意承擔的第三人。

例如：將房貸債權包裝成可分割的有價證券，使風險能轉嫁給有價證券投資人。

信用風險如何發生？

「商業銀行的逾期放款比率過大」、「農會、信用合作社發生擠兌」等事件，皆透露出金融機構經營上的信用風險，導致金融機構的壞帳增加、存戶的信心喪失、更可能釀成嚴重的金融災害，也凸顯了金融機構對信用風險控管的重要性。

高逾放比，代表高信用風險

信用風險主要和金融機構的授信業務有關。例如當銀行對企業或個人辦理放款時，會依據欲借款的授信對象進行信用評估，即「徵信」。銀行為「債權人」，擁有收回資金和利息的「債權」，借戶即為「債務人」，應按照約定條件還款。然而，即便經過徵信，仍舊可能出現借戶無力償還本金或利息的狀況，使得銀行所擁有的債權變成無法獲得償付的「不良債權」，信用風險也就隨之發生。

當借款人積欠銀行本金或利息超過一定時間仍無法償債，該筆貸款即稱為「逾期放款」。依據放款型態和期間長短，認列標準亦有不同。一般短期放款如企業借貸的周轉金、大眾房屋修繕借款等，本金逾期三個月以上者；中長期分期償還放款如企業購置廠房及機器設備的長期借款、或是房屋貸款等則是未按期攤還逾六個月以上者。消費信貸如信用卡貸款、汽車貸款的本金雖未到期、但利息已延滯六個月以上者，都會被列入逾期放款。

一般衡量銀行的資產品質與經營成果時，常會用「逾放比」做為指標。所謂「逾放比」意即銀行的逾期放款占總放款的比例。當逾放比愈大，代表銀行的授信品質愈差、不良債權愈高；而銀行放款的資金又是來自於大眾的存款，代表存戶的存款保障安全性則愈低。一旦銀行的流動性現金不足，或重大經營疑慮發生、財務危機浮現時，即可能引起存款大眾的恐慌，因而出現擔心銀行倒閉、存款有被凍結風險，造成一窩蜂領出存款的「擠兌」現象。因此，當授信對象的信用等級愈差，金融機構所面臨的信用風險也愈大。

目前國內的金融機構逾放比的合理範圍在二％至三％以下。「逾期放款」的數額及「逾放比」皆會公開揭露於財報資訊，讓投資大眾了解銀行的財務狀況。

逾期放款的處理方式

借款人積欠銀行的逾期帳款往往並非即刻發生，借款人在繳息不正常、到期本金無法依約還款等信用異常的情形出現之初，銀行為確保債權，會先特別註記為「不良授信」。被註記為不良授信的借款人的信用評分將會受到影響，之後與銀行往來時可能會被收取較高的利率、或被要求增提擔保品，甚或借不到錢。銀行會

特別注意觀察不良授信者的還款情形，若延遲還款的借款人有補繳本息，有些銀行會註銷記錄。若積欠日久，此筆放款就會被列報「逾期放款」，表示一旦無法收回借出的款項，銀行就必須自行承受被借款人倒帳的損失。

當借款人積欠本金或利息超過六個月時，該筆逾期放款的本金與應收利息將被轉列「催收款」。為了減少損失，銀行對逾期放款與催收款會進行透過法定訴訟程序、或非訴訟（電話催收、信函催收、外訪催收）程序積極追討欠款。結果將可能有以下三種：①**追回全部本息**，或者客戶當初借款時所提供的擔保品拍賣後足以清償本息的話，即對於降低逾期帳款有實質助益。②**當只有部分回收**，例如借款人的擔保品無法有效拍賣，或是無擔保品而借款人只能償還部分欠款，那麼，無法補足的部分就要轉列為「壞帳」，如此一來便會侵蝕銀行的部分淨利。③**全部都無法回收**，這時銀行得將全部逾期放款認列為壞帳，銀行的淨利勢必也會受到嚴重的侵蝕，而這也是最糟的狀況。

擠兌對金融穩定的影響

銀行的流動資產中，庫存現金具有最高的流動性。當客戶對銀行財務的狀況缺乏信心、紛紛提領存款現金超過正常提領水準，就是俗稱的「擠兌」。若銀行無充裕的庫存現金因應存戶提領存款時，就需向外借入資金或出售流動資產來因應，不僅讓銀行暴露在流動性風險中，也會使負債增加、資產減少。若擠兌逐步蔓延至其他金融機構，則可能導致全面性的金融危機。因此，政府為穩定金融體系發展、保護存款人權益，由財政部及中央銀行合資成立中央存款保險公司，平時給予每個存戶一百五十萬存款保障，在特殊時期如九十七年爆發金融危機時，政府為了避免擠兌危機，宣布在九十八年底前，凡加入存款保險的金融機構，其存款人存款受全額保障，即是政府對擠兌的控制手段。

不良授信的發生與解決

不良債權的形成

> 借款人出現延遲還款記錄

借款人向銀行申請貸款。

銀行針對借款人徵信，給予信用額度並撥貸給客戶。

借款人未依約按時支付利息或繳納本金。

列為「不良授信」觀察

借款人出現不正常繳交利息或本金等信用異常的情形時，銀行為確保債權，會列為「不良授信」並予以註記，並注意觀察。

逾期放款

短期放款

- 指一年以下的放款。
- 如企業借貸的周轉金、大眾房屋修繕等。

→ 本金逾期三個月以上

中長期分期償還放款

- 指一年以上的放款。
- 如企業購置廠房或機器設備的長期借款、房屋貸款等。

→ 未按期攤還逾六個月以上

消費信貸

- 指消費者購買商品時先取得商品使用權，再按期歸還貨款。
- 如信用卡。

→ 本金未到期、利息已延滯六個月以上

（接上頁）

轉列為催收款

借款人積欠本金或利息超過六個月，該筆逾期放款在帳上將轉列「催收款」。

銀行追討欠款

1 銀行藉由法律訴訟追討

銀行可至法院進行民事訴訟，請求借款人給付欠款。

2 銀行藉由非法律訴訟追討

如電話催收、信函催收、外訪催收等方式追討欠款。

結果1

成功拍賣擔保品或追回本息，債務獲得清償。

結果2

拍賣部分擔保品或追回部分本息。

結果3

擔保品無人應買或本息無法收回。

信用風險降低。

無法追回部分列為壞帳。

全部列為壞帳。

公司獲利被侵蝕，資產淨值下降。

信用風險的管理

授信品質決定銀行承受的信用風險高低，當借款的金額愈大，未來發生信用風險的機率亦愈高。為了避免信用風險，金融機構一方面會在貸放前進行必要的徵信評估，一方面會在貸放後進行避險管理。

事前 1：徵信評估原則

　　為了控管信用風險，金融機構在承做貸款授信案時，會先對客戶的信用狀況進行評估，做為貸放可行性與額度的參考。一般金融機構採用「5P」及「5C」評估原則。「5P」是指客戶（People）、資金用途（Purpose）、還款資金來源（Payment）、債權保障（Protection）、客戶展望（Perspective）等五項考量；「5C」則是指客戶的品格（Character）、能力（Capacity）、資本（Capital）、擔保品（Collateral）、營業狀況（Condition）。5P和5C相輔相成，目的不外乎是為了對客戶本身的品格特質、還款能力、客戶資產及負債的狀況及發生違約的可能性進行明確而有效地評估。

事前 2：徵信的做法

　　金融機構的徵信評估作業大多會透「聯合徵信中心（JCIC）」進行。聯徵中心為銀行公會體系下負責公會會員機構間授信資料蒐集、處理及交換的資料處理中心，建置有全國性信用資料庫，以提供會員機構查詢自然人或法人的信用記錄及營運財務資訊。透過其龐大資料庫可查詢客戶與其他銀行的往來資料、信用卡、支票使用等情形，若有不良記錄表示信用風險較高。此外，徵信過程中，銀行也必須了解客戶將如何運用所貸得的資金，並依客戶本身的收支情形等財務狀況來衡量其償債資金的來源，以評估其還款能力，若借款者是企業，則會依據財務報表來判斷。

　　銀行也會考量借戶是否提供擔保品來決定貸款額度，若借款人提供土地、房屋等有價值的擔保品；或是其他金融機構、有資金償還能力的保證人保證當借款人違約時，會代為償還欠款，就能提高債權保障，銀行也會提高貸放額度。若是長期授信的話，徵信時必須特別留意客戶、或企業長期以來的財務、營運狀況，所屬產業在產業生命週期中所處的階段是走向蓬勃、還是邁入蕭條，以及外在環境的景氣變化等，確實掌握風險程度後才予以核貸。

　　以銀行房貸申請為例，不管向哪一間銀行申請房貸，銀行都會向聯合信用中心查詢貸款戶過去的各類信用記錄，並且訪談客戶，了解其行業別、收入、財力條件，且需鑑定擔保品的價值，最後依據各銀行各自訂定

金融機構如何進行徵信？

例如：小明與小華分別向A銀行申請1,000萬元的房貸，A銀行依據兩人的行業別、收入、財力條件、擔保品所在區位，及各類信用記錄查詢記錄等指標評量申貸案。徵信作業程序如下：

Step1 蒐集資料

查詢公司內部客戶授信往來資料庫，並透過聯合徵信中心獲得借款客戶信用記錄。

➡ 小明授信往來記錄良好，獲得滿分100分。

➡ 小華有授信往來略有瑕疵，獲得80分。

Step2 實地查核

親自拜訪借戶公司或面談借戶，以評估其還款能力。

➡ 小明工作穩定、收入高，還款能力佳，獲得90分。

➡ 小華工作穩定、收入較低，還款能力中等，獲得80分。

Step3 擔保品鑑價

借戶提供擔保品可降低授信風險，銀行經由收集資料、查詢市價及實地觀察，做成鑑價評估。

➡ 小明擔保品價值高於所申請的房貸，獲得滿分100分。

➡ 小華擔保品價值較所申請的房貸低100萬，獲得80分。

Step4 加權計分

將各項所蒐集的資料根據銀行內部自訂評分標準加權後綜合評分。

➡ 小明加權計分為970分〔（100分×權數3）＋（90分×權數3）＋（100分×權數4）〕

➡ 小華加權計分為800分〔（80分×權數3）＋（80分×權數3）＋（80分×權數4）〕

Step5 信用評等

針對總分所區分的信用等級區間，給予借戶相對應的信用額度。

總分	等級	核貸額度
900至1000分	A	可貸9成至全額
800至899分	B	可貸8成至9成
700至799分	C	可貸7成至8成
600至699分	D	可貸6成至7成
700以下	E	不核准

➡ 小明加權計分為970分，對應信用區間為A級，可貸額度9成至全額。

➡ 小華加權計分為800分，對應信用區間為B級，可貸額度8成至9成。

Step6 准予貸放

依貸放的性質、金額大小呈請有權貸放的主管核准。
依主管審核結果給予貸放。

➡ 小明核貸額度為9成，貸款900萬（1,000萬元×90％）。

➡ 小華核貸額度為8成，貸款800萬（1,000萬元×80％）。

的指標評量其還款能力，以所得的總分區分其信用等級。例如最高的A級代表信用記錄良好、還款能力佳，核貸金額可達申請金額的九成；最差的D級代表信用記錄及還款能力較差，核貸金額達六成。每一家銀行分級級距、標準，以及信用風險承受度不盡相同，但在放款之前必須做的授信過程則大致相同。

事後：避險管理

即便事先做了完整的徵信作業，事後的避險管理仍相當重要，金融機構會針對每一筆放款進行貸放後的定期審核及還款的追蹤管理。在金融商品愈趨多元的發展下，針對金融機構規避信用風險的「信用衍生性金融商品」亦應運而生。信用衍生性金融商品的主要作用是將原本只有雙方的信用交易，透過與承做衍生性商品的第三者交易，將風險轉嫁給第三者，規避或降低借款的一方違約時所需承擔的所有風險，藉此達到風險控管的目的。

近期被金融機構廣泛操作的「信用違約交換」（Credit Default Swap，簡稱CDS）即為常見的信用衍生性金融商品。CDS是一種可以規避信用風險的契約，作用類似買保險，當金融機構持有債券或放款部位，可以向其他發行CDS的金融機構（即賣方）

為所承受信用風險的債權資產買進CDS。CDS的買方必須定期繳交賣方固定費用，將違約風險轉嫁給賣方，由賣方負擔債券發行機構或借款人因違約或倒閉所造成的龐大財務虧損。

例如A銀行持有B公司發行的面額2億元的公司債，五年後到期，假設年息為3.5%，到期償付本息，意即每年可收取利息700萬元（200,000,000元×3.5%），五年共收取3,500萬元（7,000,000元×5年）。A銀行為避免B公司未來無法支付債息的違約風險，向C銀行買進CDS，約定的交易條件為五年期、名目本金為2億元。如同買保險需支付保費一樣，A公司每年亦需支付1%、即200萬元（200,000,000元×1%）的費用給C銀行。

若B公司所發行的公司債按期償付本息，未發生違約事件，則A公司無法從C銀行獲得任何報償，且五年共需支付1,000萬元（2,000,000元×5年）保費，C公司賺了保費收入；但當B公司債違約時，A銀行即有權將公司債以面額賣給C銀行，並可獲得本金2億元的報償，意即A銀行將違約風險轉移給C公司，債權獲得保障。相當於為債權買保單的CDS交易可使得A銀行免除承受過多債權的壓力、並將信用風險降低。

金融機構如何進行事後的避險

甲銀行

因持有龐大債券及放款部位，被倒帳的信用風險高。

例如：甲銀行持有大力公司發行的面額1,000,000元的公司債，五年後到期，年息為3%。

- 甲銀行每年可收取30,000元（1,000,000元×年息3%）利息。

乙銀行

發行信用違約交換（CDS），可向CDS買方收取費用，並承擔約定的風險。

例如：甲銀行為規避大力公司債息違約風險，向乙銀行進行CDS交易。

- 約定的交易條件為五年期，名目本金為大力公司發行的面額1,000,000元，甲銀行每年支付0.8%的費用，意即8,000元（1,000,000元×0.8%）給乙銀行。
- 當大力公司違約不付本息時，甲銀行有權將公司債以面額賣給乙銀行，獲得本金1,000,000元報償。

情況一 甲銀行並未被倒帳

大力公司按時償付本息。

公司債方面

甲銀行每年可收取30,000元利息。到期收取1,000,000元本金。

CDS方面

- 甲銀行每年支付8,000元費用，因未被倒帳而沒有收取任何報償。
- 乙銀行不必支付任何費用，可獲得8,000元。

甲銀行雖然支付乙銀行CDS費用，但持有的大力公司公司債的債權得到清償，得到本金與利息。

情況二 甲銀行被倒帳

大力公司於繳付第一期利息後倒閉而遭清算，無法繼續償付利息與本金。

公司債方面

甲銀行只收取第一期30,000元利息。損失其他四期利息及1,000,000元本金。

CDS方面

- 甲銀行只支付第一期的8,000元費用。因被倒帳而有權將公司債以面額賣給乙銀行，獲得本金1,000,000元報償。
- 乙銀行可獲得8,000元。但必須依約以1,000,000元面額買入公司債。

甲銀行持有的大力公司公司債的債權雖然未獲清償，但已於乙銀行所支付的1,000,000元獲得補償，損失的只有四期利息。

當甲銀行將信用風險轉移給乙銀行，無論是否被倒帳，都能收回公司債的本金，債權獲得保障。

利率風險的管理

金融機構為借貸資金的中介者，在借入與貸出資金之間，不論是計算成本與報酬都和利率有相當密切的關連。然而，利率波動在所難免，為避免因利率變動所造成的虧損侵蝕獲利，金融機構會藉著操作金融工具來進行風險管理。

利率風險1：再融資風險

金融機構最主要的收益來源是從放款中取得利息、抵銷對存款戶所需支付的利息，藉此產生利得，但金融機構的放款（資產）與存款（負債）的到期日又不一致，因而會面臨因利率變動所造成的可能虧損，稱為「利率風險」。

利率風險可區分為「再融資風險」與「再投資風險」。「再融資風險」是指銀行持有的放款（資產）的到期日較存款（負債）的到期日長，因為存款利率在到期後可能會走高而超過放款利率，使得再融資吸收資金時需付出的存款利息，高於從放款中取得利息的投資報酬。如此一來，當銀行舊存款到期、再承做新存款時，就會因為需提供更高的存款利息，使得存放款之間的利差減低、甚至由正轉負的風險。

例如A銀行吸收一年期的存款新台幣1億元，利率為2%，同時將此資金用來承做二年期的放款，利率為3%。在第一年，銀行可以其借入及貸出的利息差額鎖定獲利新台幣100萬元〔100,000,000元×（放款利率3%－存款利率2%）〕。然而第二年的利潤卻不能確定，因為第二年的存款利率可能會變動，假設存款利率上升至3%，則銀行在第二年的存款與放款會出現0（放款利率3%－存款利率3%）利差，A銀行將無利潤可言；如果第二年的存款利率高於3%，A銀行就會產生損失。

利率風險2：再投資風險

相對地，當銀行存款（負債）的到期日長於放款（資產），而放款利率在到期後可能走低，從放款中取得利息的投資報酬減低，而從存款付出的利息成本卻是固定的，因此銀行在舊放款到期，要再承做新放款時，就將面臨到只能以低於借入資金成本的利率放款的風險，稱為「再投資風險」。例如A銀行將二年期、利率2%的新台幣1億元的存款資金用來承做一年期、利率6%的放款，如同前例，A銀行在第一年可以鎖定1%的利差獲利新台幣100萬元。若第二年的放款利率下跌至2%，第二年的利息支出和收入剛好抵銷；但若第二年的放款利率低於2%以下，例如1.9%，那麼A銀行就會遭受損失。

如何規避利率風險？

對於資產與負債到期日的不同所造成的利率風險，一般銀行會採用「到期日配合」的避險策略。做法為

運用數學統計的方法計算出所持有總資產與總負債的平均到期期間，若平均到期期間不同時，銀行可進行資產與負債的管理。例如當負債平均到期期間較資產長時，可利用承做放款、贖回所發行的債券等方式來增加資產的平均期間、降低負債的平均期間，使平均到期期間趨於一致，如此即可規避利率風險。此外，許多金融機構也會同時採用一些與利率連動的衍生性商品，例如利率期貨、利率選擇權，藉由持有部位的反向操作來進行避險。

利率風險的發生

利率風險

若放款、存款到期期間不一致時，再承做新的放款、存款時，將面臨利率變動的風險。

風險 1

存款到期期間短
> 例如 大大銀行承做一年到期存款100萬元，存款利率為2%。

＋

放款到期期間長
> 例如 大大銀行承做二年到期貸款100萬元，貸款利率為3%。

存款到期期間＜放款到期期間

❶ 存款到期之前，銀行可確定賺得放款與存款的利差。
> 例如 第一年大大銀行可確定賺得1%利差（貸款利率3%－存款利率2%）

❷ 存款到期之後，銀行再承做新的存款時，若利率走高，則新的存款利率會高於原存款利率，銀行所賺得的利差就會縮小。
> 例如 第二年大大銀行承做新的存款時利率上升為2.8%，大大銀行的利差變成0.2%（貸款利率3%－存款利率2.8%），利差損失0.8%（第一年利差1%－第二年利差0.2%）

再融資風險

風險 2

存款到期期間長
> 例如 小小銀行承做三年到期存款100萬元，存款利率為2%。

＋

放款到期期間短
> 例如 小小銀行承做二年到期貸款100萬元，貸款利率為3%。

存款到期期間＞放款到期期間

❶ 放款到期之前，銀行可確定賺得放款與存款的利差。
> 例如 第一、第二年小小銀行可確定賺得1%利差（貸款利率3%－存款利率2%）

❷ 放款到期之後，銀行再承做新的放款時，若利率走低，則新的放款利率會低於原放款利率，銀行所賺得的利差也會縮小。
> 例如 第三年小小銀行承做新的放款時利率下跌為2.4%，小小銀行的利差變成0.4%（貸款利率2.4%－存款利率2%），損失0.6%利差（第一年利差1%－第二年利差0.4%）

再投資風險

匯率風險的管理

在金融自由化及國際化的發展下，金融機構也會進行外幣交易，藉由購買國外發行的有價證券、承做外幣貸款，形成外幣資產；或發行以外幣計價的債券、承做外幣存款等建立外幣負債。當外幣計價的資產與負債金額不同，對本國貨幣的匯率有升、貶時，就會產生匯率風險。

匯率風險的產生

金融機構所持有某一特定幣別的外匯淨額，稱為「暴露部位淨額」，計算方式為：「（外幣資產＋買入外匯）－（外幣負債＋賣出外匯）」。

當金融機構持有外幣資產和買入的外匯的總額大於外幣負債和賣出外匯的總額，也就是暴露部位淨額為正數時，一旦外國貨幣相對本國貨幣貶值，金融機構就有外幣資產縮水的風險。

反之，持有的外幣負債和賣出外匯的總額大於持有的外幣資產和買入外匯負債的總額，也就是暴露部位淨額為負數時，若是外國貨幣升值，就有外幣負債膨脹的風險。在銀行的財務報表中，無論外幣的資產或負債都會折算為新台幣，因此當匯兌損失發生時，將會侵蝕銀行的年度獲利。

例如台灣的甲銀行持有一年期1億美元放款（外幣資產），同時發行8千萬美元的一年期定期存單（外幣負債），則甲銀行的暴露部位為2千萬美元的外幣淨資產（1億美元－8千萬美元）。若一年後美元兌新台幣匯率由31下跌至29，原來可兌換31元新台幣，目前只能兌換到29元新台幣，在美元貶值下，甲銀行的2千萬美元

淨資產將會產生4千萬元新台幣的匯兌損失〔20,000,000美元×匯差2（31－29）〕。

相反地，假如甲銀行的暴露部位為2千萬美元淨負債，當美元兌新台幣匯率由31上升至33時，原來只兌換31元新台幣的淨負債，現在卻兌換到33元新台幣，在美元升值下，銀行也面臨了4千萬元新台幣的匯兌損失〔20,000,000美元×匯差2（33－31）〕

規避匯率風險

金融機構規避外匯風險原理，基本上都需先界定清楚哪種幣別有風險，需避險的金額有多少，確定風險部位後，接下來就是掌握外匯市場的變動趨勢，藉由買入外匯、賣出外匯調整外幣資產與外幣負債。例如以賣出外匯抵銷外幣資產、買入外匯抵銷外幣負債，將暴露部位淨額調整為零，以達到降低匯率風險的目的。

在實際策略上，金融機構大致採取「資產負債表中的避險策略」，和「資產負債表外的避險策略」兩種途徑來規避匯率風險。

①資產負債表中的避險策略：是指藉由包括改變銀行資產與負債項

目，以保護金融機構的利潤不受外匯風險的侵蝕。例如當甲銀行擁有2千萬美元的淨外匯資產時，為了規避美元貶值的風險，甲銀行可以承做負債，例如吸收2千萬美元的一年期美元存款，透過資產負債表中增加2千萬美元的負債，使其持有的外匯資產和負債部位互相抵銷，以規避匯率變動的影響。

②**資產負債表外的避險策略：**意即不變動資產負債表內的項目，而是持有遠期契約或選擇權、期貨等衍生性商品的部位來規避外匯風險。例如甲銀行持有2千萬美元的淨外匯資產，若甲銀行預期一年後美元可能會貶值，使得兌換到的新台幣變少，而導致資產縮水，則甲銀行可以預先和其他金融機構簽訂一年期的遠期外匯契約，反向操作外匯，鎖定一年後以較高的交易匯率兌換新台幣。即使一年後美元貶值，甲銀行仍可以約定的較高匯率交易，不受匯率波動的影響，達到規避匯率風險的效果。

資產負債表的「表內項目」與「表外項目」

金融機構持有的貸款、存款等已能確定可獲利或需清償的資產與負債，都會列入資產負債表內，故屬於「表內項目」；而金融機構所承做的衍生性金融商品由於尚不能確定未來是否可獲利或需清償，會列於資產負債表外的附註項目，所以稱為「表外項目」。

匯率風險與避險策略

風險衡量公式

暴露部位淨額 ＝（外幣資產＋買入外匯）－（外幣負債＋賣出外匯）

情況1

暴露部位淨額＞0 ➡ **淨資產**

例如：甲銀行有美元淨資產：一年期3千萬美元放款。

外幣貶值風險

例如：若一年後美元由33下跌至31，甲銀行將損失6千萬元新台幣〔30,000,000美元×匯差（33－31）〕。

情況2

暴露部位淨額＜0 ➡ **淨負債**

例如：乙銀行有美元淨負債：一年期4千萬美元定存。

外幣升值風險

例如：若一年後美元由33升值至35，乙銀行將損失8千萬元新台幣〔40,000,000美元×匯差（35－33）〕。

避險原理

運用買入、賣出外匯及調整持有的外幣資產與外匯，使暴露部位淨額＝0

避險策略

---

1 資產負債表中的避險策略

將資產負債表中的外幣資產與外幣負債調整為等額，使淨部位為零。

情況1

暴露部位淨額＞0→淨資產

擁有淨資產的銀行可以增加等額的負債。

例如：甲銀行可以吸收一年期3千萬美元定存（負債）。

⬇

暴露部位淨額＝0

情況2

暴露部位淨額＜0→淨負債

擁有淨負債的銀行可以增加等額的資產。

例如：乙銀行可以承做一年期4千萬美元放款（資產）。

⬇

暴露部位淨額＝0

---

2 資產負債表外的避險策略

操作與原持有資產（或負債）方向相反、交易金額相等的衍生性金融商品如遠期外匯契約來規避匯率風險。

情況1

暴露部位淨額＞0→淨資產

擁有淨資產，要避免外幣貶值的銀行可反向操作一個約定以較高遠期匯率賣出外匯的契約。

例如：甲銀行可以和其他銀行簽訂一筆一年期遠期外匯契約，將3千萬美元以較高匯率如34賣出。

⬇

鎖定交易匯率，使暴露部位淨額＝0

情況2

暴露部位淨額＜0→淨負債

擁有淨負債，要避免外幣升值的銀行可反向操作一個約定以較低遠期匯率買入外匯的契約。

例如：乙銀行可以和其他銀行簽訂一年期遠期外匯契約，將4千萬美元以較低匯率如32買入。

⬇

鎖定交易匯率，使暴露部位淨額＝0

流動性風險的管理

銀行若發生擠兌，存款被異常大量地提領，就會產生流動性風險。流動性風險小則引起存款人的恐慌性提領，造成金融機構現金部位不足，需對外借入資金或出售流動資產來因應；大則破壞金融市場穩定而造成銀行倒閉。

負債流動性風險

銀行的流動性風險發生於負債及資產兩方面。負債面的風險往往起源於存款人聽聞金融機構經營不善、預期整體經濟惡化、或對政府施政缺乏信心等因素，因此擔心存在銀行的錢無法受到保障，而出現超乎銀行預期的現金需求。由於銀行視規模大小，日常的現金準備量約有數千萬現金，一旦存款人較平常提領更多的現金，銀行就會出現現金短缺而需要緊急籌措調度資金、以支應存款人的提領需求。擠兌金額的多寡關係著承受風險的大小，如果嚴重到造成整體金融體系的不穩定及信心崩盤，銀行甚至會有倒閉的危險。

當銀行出現現金短缺時，通常會先在貨幣市場中調度短期資金，例如承做「金融業拆款」向其他銀行借入所需現金，或承做「附買回交易」，也就是先出售所持有的金融商品（如債券）給金融同業（如券商）以先取得現金，再於一定時間後再將金融商品買回，以因應一時之需。短期資金調度的利率通常較低，銀行取得資金的成本負擔不大。

資產面流動性風險

資產面流動性風險則是指金融機構提供客戶貸款承諾，允許借款人在貸款承諾期間（一般為貸款核准後二個月內須動用）可向金融機構要求動用資金。若借款人欲動用貸款資金，金融機構必須給予立即的融通，因此金融機構必須確保在貸款期間隨時有足夠的流動性高、可即刻變現的資產可供支應。倘若一時無法提供借款人需要的資金金額，金融機構也必須對外借入資金或出售流動資產來因應。

流動性風險的管理

無論是面臨資產或負債面的流動性風險，基本原則都必須先掌握流動性風險程度，進而預備足夠的流動性資產以隨時因應客戶提領的需求。一般常用來衡量流動性風險的指標有四種：

①**流動性缺口**：流動性缺口是指金融機構在一段期間內可取得資金及應付資金的差額。如果可取得資金小於應付資金，也就是流動性缺口小於零的話，代表金融機構的資金無法滿足客戶的需求，有流動性風險的存

在。流動性缺口數值愈小，表示可用來支應應付資金的可取得資金愈少，流動性風險愈高。

②**核心存款占總資產的比率**：核心存款是指銀行存款最穩定的部分，包括存款人開立存款帳戶的活期存款、訂定存款期限到期憑存單才能提取的定期性存款及大額存款。

由於核心存款較不易因經濟景氣等條件而變動，對利率變化的敏感度較低，可視做銀行長期穩定的資金來源，成為辦理放款或投資的穩當基礎。當核心存款占總資產的比率愈高，代表金融機構可用來支應大量現金需求的流動性資產愈高。核心存款占總資產的比率並沒有一定的標準，金融機構可與相同類型、規模的同業相比，或是與該機構前期的比率相比，藉此判斷本身的流動性是否足夠。一般保守穩健型的銀行傾向持有較多的核心存款，核心存款占總資產的比率也較高。

③**流動性資產占總資產的比率**：流動性資產是指到期日在一年以下且變現性高的資產。當金融機構必須賣出資產變現來因應客戶大量提領的需求時，流動性資產占總資產的比率愈高，代表應付未來資金需求的能力愈強，所面臨的流動性風險就愈低。流動性資產占總資產的比率亦應與同業或前期表現相比。

④**流動準備占存款的比率**：流動準備是指銀行總存款扣除掉必須提存中央銀行的存款準備後的法定準備淨額，銀行所持有的流動準備包括超額準備、金融業拆款、短期票券、政府公債、公司債、金融債券等。流動準備與總存款的比率稱為銀行的「流動比率」，當流動比率愈高代表銀行資產的流動性愈強、流動性風險愈低。中央銀行規定金融機構的流動資產占總存款比率必須至少有七％，做為因應提領存款的用途。

一般來說，保守穩健型的銀行會傾向平時預備充足的資金以因應隨時可能發生的大量提款，因此在這四項指標的運用上，亦會朝向降低流動性缺口的風險，提高核心存款占總資產的比率、流動性資產占總資產的比率，以及流動準備占存款的比率。

金融機構增加流動性的方式

金融機構可以用儲存或購買的方式增加流動性。除了平時存款的超額準備外，也可向其他金融機構或央行融通，或在貨幣市場承做附買回交易、發行可轉讓定期存單、出售其他短期票券等取得更多的流動性。

銀行如何管理流動性風險

流動性風險程度的四大指標

1 流動性缺口

＝可取得資金－應付資金

⇨判斷資金是否可以滿足客戶需求

| 流動性缺口＞0 | 金融機構的資金可以滿足客戶的需求，流動性風險小。 |

| 流動性缺口＜0 | 金融機構的資金無法滿足客戶的需求，流動性風險大。 |

2 核心存款占總資產的比率

$$= \frac{核心存款}{總資產}$$

（核心存款）指穩定且長期的存款，包括活期存款、支票存款等

⇨判斷資產的流動性

| 比率愈高 | 資產流動性強，流動性風險小。 |

| 比率愈低 | 資產流動性弱，流動性風險大。 |

3 流動性資產占總資產的比率

$$= \frac{流動性資產}{總資產}$$

（流動性資產）到期期間在一年以內，變現性較高的資產，可支應客戶資金需求

⇨判斷應付潛在資金需求的能力

| 比率愈高 | 應付資金需求的能力愈強，流動性風險小。 |

| 比率愈低 | 應付資金需求的能力愈弱，流動性風險大。 |

4 流動準備占存款的比率

$$= \frac{流動準備}{總存款}$$

（流動準備）超額準備、金融業拆款、短期票券、政府公債、公司債、金融債券

⇨判斷應付存款提領的能力

| 比率愈高 | 應付提款的能力愈強，流動性風險小。 |

| 比率愈低 | 應付提款的能力愈弱，流動性風險大。 |

保守穩健型的銀行為了控制流動性風險，會傾向提高核心存款占總資產的比率、流動性資產占總資產的比率，以及流動準備占存款的比率。

市場風險的管理

金融市場邁向國際化、自由化，金融機構也會投資、買賣其他機構所發行的金融商品。當發生國際性重大金融事件時，就會連帶影響金融機構所持有金融資產的市場價值產生損失，因此市場風險的管理也是相當重要的議題。

市場風險的起因

隨著金融環境的快速變遷、競爭日益激烈，傳統以長期持有資產（放款）與負債（存款）業務賺取利差所能獲得的利潤已愈來愈微小，使得各家銀行不得不進行金融商品操作做為新的獲利來源。其中以從事短期的金融衍生性商品操作為主，因此銀行大多持有大量短期操作的金融商品如外匯、有價證券及衍生性商品。

然而，當外部因素發生，包括總體政治經濟環境變化如政策調整、經濟循環；突發經濟事件如亞洲金融風暴、美國次貸危機等；政治區域動盪如九一一事件、波灣危機等；自然災害如天災、地震等，都可能造成市場利率、匯率、股價、商品價格無法預期的波動，使銀行所持有的金融商品也因市場價格變動造成損失，體質不良的銀行甚至會出現連鎖倒閉。這種因外部因素所引起短期交易的投資及融資部位價值變動的風險，即為「市場風險」。

市場風險因素是銀行自身無法消除或分散的，銀行只能藉由管理短期交易所衍生的投資與融資部位來加以規避風險。

市場風險的管理

目前衡量市場風險最常用的計算方法之一為「風險值（VaR）」系統，風險值系統將投資組合每天或某一特定期間內潛在可能產生的損失程度數量化為單一的統計數據，藉以幫助金融機構衡量某項投資的價值。風險值的評估範圍包括所有匯率、利率、股價指數等各種金融商品的交易部位，是管理市場風險相當有系統的工具。

例如經風險值系統估計，大信銀行的一項美元投資在一天內、99％信賴水準（意即99％的可信度）下，風險值為100萬元，表示一天內有99％機率會有100萬元的損失，超過100萬元的損失機率則是1％（100％－99％）。大信銀行透過統計數據就知道可能面臨的最大損失，進而加以控管，在實務上可說是非常方便實用的方法。

除了先進統計系統的配合，金融機構也可以利用制度的規範來控管風險，重要的方法包括：**①外匯部位限額**：明確規範每日外匯部位維持在限額以內，例如規定美金操作淨部位維持在100萬元以內。**②停損點**：應

針對交易員的操作績效設立停損點，例如操作美金交易操作績效設定停損點為10%，將交易損失控制在可承受範圍內。③每日結算：每日均應做市價評估，例如針對當日承做美金交易的成交價位與當日收盤價做比較評估，以確實掌握暴險的部位現值。

市場風險的產生與避險方法

市場風險發生

市場利率、匯率、股價、商品市場價格出現劇烈波動。

例如：總體經濟環境變化如經濟景氣循環；金融事件如一九九七年亞洲金融風暴、二〇〇七年美國次貸危機；政治事件如政權更迭、戰爭；自然災害發生。

金融機構操作短期交易

金融機構以短期金融商品的交易如債券、股票、外匯、衍生性商品來獲取利潤。

導致

短期金融商品價值變動

金融機構短期交易的投資及融資部位可能因價值變動而產生虧損。

例如：一九九七年亞洲金融風暴導致東南亞各國貨幣貶值，持有的金融機構損失慘重。

控管市場風險

金融機構需衡量所可能面臨的市場風險，控制交易單位的部位大小。

做法1 衡量風險值

利用風險值衡量系統估計投資組合可能產生的最大損失。可提供管理階層對整體風險暴露的參考指標，進一步採取風險控管或資金的分配等措施。

例如：經風險值估計得知，A銀行持有美金多頭部位在一年內、95%信賴水準下，風險值為為200萬元，意即A銀行在一年內損失超過200萬元的機率為5%。

做法2 外匯部位限額

每日日終結算的外匯部位應維持在限額之內。

例如：A銀行將美金操作淨部位維持在100萬元以內。

做法3 設立停損點

針對交易人員的交易績效設立每日、月或年停損點。

例如：A銀行交易人員每月操作美金交易績效停損點為10%。

做法4 每日結算

所有交易部位每日應做市價評估。

例如：A銀行將當日承做美金交易的成交價位與當日收盤價做比較評估。

如何判斷銀行的經營績效？

台灣金融機構的密集度非常高，每萬人就有三‧四家銀行分行，遠高於大多數已開發市場每萬人一‧五家分行的比例。在諸多銀行的激烈競爭下，民眾必須擇其優者往來，客觀而言，銀行的經營績效便是一項重要的評估指標。

銀行經營績效的重要指標

銀行的經營績效指的是銀行經營的成果與獲利能力，銀行追求經營績效的同時，必須有效地將貸款人無法如約還款的信用風險及存款人擠兌的流動性風險降至最低。銀行經營績效通常可由下列五種指標比率來觀察。

①**資本適足率（自有資本÷風險性資產×100%）**：資本適足率是自有資本與風險性資產如企業放款、自用住宅貸款等的比率，可規範金融機構操作過多的風險性資產，消費者可藉此判斷出銀行經營的安全性及財務健全性。我國銀行法規定，銀行的資本適足比率必須達到八%。資本適足率愈高表示銀行經營穩健；而資本適足率低於二%的銀行，經營風險過高，將會由政府接管。

②**存放比率（總放款金額÷總存款×100%）**：存放比率就是銀行總放款金額占總存款金額的比率，主要是在衡量在銀行吸收的存款（負債）當中有多少比例是用於放款（資產），可以看出銀行的變現能力和面臨的流動性風險程度。銀行通常會保留部分存款供營運周轉，因此存放比率值會小於一〇〇%。一般而言，存放比率愈高，代表銀行積極放款、流動性愈低，相對地經營風險較高。

③**逾期放款比率（逾期放款÷總放款×100%，簡稱逾放比）**：逾放比反應了銀行在放款的過程中，面臨客戶無力償還本息成為壞帳的情況，當逾放比愈高，表示銀行的放款資產品質愈差；由於銀行放款的資金主要來自於大眾的存款，因此存款戶將錢放在逾放比高的銀行時存款的安全性相對較低。一般銀行的逾放比在二%至三%以下都算是在平均範圍之內，超過則表示資產品質相對較差。

④**股東報酬率（稅後淨利÷股東權益×100%，又稱為ROE）及資產收益率（稅後淨利÷總資產×100%，又稱為ROA）**：股東報酬率代表股東每投入一塊錢可獲得的報酬；資產收益率則顯示公司在一段時間內（通常為一年）利用總資產為股東所創造的利潤。這兩項比率可以用來衡量銀行的獲利能力，比率愈高代表股東權益的報酬及資產的運用收益愈高。股東報酬率及資產收益率沒有固定的標準，通常由與同業相比，或與銀行前後期表現相比來判斷。

如何選擇往來銀行

綜合上述的各項指標可知，經營績效良好的銀行大多具備了獲利能力良好、資產品質良好、流動性管理較好，各項業務維持穩定成長，各項費用妥善控制得宜等特性，藉由銀行經營的實際績效，是民眾選擇適合往來銀行時最重要的判斷依據。

此外，一般人選擇銀行時，多半會與離住家近、公司的薪資戶、服務及產品項目完善、行員服務態度好、專業度高的銀行往來。對於企業而言，則是重視具有國際平台的流通及全球據點分佈、可提供廣泛的投資工具等優點的銀行。而在與銀行往來的實務上，為分散風險或便利資金調度等原因，最好選定二至三家經營績效良好、且符合個人或企業需求的銀行為主力往來銀行，便於日後與銀行爭取較佳利率、匯率優惠，或取得各項資訊服務上，能有更好的籌碼和銀行談判。

了解銀行經營績效的四大指標

資本適足率
判斷銀行經營的安全性及財務是否健全。

資本適足率＝自有資本÷風險性資產×100%

資本適足率≧8%→ 銀行自有資金足以應付虧損，經營的安全性高。

資本適足率＜8%→ 銀行自有資金不足以應付虧損，經營安全度不足。

存放比率
衡量銀行變現能力和面臨的流動性風險的大小。

存放比率＝總放款金額÷總存款×100%

存放比率愈高→ 銀行變現能力較差，可能面臨流動性風險。

存放比率愈低→ 銀行變現能力佳，流動性風險低。

逾期放款比率
可判斷銀行存款的安全性。

逾期放款比率＝逾期放款÷總放款×100%

逾放比愈高→ 銀行的放款資產品質不佳，存款安全性低。

逾放比愈低→ 銀行的放款資產品質佳，存款安全性高。

股東報酬率、資金收益率
衡量銀行的獲利能力。

股東報酬率＝稅後淨利÷股東權益×100%
資產收益率＝稅後淨利÷總資產×100%

股東報酬率愈高→ 股東權益的報酬愈高，銀行的獲利能力佳。

股東報酬率愈低→ 股東權益的報酬愈差，銀行的獲利能力不足。

資產收益率愈高→ 資產運用效率佳，銀行的獲利能力佳。

資產收益率愈低→ 資產運用效率差，銀行的獲利能力不足。

Chapter 6

金融創新

　　金融創新是促進金融業發展的動力，涵蓋的範圍包括：一、金融機構組織的創新：例如近來台灣的金融機構透過合併的方式成立金控公司，或是引進外資合作、進行組織改造及整合。二、經營理念的創新：例如銀行由過去以削價競爭來提升存放款業務量，轉向著重風險管理、或是效法國際金融機構先進的經營管理經驗。三、「產品」的創新：除了推陳出新各類衍生性商品外，還有走向金融資產證券化的趨勢，所衍生出的財務工程專業亦逐漸興起。種種金融創新的發展皆是以擴展金融市場規模、降低金融機構的營運成本及風險為原則，使金融發展更趨活絡。

學 習 重 點

- 金融業經營及組織的調整
- 金控公司的經營模式有哪些效益及風險？
- 金融機構的作業流程有哪些創新？
- 巴塞爾資本協定為何誕生？
- 新巴塞爾協定對銀行風險控管的變革
- 金融資產證券化的流程及利益、風險
- 不動產證券化的介紹
- 銀行有哪些新興的業務內容？
- 什麼是財務工程？主要目的是什麼？

金融產業經營與組織的調整

隨著全球化與自由化的趨勢,金融業和其他產業一樣面臨了組織經營再調整的壓力,因而走向規模經濟及範疇經濟發展。為了降低成本、提升競爭力及增加利潤,從歐美、日本到台灣,金融業掀起了一股整併風潮。

金融產業的整併風潮

世界各國金融環境愈來愈複雜,企業與個人愈來愈需要靈活多元、整合性的金融商品來滿足對資金運用的各種需求。有別於過去各自專門的業務與經營範圍,能夠整合服務、一次提供多種產品、進行多種業務的「綜合式金融服務」模式已成為各國銀行的改革重點。

這股金融機構整併風潮是以「銀行跨業經營」為中心,事實上各國銀行過去經營的業務除了傳統的存放款外,已逐漸出現綜合服務的雛型,例如對外發行及募集基金、有限度地兼營證券期貨票券業務、從事信用卡發卡及收單業務、兼任保險代理人等。銀行在原有的基礎上,藉由吸納保險、證券、投顧、投信、期貨、資產管理等大範圍項目,來補足原本的不足,同時透過整併來擴大服務據點、達到功能更多、產品與服務種類更齊全、普及度更高、通路更廣的目標,以取得更具競爭性的地位。

控股公司 vs. 綜合銀行

金融機構實際進行組織合併時,由於各國金融政策與法規的差異,所採取的方法不盡相同,一般可分為「控股公司」和「綜合銀行」兩種型態。在美國、日本、台灣等原本對於金融業務範圍限定較為嚴格、已有多種類型金融機構林立的國家,多採「控股公司」型態整併。控股公司是指先成立一家主導其他公司營運方針為目的的公司,再以投資、控股方式,將銀行、保險、證券等不同業務性質的金融機構統一納入控股公司的法人體系下,控股公司本身不進行營利事業活動,而是透過持股來支配旗下金融機構的業務。

相對地,如德國、英國等有銀行跨業經營傳統的歐洲國家,則多採「綜合銀行」型態。綜合銀行除了提供傳統商業銀行業務外,還兼具票券、期貨、租賃、證券、保險業務等金融相關業務。對於該國政策不允許兼營的業務,才會以設立子公司或以轉投資方式跨售。

控股公司與綜合銀行人的不同在於控股公司與旗下所有子公司皆為法人,在法律上仍是獨立的公司,有各自的權利、義務,需對公司股東負責;而綜合銀行本身是法人,旗下經營證券、保險的等業務則非法人,而是屬於內部的單位。

整併後的營運特色

金融業整併後的營運特色可分為以下三點：①**資源整合**：合併組織架構可整合各種資源，產生綜效。例如合併業務相近部門可以精簡人力，亦可運用整合後的行銷通路銷售產品等，與原本各自獨立經營相較成本更低。②**產品組合**：不論是整併後的金融集團可以將其下的保險、證券、投信、期貨、資產管理等不同領域的產品整合為「套裝組合」型態的產品，不但可降低成本，也提供顧客更全面的服務，加強利基。③**提升經營效率**：在多元化的經營之下，透過資源整合與產品組合，可提升經營效率，使收益極大化。

金融業的整併

個別的金融機構

金融機構有各自的專業經營業務、吸收資金方式、服務範圍。
例如：
商業銀行：從事存放款為主。
信託公司：接受客戶委託管理資金。
保險公司：專營保險業務
證券商：發行、買賣證券。

→ 組織調整 →

金融集團

跨越個別金融機構的界線，整合為兼具多重功能、提供多元金融商品與服務的金融集團。
例如：
商業銀行、信託公司、保險公司、證券商等金融機構整併為金融集團。

做法1 整併為控股公司

- 控股公司以投資、控股方式，將不同業性質的金融機構如銀行、證券、信託、保險等統一納入旗下。
- 例如：以美國、日本的金融集團為代表，台灣亦屬之。

控股公司透過持股來影響子公司營運。各公司仍為獨立法人。

做法2 整併為綜合銀行

- 銀行擴大業務與服務範圍，直接兼營其他金融機構業務如證券、外匯、保險等。
- 例如：以德國、英國的金融集團為代表。

只有一間公司，內部直接兼營各種金融機構業務。

台灣金融控股控公司的發展

順應全球金融產業整併的趨勢、強化台灣金融業的競爭力,「金融機構合併法」及「金融控股公司法」分別於二〇〇〇年十一月、二〇〇一年七月公佈實施,隨後,陸續有多家的金融控股公司也宣布成立,掀起國內金融業版圖重整與分配的風潮。

台灣金控公司的成立與發展

金融控股公司(簡稱金控公司)一般是以投資、購併或換股等方式握有其他從事金融業務相關公司的多數股份,例如銀行業、票券金融業、信用卡業、信託業、保險業、證券業、期貨業、創投業、外國金融機構等。金控「母公司」與「子公司」之間形式上雖然彼此獨立,但藉由股份的持有(二五%以上)或是半數董事以上的指派,母公司可以實質上控制子公司的營運,以符合金控整體利益。

由於金融整併相關法令的實施,許多規模雄厚、早已具有金控經營雛型的金融集團,皆紛紛將旗下的金融相關事業整合為金控公司,如擁有台北富邦銀行、富邦證券、富邦人壽、富邦產險的富邦金融集團整合為「富邦金控」;擁有國泰世華銀行、國泰人壽、國泰世紀產險等的國泰金融集團則整合為「國泰金控」;而許多規模較小的金融業者也積極併購或合併,例如國際票券金融公司結合協和證券、大東綜合證券,以股份轉換方式設立「國票金控」;而日盛證券與日盛銀行則籌組設立「日盛金控」。目前國內所成立的金控公司大多以銀行為主體,例如兆豐金控以中國國際商銀、交通銀行為主體,旗下包含了倍利證券、中興票券、中國產險等。也有少數以保險為主體而成立的金控,例如新光金控以新光人壽為主體,包含新光綜合證券、台新銀行等;國泰金控亦以國泰人壽為主體。

金控的綜合經營效益與風險

對我國金融業而言,成立金控公司的組織有四項好處:

①**整合經營資源**:金控公司的股權集中且能有效整合經營資源,例如在人力資源的配置上,業務性質類似的人員可互相輪調,而不需另行向外徵才,可以發揮規模經濟及範疇經濟的效果。

②**降低成本**:金控公司透過多元化金融商品如保險、證券等的整合行銷,可以降低服務成本。例如原本不同金融機構提供的專門營運項目,如薪資、存款、基金、證券投資可整合至金控的同一帳戶,降低分散銷售所耗費的成本。

③**交叉銷售**:金控公司以宛如金融百貨的形式,透過相關子公司的行銷通路,交叉銷售銀行、證券、保險等相關產品。擴大市場占有率及降低經營成本,進而強化整體獲利。例如

銀行可透過壽險保戶的通路一併推廣信用卡、基金等。

④**減少稅賦**：由於金控公司採「連結稅制」，只要母公司持有集團內各家金融機構股份達九〇%以上，同時持有期間滿一個完整課稅年度，集團內所有金融機構均可合併申報營利事業所得稅，各個子公司盈餘、虧損互抵之後，整體盈餘將較單一公司為低，繳稅金額也會減低。

金控的綜合經營效益

❶ 整合經營資源

金控公司以子公司方式跨業經營，透過資源整合，使營運效率提高。

例如：金控可合併旗下不同金融機構的人力資源、組織架構與作業流程，裁撤性質相同單位以精簡資源。

Before

各金融單位各自有人力及組織安排，例如行員、管理、徵信、法務、行銷、通路等。

After

金控可透過有效的組織集中與合併，裁撤重複單位，僅需編制一種即可。

❷ 降低成本

透過不同領域如保險、證券等金融產品的結合，金控公司可以更低的成本提供金融服務。

例如：客戶原本由各個金融機構提供的專門營運項目如薪資、存款、基金、證券投資，皆可整合至同一帳戶，節省成本。

Before

A銀行提供存款帳戶、B保險提供基金帳戶、C券商提供股票帳戶，需各自花費服務成本。

After

A銀行、B保險、C券商所提供的金融服務可整合至同一帳戶，成本大幅節省。

❸ 交叉銷售

金控公司集合包括不同業務性質的金融機構，可在同一通路體系裡對客戶共同行銷，共用資訊、營業設備及營業場所。

例如：金控公司可對旗下銀行的既有客戶銷售保險、基金、證券等其他金融產品。

Before

各金融機構銷售不同金融商品，資訊、通路、設備並不共用，各自銷售造成成本偏高。

After

在同一通路體系同時銷售各種金融商品，讓金控成本降低，消費者也享有一次購足的便利。

❸ 租稅優惠

母公司只要持有集團內各家金融機構股份達90%以上期滿一年，子公司均可合併申報營利事業所得稅，不需各別計算稅率。

例如：金控公司旗下子公司盈虧損互抵後，繳稅金額可以抵減。

Before

各金融機構需各自計算稅率，盈餘較多的公司需繳交大額營利事業所得稅。

After

子公司盈餘與虧損互抵後，母公司所要繳交的總金額被抵減，可以得到節稅的好處。

重估信用風險：巴塞爾資本協定與新巴塞爾資本協定

隨著各國金融管制的放寬，銀行經營業務範圍逐漸擴大，風險亦相對提高，各國政府對衡量銀行風險承受能力的「資本適足率」也加以規定，以保障人民的權益，也促成重要工業國的中央銀行共同制訂了監督資本適足率的「巴塞爾資本協定」。

資本適足率的提出

近年來金融朝向國際化、自由化發展，各國銀行均致力於開疆闢土，一方面延伸服務網絡至其他國家，一方面逐漸朝向以控股公司型態跨業經營，促進了金融體系的整合及效率；同時也進行新金融商品如期貨、選擇權等的開發與銷售，以求提供客戶更多樣的服務，從而獲取更高利潤。然而，銀行在擴大經營的同時，「自有資本」的議題也備受重視。

銀行的資產主要來自放款、投資；負債則來自存款及借款，自有資本即是資產減去負債所得出的淨值。當銀行發生負債大於資產、自有資本為負數的情況時，不但沒有足夠的資金可供貸放，在銀行發生借款被倒帳、投資失利等虧損時更無法吸收損失，使銀行營運面臨困境，甚至倒閉，影響到該銀行存款人的權益。因此，銀行必須要有一定的資本額，才能應付基本營運。

有鑑於此，各國政府基於穩定金融、保護投資大眾，對各銀行的自有資本均加以規定。評量一家銀行自有資本是否足夠的指標為「資本適足率」（自有資本與風險性資產的比率）。最初，風險性資產是以銀行從

事貸款授信業務時，借款戶無力償還本金或利息的「信用風險」為主，銀行必須針對不同的授信對象如本國政府及央行、地方政府、銀行、一般工商企業、個人等，依其信用風險高低，給予○％、二○％、五○％等不同的「風險權數」，並依加權計算，總和即為風險性資產。銀行必須依風險性資產的情形計提適足比率的自有資本，當信用風險發生時才能做為吸收虧損、繼續營運的保證。

管理風險的巴塞爾資本協定

各國政府都針對該國銀行的資本適足率訂定法規，以規範銀行風險承擔能力、保障金融穩定。然而，各國對資本適足率的規定不盡相同，常導致各國銀行在跨國發展時發生不公平競爭，如資本適足率門檻低的銀行因計提自有資本少，可承做更多授信等。

銀行為了消弭不公平競爭的危險，使國際金融體系趨向健全，於是，由世界重要工業國包括美、英、法、日等十三國中央銀行等所組成的「巴塞爾銀行監理委員會」於一九八八年共同訂定「巴塞爾資本協定」，要求從事國際金融業務的銀行

資本適足率必須最少達到八％。若低於八％，銀行就必須辦理增資或節制風險性業務的擴展，以提高資本適足率。在大國的帶領下，巴塞爾資本協定對於資本適足率八％的規定已然成為世界各國政府監理銀行經營風險的主要原則。我國現行銀行法亦規定銀行最低資本適足率不得低於八％。

什麼是「資本適足率」？

銀行營運

資產 － 負債 ＝ 自有資本

承做放款及其他
金融投資

存款及向其他金融
機構借款

自有資本可用來評估在損失發生時
銀行是否足以吸收損失、繼續營運

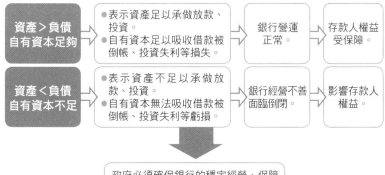

| 資產＞負債
自有資本足夠 | ●表示資產足以承做放款、投資
●自有資本足以吸收借款被倒帳、投資失利等損失。 | 銀行營運
正常。 | 存款人權益
受保障。 |
| 資產＜負債
自有資本不足 | ●表示資產不足以承做放款、投資。
●自有資本無法吸收借款被倒帳、投資失利等虧損。 | 銀行經營不善
面臨倒閉。 | 影響存款人
權益。 |

政府必須確保銀行的穩定經營、保障
存款人的權益，以維持金融穩定。

形成

資本適足率（自有資本÷風險性資產）

● 政府規定銀行在從事貸放、投資等風險性資產操作的同時，必須計提一定比例的自有資本，做為面臨損失時的緩衝劑。
● 風險性資產的範圍會隨金融發展而改變。目前已由「巴塞爾資本協定」的信用風險、市場風險到「新巴塞爾資本協定」擴及的作業風險。

巴塞爾資本協定的修正

巴塞爾資本協定於一九九二年開始實行後,隨著金融商品不斷地推陳出新,為了穩定金融,巴塞爾銀行監理委員會對於資本架構的規範亦隨之修訂補充。由於銀行的資產、負債已由原本以放款、存款為主,轉向操作債券、股票、外匯與商品期貨等短期交易部位,而這類短期交易最需考量的風險是總體經濟環境變動、政治危機、突發經濟事件等的「市場風險」。

有鑑於此,一九九六年巴塞爾資本協定將市場風險由原有的信用風險架構中獨立出來,另外規定市場風險所應計提的適足資本以因應市場狀況。

新巴塞爾資本協定的誕生

在銀行規模愈趨擴大、經營業務項目愈趨多元的趨勢下,金融機構內部管理出現問題而造成人為疏失、舞弊、資訊系統錯誤的「作業風險」也愈來愈多,如「霸菱銀行事件」等國際重大金融弊案時有所聞。因此,二○○一年起,巴塞爾銀行監理委員會又提出了更具風險敏感性的新資本適足架構——「新巴塞爾資本協定」,將銀行的風險監控機制由資本適足率的規範擴大為最低資本要求、監督審查程序及市場紀律三大支柱,彼此相輔相成,共同促進金融體系的安全。

第一支柱的最低資本要求是將資本適足率的計算除了信用風險與市場風險外,再加計作業風險。第二支柱的監督審查程序則是要求各國的金融監理機關能積極監督及控管銀行的風險管理狀況,藉以了解銀行的內部評估程序是否健全、是否維持適當資本等狀況,並要求銀行內部設立風險管理系統,定期向主管機關申報管理績效。當金融機構所計提資本不足以支撐風險,例如資本適足率低於八%時,金融監理機關可以及時監控、導正,例如要求辦理現金增資等。

第三支柱的市場紀律則是以資訊的公開、揭露補充第一支柱及第二支柱的不足,要求金融機構揭露資本適足及風險有關的財務資訊,使市場參與者可以依據公開揭露資料徹底了解銀行經營現況。

巴塞爾資本協定的精神與演進過程

各國自訂資本適足率

各國政府對國內銀行的資本適足率（自有資本÷風險性資產）均有各自的規範。

銀行服務延伸至國際

因應金融開放，國際化、自由化的風潮，銀行紛紛開設海外分行，將服務網絡延伸至其他國家。

金融業務不公平競爭

各國對資本適足率要求不同，造成國際競爭的不公平，如資本適足率低的銀行可以更承做更多放款或投資。

促成

巴塞爾資本協定（1988 年公布）

美、英、法、日等十三個重要工業國家的中央銀行共同組成「巴塞爾銀行監理委員會」訂定「巴塞爾資本協定」，要求從事國際金融業務的銀行資本適足率必須最少達到8%。

● **風險性資產的計算**
當時銀行主要的損失來自借款遭倒帳的「信用風險」，因此風險性資產以信用風險計算。

金融限制不斷開放，銀行業務範圍擴大，「市場風險」遽增。

巴塞爾資本協定修正（1996 年公布）

● 由於國際金融潮流改變，「巴塞爾資本協定」也隨之修正為加計市場外部環境變動的市場風險。

● **風險性資產的計算**
銀行的風險性資產以信用風險、市場風險計算。

隨著銀行規模擴大、經營業務增加，金融機構內部人為的「作業風險」也相對增大。

新巴塞爾資本協定（2001 年開始公布）

● 提出了更具風險敏感性的三大支柱，包括最低資本要求、監督審查程序及市場紀律三大支柱，以因應金融風險變化局勢。

第一支柱　最低資本要求

將資本適足率的計算除了舊制的信用風險與市場風險，再加入作業風險。

第二支柱　監督審查程序

各國的金融監理機關積極監督各金融機構的風險管理狀況，要求銀行設立風險管理系統，並定期申報。

第三支柱　市場紀律

要求銀行資訊詳實的公開、揭露，使市場參與者可以依據公開資訊徹底了解銀行經營現況，再進行交易決策。

創新趨勢①：資產證券化

金融創新的一個重要面向是金融機構因應業務狀況的改變，創造出符合最低需求的金融產品。銀行擁有許多放款所產生的債權資產，因流動性低、無法隨時調度，為增加流動性及效益，便將其重新包裝出售，即是所謂的「資產證券化」。

資產證券化是什麼？

銀行以放款收取利息的授信業務為主要獲利來源，因此擁有包括房貸、汽車貸款、信用卡應收帳款、企業的應收帳款、商業貸款等債權資產。然而，這些債權資產到期日短則數個月、長如房貸可達二十年，流動性較現金等資產為低，無法靈活支應所需。由於這些債權資產的債務人會定期支付利息、償還本金給銀行，因此握有債權資產等於握有未來的現金流入，為增加流動性與確定現金流入，銀行便開始將資產「證券化」，以所持有的債權資產做為擔保，包裝、重組，進而切割為許多單位的小額有價證券，出售給投資人。

債權資產的還款可當做對有價證券投資人還本付息的來源，而投資人購買有價證券支付的價款，則可讓銀行在債權到期收回放款前，就能先行取得資金，大幅提升了資產的流動性。投資人買入資產證券化的商品可享有較一般債券投資高的收益率，但若證券化資產的違約率升高、或應收債款的品質不良，也可能導致投資人的損失。

資產證券化的利益

資產證券化這項新產品問世後，為金融機構帶來了的龐大商機，所創造的利益包括了：

①風險分散的效果：原本金融機構所持有的債權只能在借款人依約還款時才能取回資金和利息。在將債權資產證券化、轉化為資本市場的有價證券商品賣給投資人後，金融機構便可先取得流動性高的現金，減少資產負債結構中的風險性資產，將債權資

資產證券化的趨勢

資產證券化在國外已行之有年，美國最早起源於一九七〇年，美國政府特許成立的房利美（Fannie Mae）及房地美（Freddie Mac）兩家專業房貸金融公司。這兩家公司並不直接承做房貸，而是向一般房貸機構購買已核准並撥貸的住宅貸款，經過這兩家公司保證後，再透過證券化的方式在市場出售其房貸抵押證券，資產證券化也因此最早發展成形。到了八〇年代，資產證券化的模式又擴及汽車貸款、信用卡應收帳款、商業貸款、企業應收帳款等金融債權資產，設計出更多元化的證券化商品。資產證券化風潮也從美國逐漸擴及於世界各地。

金融資產證券化的概念

銀行握有債權資產

銀行承做放款，擁有許多債權資產，如不動產抵押債貸款、汽車貸款、信用卡應收帳款、企業貸款等。

債權資產流動性低

債權資產到期日長，流動性低，無法隨時支應所需，對銀行的資產負債管理而言不夠靈活。

例如將價值1,000萬元的債權資產分割成1,000張有價證券，每張有價證券價值1萬元。

解決之道

債權資產證券化

1 以債權資產為擔保

債權資產可預期未來會帶來現金流入，可做為金融商品的擔保。

2 包裝債權資產為有價證券

銀行包裝債權資產，設計為小單位的有價證券，且根據債權資產還款狀況決定利息。

3 將證券化商品售予投資人

認購有價證券的投資人等於持有一小部分的債權資產，可定期收到利息。

4 支付投資人本金和利息

以債權資產的現金流入支付投資人本金、利息。

目的

❶ 提高債權資產的流動性

金融機構將債權化為流動性高的金融商品，可以不必等到在應收債權收回就能先行從證券化商品投資人獲得可彈性運用的資金，提高流動性。

❷ 提高資本適足率

銀行減少資產負債結構中的風險性資產，提高了資本適足率（自有資本÷風險性資產）。

❸ 分散風險

銀行將持有債權資產所隱含被倒帳的「信用風險」轉嫁給購買債券的投資人。

❹ 降低利率風險

放款（資產）存續期間較存款（負債）存續期間長時，存款到期後就會造成萬一銀行的存款利率上升，放款的利息收入將不足以支應存款利息支出的利率風險。藉由債權資產證券化可減少中長期放款，降低利率風險。

產隱含被倒帳的信用風險轉嫁給債券投資人，達到風險分散效果。

②減低利率風險：由於銀行中長期放款的債權資產存續期間一般而言較存款負債長，例如一般房貸約十五至二十年、一般存款最長則為三年，當存款到期後，存款利率上升時，較長放款期間的放款利息收入無法支應上升的存款利息，使得銀行出現再投資風險。透過債權資產證券化，銀行可先向參與的投資人取得資金，不但可增加資金流動性，也能減少中長期放款當中，因放款（資產）存續期間過長、存款（負債）存續期間較短所導致的利率風險。

③改善資本適足率：經由證券化的流程將金融資產轉化資本市場的商品後，銀行可將手中所持有的債權轉化為流動性高的現金，使自有資本與風險性資產的比率，即資本適足率隨之提升。規定資本適足率應有比率的新巴塞爾資本協定也肯定資產證券化對信用風險具有抵減效果。

④增加手續費收入：藉由資產證券化過程，銀行的角色不再只是原本的債權人，同時也扮演債權收付、管理機構，可向投資人收取服務的手續費，資產證券化發展擴展了銀行業務，使得銀行由傳統的貸放利差轉為手續費收入來擴大收益。

資產證券化的風險

資產證券化也潛藏了風險，其中最大的風險來自於債權資產本身。由於資產證券化的標的包含了各種債權，倘若其中夾雜著一些品質不良、信用風險過大的債權，債務人因經濟環境的改變而無法如期清償債務、出現證券收益的不確定、不穩定的情況時，就會使得連結該債權資產的證券貶值，導致投資人蒙受損失。

例如發生二○○七年的美國的「次貸危機」即是源自於此。房貸金融公司買進大批貸款人信用較差、利率相對較高的「次級房貸」，再經包裝、信用強化後設計為以次級房貸做為抵押擔保的「抵押債務證券」。然而這些債信不佳的次級房貸通常是貸入利率調整型房貸，一旦聯準會升息時，房貸利率也會隨之提升而加重貸款人的負擔，無法繳款的違約率便急速上升，導致現金流量不足以支付證券化商品的本息，造成金融秩序的動盪不安。也因為次貸危機的出現，主管機關開始檢討證券化商品的評價機制及信評較差資產的風險問題。

什麼是次級房貸？

是指借款人因信用評等不佳所能申請的房貸類型。美國有專為借款人信用評等的「費寇分數」，會根據借戶的繳款程度、負債情形、新的信用申請、使用信用的長度、信用型態等要素計算出信用評分，約在370分到900分之間，分數愈高者信用愈好，分數較低則代表信用較差。費寇分數超過700分、信用佳者可申請利率較低的「優質房貸」；介於620至700分者為中等信用，可申請「準優質房貸」；低於620分者因承做風險高，需申請利率較高的「次級房貸」。

次級房貸風暴的發生

次級房貸

在美國，房貸機構為信用較差、評級較低的借款人所提供的房屋貸款稱為「次級房貸」。

→

利率較高

由於次級房貸的違約率較高，對於房貸機構而言信用風險偏高。因此利率一般較正常貸款高約2%至3%，且通常採用浮動利率。

→

將次級房貸證券化

房貸金融公司購入次級房貸債權後，以未來次級房貸債權償還的現金流做為抵押擔保，利用財務工程的技術評估風險、利率後合併多筆貸款組合包裝為抵押債務證券。

↓

次級房貸違約率攀升

次級房貸戶違約，使得資產價值被侵蝕，抵押債務證券價格大幅下滑。

←

美國景氣過熱，聯準會升息

聯準會為了抑制通膨壓力持續升息，造成房地產急跌後，一方面次級房貸戶資產縮水，另一方面又導致房貸戶還款壓力大增。

←

次級債券吸引力高

由於次級房貸利率較高，所設計的抵押債務證券利率也較為優厚，吸引了許多投資人、共同基金、避險基金、以及投資銀行與保險公司的投資。

投資銀行如雷曼兄弟、貝爾斯登又將抵押債務證券包裝成各式的衍生性商品。

↓

金融機構發生財務危機

發行抵押債務債券的房貸金融公司出現空前財務危機，將抵押債務債券再包裝為衍生性商品的投資銀行財務狀況也受到波及。

→

投資者蒙受損失

投資含次級房貸相關商品的投資機構蒙受鉅額損失，以相關商品為投資標的的基金面臨了資產價值大幅減損的風險。

→

全球金融海嘯

金融機構財務不穩之下，投資人產生信心危機，將資金撤出股市，全球股市大跌，進而引發全球金融市場震盪，被稱為「金融海嘯」。

我國資產證券化的規範與做法

金融機構將所持有的金融資產轉化為證券發行的「資產證券」，在金融全球化的風潮下，也從美國傳至台灣。二〇〇二年金管會通過「金融資產證券化條例」即是對資產證券化產品的規範。

資產證券化的規範

傳統的證券如股票是公司為了擴大營運規模而發行，為了保障投資人權益，主管機關如財政部、金管會等，對發行公司的財務狀況都有一套監管流程；而資產證券化是金融機構將所持有的債權資產設計為證券，以規避流動性風險。因此，主管機關除了監督金融機構的財務狀況之外，如何降低債權資產違約的信用風險也是一大關鍵。透過「金融資產證券化條例」所規定的資產證券化承做架構，可以確實控管資產證券化商品的設計、發行及銷售的過程，以確保證券化商品的信用品質。

① 隔離受託機構與債權資產

在資產證券化的過程中，提供債權資產的機構稱為「創始機構」，通常為擁有大筆放款債權資產的銀行業，債權資產諸如房屋貸款、汽車貸款、信用卡、學生貸款等。創始機構將債權信託給「受託機構」（在台灣通常為銀行兼營信託業務），受託後負責管理、處分債權資產。受託機構會將被委託的債權資產包裝、設計為「受益證券」。投資人所購買的證券將會以金融債權資產所產生的利益、孳息為還本付息來源。

由於創始機構已將債權資產交付信託，對投資人最重要的還款、付息業務是由「受託機構」負責。如此可將創始機構本身的資產、負債與債權資產完全隔離，即使創始機構財務出現困境，甚至破產、重整，創始機構的債權人在追討債務時，也不能處分受託資產，投資人權益可得到進一步保障。

② 信用的加強與執行的監督

受託機構發行受益證券時都會有「信用加強」及「信用評等」程序。信用加強是由創始機構或其他金融機構擔任信用加強機構，以提供擔保品、購買保險等做法加強證券的信用品質；信用評等則是由中華信用評等公司等專業信評機構在檢視各證券化資產的信用品質、參與證券化的機構管理能力後，列出各證券化商品的信用等級，供投資人參考。

除此之外，為了監督資產證券化進行，除了主管機關可以在證券發行之初決定是否核准、且於發行後監督所有參與機構財務之外，也設有監督機構，由信託監察人負責保護受益人的權益，例如監察信託確實執行、在糾紛發生時代為訴訟。監察機構通常會由信託業擔任。

資產證券化商品資訊皆揭露於公開資訊觀測站

資產證券化商品交易相關資訊，如證券化的資產內容、受託機構由誰擔任、信用評等等級、票面利率、每日成交數量與價格等，皆會公布於證券交易所公開資訊觀測站的「資產證券化專區」，讓投資人隨時查詢。

台灣資產證券化商品的發展概況

台灣第一宗資產證券化商品是台灣工業銀行於二〇〇三年正式發行的企業貸款債權證券化受益證券，以二十三家優良企業的企業貸款為標的。截至二〇一三年一月為止，證券化商品約四十五種，發行量合計五百六十一．六億元，包括金融資產受益證券、不動產資產信託受益證券，不動產投資信託受益證券等。

台灣金融資產證券化的流程

銀行擁有金融債權

車貸、房貸、信用卡應收帳款等債權，未來償債的現金流入可以做為證券還本付息擔保。

將金融債權信託

銀行做為資產證券化的「創始機構」將金融債權信託給「受託機構」（信託業者）。

受託機構設計證券商品

以一群組債權為標的，篩選出債權的種類、到期日、擔保品區域分配、企業產業別分類等條件，經由精密的量化計算後，成為證券商品。

信用評等

由專門的信用評等機構檢視證券化資產的信用品質、參與機構的管理能力，判斷證券化結構是否健全，再列出證券化商品的信用等級。

信用加強

由創始機構或其他金融機構擔任信用加強機構，提供擔保品、購買保險、銀行保證等，以加強受益證券的信用品質，提供投資人更多保障。

向金管會申請發行

受託機構向主管機關金管會申請發行受益證券，獲核准才能發行。

發行證券

受託機構於證券市場上發行受益證券，供投資人購買。受託機構可收取價款，再交付給創始機構。

管理受託資產

受託機構可委託管理機構向債權資產的債務人收取需償還的本金和利息。

支付本利給證券商品投資人

受託機構將由受託資產取得的現金流入做為支付證券的收益、本金、利息的來源。

信託監察人（通常為信託業者）負責保護受益人的權益，例如監察信託是否確實執行，並在必要時代為訴訟。

創新趨勢②：不動產投資信託

稀有且具有保值、增值功能的不動產一直是熱門的投資標的。在資產證券化的創新風潮之下，產生了將不動產所有權證券化為基金型態金融商品的「不動產投資信託」，比以往直接購置不動產更符合目前的投資潮流。

什麼是不動產投資信託？

金融創新的一項重點即為不斷改良金融投資方式，以及設計更符合市場需求的金融產品。因此，投資標的如土地、建築物等「不動產」也被納入這股創新的風潮中。過去投資不動產的方式以直接購買或是投資不動產相關類股為主，收益雖然高，卻有流動性差而無法隨時交易變現、單價過高的缺點。為了滿足社會大眾投資不動產的需求，金融機構引用資產證券化與共同基金的概念，發展出「不動產投資信託（REIT）」。將不動產或不動產相關權利證券化，利用小額投資人集資成立的不動產投資信託基金來進行投資。不動產投資信託可在證券交易所掛牌交易，公開說明書中會公布所投資的不動產相關資訊，投資人則可藉由申購受益證券來投資屬意的不動產。

不動產投資信託會由信託業者擔任「受託機構」，負責最初的發行業務，以及其後的投資、收取投資收益、配息等相關業務。受託機構會將所投資的不動產交由專業不動產管理機構（通常為建設公司）經營管理以賺取收益，所投資的不動產多為地段好、增值空間大的購物中心、辦公大樓、飯店等商用建築物，投資收入來源則包括租金收入、房地產增值的報酬等利得。通常不動產投資信託每年強制分配收益，按投資人的持有比例分配。

不動產投資信託的優缺點

不動產投資信託對於金融機構、投資人雙方面都可獲益。對金融機構而言，不動產投資信託與債權資產證券化相同，具有提高資產流動性的好處。由於許多金融機構如銀行、保險公司持有人筆不動產，流動性低且變現不易，如果出現短期資金需求，就必須出售不動產或者向其他銀行抵押借款，若能將名下不動產的所有權證券化為小單位、具流動性的有價證券，就能提前取得資金。因此不動產投資信託是金融機構增加資金來源的新管道；另外，受託機構也可以賺取手續費收入。

對於投資人而言，投資不動產投資信託可以擴大投資範圍，使資產配置更為平均、分散風險。且通常類似標的年報酬率一般預估在三％至五％，高於一般債券型基金及定存（約一％至二％），而風險又小於波動較大的股票。此外也可能享有淨值上漲

的利得,可說是一項穩定的投資工具。

　　然而,不動產投資信託並非全無投資風險,當中仍存在著區域空屋率上升、租金下跌、與資產價值下跌等營運風險及處分資產的流動性風險。此外,不動產管理機構經營不善也可能導致操作績效不佳,使淨值受到影響。

不動產投資信託的規範

　　由於不動產投資信託可解決不動產流動性以及籌資管道的問題,同時帶動不動產市場及金融產業的景氣,因此政府於二〇〇三年通過「不動產證券化條例」,其與「金融資產證券化條例」相同,規定受託機構於在公開募集資金前須經金管會核准,且須經信用的評等與加強,以及信用監察人的監督。此外更設置有信託財產審議委員會,定期評審並公告鑑價報告,使投資人權益獲得充分保障。另外,為了獎勵投資,也給予投資人租稅減免的好處,不但免徵證券交易稅,且適用「分離課稅」原則,投資人的獲利依照一〇%的稅率來課稅,不需併入綜合所得稅總額課稅。

不動產信託與其他類似投資管道的比較

投資方式	不動產投資信託	購買不動產	購買不動產類股
投資風險	●租金的變動 ●不動產重估對標的物價值影響	不動產市場流動性不足	●公司營運風險 ●股價波動風險
報酬率	穩定	視區段及用途而定	依股票市場及不動產市場景氣而定
主要收益來源	●租金收入 ●買賣交易利得	●租金收入 ●買賣價差	●買賣價差 ●發配股利(息)
流動性	佳	不佳	佳
信用評等	有	無	無
配息	有,約2.5%至3.5%	無	不一定
交易手續費	0.1425%	仲介費、代書費等	0.1425%
相關稅費	10%分離課稅	土地增值稅、地價稅、房屋稅等	0.3%證交稅、股息繳納所得稅

不動產投資信託的發展趨勢

不動產投資信託的發展國於六〇年代的美國開始，發展已經相當成熟；歐洲約七〇年跟進，直到二〇〇〇年起，亞洲國家如新加坡、日本、香港、台灣才開始發展，目前台灣不動產投資信託有富邦金控發行的富邦一號、國泰金控發行的國泰一號等。

不動產投資信託的概念

不動產
包括土地、建築物等。

優點	缺點
持有不動產可帶來固定的租金、營運收入。	●不動產流動性低，較難變現。 ●單價過高

不動產投資的創新
金融機構因應多元金融業務、與投資需求，設計出新興金融商品。在不動產投資上運用共同基金與資產證券化的概念，改善變現性、流通性低以及投資門檻高的缺點。

不動產投資信託（REIT）
●讓大眾可以用小額資金，參與金額龐大的不動產投資。
●在證券交易所掛牌交易，投資人交易方便。

做法

資金募集
受託機構向投資人募集以不動產為投資標的資金。

不動產證券化
所投資的不動產所有權被切割成較小單位的證券商品，每位投資人持份擁有一小部分不動產。

專業管理
委託如建設公司等專業管理機構經營管理，提高使不動產營運績效。

投資人獲得收益
投資人可分享專業投資的配息，以及轉售受益憑證的利得。

影響

對金融業者的影響
●所持有流動性低的不動產可轉化為流動性高的現金。
●受託機構可以擴充業務範圍，收取更多服務費用，增加獲利。

對投資大眾的影響
●可以低價投資不動產。
●享有穩定的配息收入及資本利得。
●投資收益適用10%的分離課稅。

創新的基礎：財務工程

隨著金融市場開放的腳步，金融商品不斷推陳出新，一門新興的學科、以創新金融商品為務的「財務工程（Financial Engineering）」也因而竄起，將原屬於理工學科的機率、風險、收益等的計算方法應用於風險和價格的分析，使金融商品的設計更臻完善。

什麼是財務工程？

「財務工程」是結合了各種財務理論、數學、統計、以及電腦運算等基本概念的新興學科，在具有利基的基礎下，專為金融市場及投資人設計具有複雜結構、精密風險控管、以及平衡損益的新金融產品。

財務工程的主要工作內容是在金融法規的範圍內，運用股票、外匯、債券、基金、定存……等單純的「元件」商品重新組合、設計成一個新金融商品。由於傳統的股票、債券等金融商品的結構較為單純，評價相對較簡單，不需複雜的數學運算即可得知損益。若要設計出一項新的金融商品不僅需全盤了解金融法規，熟悉現有的商品，還需要結合專業的財務概念、數學統計的輔助與電腦的應用，從而計算出商品如何訂價、建構投資組合的量化模型，使商品發行後可做評價、衡量風險，進而提高避險及套利等功能。

由於設計一項新金融商品的過程所需要的投資組合分析及計算能力不亞於其他如物理、建築等工程學科，因此才有「財務工程」此一學科的興起。

運用財務工程的金融商品

近幾年台灣金融環境逐步國際化，不論是自行發展新金融商品，或是引進歐美先進多元的金融商品、再修改成符合台灣金融市場法規的商品，對於國內金融發展都是一種創新。

放眼海外與國內運用財務工程的新金融商品，大致可分為以下四種類型：

①**可轉換公司債**：可轉換公司債是將傳統的公司債、股票結合選擇權所設計出來的新金融商品。和傳統公司債相同的是投資者可以按時支領利息，債券到期時收回本金；不同之處在於可轉換公司債的利率較低，但附設新的權利——在發行一段期間後，可轉債的投資者可以依照事先約定的轉換比率或轉換價格，將公司債轉換為普通股。

對發行公司而言，可以收得用低利率解決現金缺口的好處；對投資者而言，則可以預期在將來公司股票上漲時將債券換為股票，獲取資本利得。例如二〇〇〇年科技網路業興起時，新公司紛紛發行可轉換公司債。

②**資產證券化商品**：因應企業、金融機構持有眾多債權資產，需要加

強資產流動性的需求，財務工程設計出資產證券化金融商品，將資產經過精密的價格計算後進行分組、包裝及重組為單位化、小額化的證券形式，再售予投資人。企業、金融機構可藉此先行回收資金，改善資產負債管理、分散降低資產風險；對投資者而言，當證券增值時也可獲利。例如二〇〇三年起台灣工業銀行、中國信託銀行等紛紛發行金融資產受益證券。

③**指數股票型基金（ETF）**：指數股票型基金是結合股票、基金與指數選擇權所設計的新金融商品。和股票一樣在證券交易所買賣；和基金相同的是均為集合大眾的資金由基金經理人負責投資某一類特定成分股（一籃子股票）；類似指數選擇權之處是投資標的為投資組合的指數，投資報酬與指數連動。對投資人而言交易方便且較選擇權容易，券商也可以獲得拓展交易範圍的好處。例如二〇〇三年寶來投信所發行的台灣卓越五十基金。

④**信用違約交換**：是引用保險概念所設計的衍生性金融商品，承做者可將交易對手的信用風險轉嫁給他人，獲得信用保障，例如甲銀行與乙公司交易，可以找第三者丙銀行承做信用違約交換，每年支付費用予丙銀行，若乙公司發生違約，丙銀行需代甲銀行負擔損失。

信用違約交換的風險管理功能對於承做大量金融交易的金融機構可說是一大避險利器。國內外銀行、保險公司等金融機構均有承做相關業務。

由財務工程所創新的新金融商品種類

可轉換公司債

財務工程運用 結合公司債、股票、選擇權。

特色 ①投資者可以按時支領固定利息，債券到期時收回本金。②利率較低，但附設新的權利：在發行一段期間後，可轉債的投資者可以依照事先約定的轉換比率（或價格）轉換為普通股。

商品設計目的 發行公司可以用低利率募得資金，投資者著眼於公司發展潛力而購入，將來公司股票上漲時，可以將其轉換為股票獲利。

實例 二〇〇六年鴻海精密公司、華碩電腦公司發行可轉換公司債。

資產證券化商品

財務工程運用 結合公司債、股票、選擇權。

特色 持有眾多流動性差債權資產的企業、金融機構，可以透過資產證券化的過程，將資產精密的價格計算後進行分組、包裝、重組成為小額的證券售予投資人，取得現金。

商品設計目的 企業、金融機構可增強資產的流動性，投資人當證券增值時也可獲利。

實例 二〇〇三年工業銀行、二〇〇七年中國信託銀行發行的金融資產受益證券。

指數股票型基金

財務工程運用 結合股票、基金、指數選擇權。

特色 ①在證券交易所買賣。②集合大眾的資金由基金經理人負責投資某一類特定種類的投資組合。③投資標的為投資組合的指數，投資報酬與指數連動。

商品設計目的 券商可以藉由新型商品獲得拓展交易範圍與客源。對投資人也較簡便。

實例 二〇〇三年寶來投信發行台灣卓越五十基金、二〇〇六年富邦投信發行台灣科技指數股票型基金。

信用違約交換

財務工程運用 將保險概念引入金融交易。

特色 金融機構承做交易時，所承受的信用風險可以用信用違約交換轉嫁給第三者。例如A銀行購買B公司債券時，為免B公司違約，可以再找C保險公司承做信用違約交換，每年支付費用，若B公司真的違約則由C保險公司負擔損失。

商品設計目的 金融機構可進行風險管理。

實例 銀行、保險公司等金融機構均有承作信用違約交換。

流程創新：資訊化的金融服務

結合電腦資訊科技，許多以前臨櫃處理的業務已逐漸由電子自動化的設備及網路所取代，不只降低銀行的人事管理成本，也為客戶帶來許多便利，但在享受便利的同時，也必須防範網路金融可能帶來的風險。

電子銀行與網路銀行的興起

銀行在電腦與資訊科技日新月異的發展下，為配合時勢脈動與減低作業成本、加速作業效率的需求，因而也開始應用資訊科技開發出電子銀行、電話銀行及網路銀行的服務。

電子銀行是指不用經由臨櫃行員的服務，顧客可透過與銀行主機連線的終端機，自行進行銀行基本業務的服務，例如銀行在營業廳的一角或銀行外人潮聚集處設置「二十四小時自動化服務區」（無人銀行），安裝自動櫃員機（ATM）、補摺機，加上完善的監控系統，使顧客可安全地進行自動存提款、匯款轉帳、查詢等服務。

電話銀行則結合電話語音服務系統與電話理財專員提供顧客各項金融服務，例如存款餘額查詢、信用卡轉帳、金融卡掛失申請補發等，使銀行的服務能打破時間、地點的限制。而網路銀行則是透過網頁的模式建立一個「虛擬銀行」，網路銀行的網址為其營業地址，首頁即為營業大廳，只需有該銀行登入的帳號及密碼，就可以使用銀行所提供的各項服務，包括線上開戶、跨行轉帳、各項支付及理財諮詢等，拉近銀行與客戶的距離，也增加了服務的方便性。

網路金融的風險與因應

僅管電子銀行與網路銀行都是運用電腦資訊科技與金融服務相結合，提供的服務類似，但兩者還是有些差異。電子銀行是使用銀行「封閉型」的網路，客戶必須使用連結著銀行主機的自動櫃員機、補摺機；而網路銀行則是「開放型」網路，任何電腦只要能連線上網際網路即可登入銀行主機，使用各項服務。

雖然網路銀行極為便利，但相對在交易安全的保護方面必須更加周密，以免駭客入侵進行網路金融犯罪。目前網路金融交易普遍採用的是加密安全控管機制，以「數位安全憑證（SSL）」最為普遍，SSL內建於個人電腦瀏覽器，資料傳送出時，會被自動加密，直到最後的接受端才會被解碼，可以防止資料在傳送中遭他人篡改或竊取。

隨著電子商務的發達，我國已在民國九十一年正式施行「電子簽章

法」，電子簽章是使用電子文件往來時用以辨識簽署人的身分、及電子文件真偽的一項技術，作用相當於過去在實體銀行開戶所留存的印鑑或簽字。在網路交易的環境使用電子簽章，可鑑別交易雙方的身分，有助於電子商務的安全進行。

銀行資訊系統的發展與風險管理

作業流程創新

銀行的作業流程由傳統的客戶臨櫃辦理，擴大為結合資訊系統，由通訊網路連結銀行與客戶。

電子銀行

顧客可透過與銀行主機連線的終端機使用基本的服務。

例如：在無人銀行自行進行存提款、匯款及轉帳等。

電話銀行

藉由電話語音服務系統與電話理財專員提供金融服務。

例如：存款餘額查詢、信用卡轉帳及金融卡掛失申請補發等。

網路銀行

透過網際網路建立一個「虛擬銀行」，由電腦連接網際網路使用銀行所提供的服務。

例如：線上開戶、跨行轉帳、各項支付及理財諮詢。

特性

二十四小時自動化進行銀行業務服務，不受限於銀行的營業時間。

特性

屬於開放型網路，必須特別注意安全性。

安全機制有：

① SSL

- 網際網路上最普遍使用的安全通訊協定，保障資料傳輸的安全性。
- SSL內建於個人電腦瀏覽器，當資料傳出時會被自動加密，直到最後的接受端才會被解碼，可防止駭客竊取或攔截資料。

② 電子簽章

- 取代傳統的簽名或蓋章，以辨識其簽人的身分、及電子文件的真偽。
- 例如：匯款、開信用狀等業務均需要電子簽章的認證。

銀行業務新趨勢①：財務管理

由消費者財務管理上的需求因而拓展的業務範圍，成為銀行未來業務發展的新走向，諸如私人財富管理、應收帳款承購、現金卡等新興業務的崛起。

創新的經營概念

經濟活動日新月異的現代，人們從事投資、交易的方式也愈趨多元，因應經濟環境變遷，僅承做存、放款業務的傳統經營模式早已不敷需求，因此，銀行新興的經營模式是順應目前的經濟脈動，以配合客戶的理財、投資需求為導向，持續開發新興業務範圍。這樣的經營理念不但能吸引更多客戶，也能將獲利模式由賺取存放款微薄利差轉向以手續費、顧問費的高獲利模式。由此，銀行興起了鎖定高收入客層的「私人財富管理」、提供企業交易融資的「應收帳款承購」、拓展小額信貸業務的「現金卡」、提供對BOT（投資、興建、營運）的專案融資，也拓展了經營的視野。

私人財富管理的興起

「私人財富管理」主要鎖定的客層是金字塔頂端的富人，為其提供專屬需求的金融服務。私人財富管理的金融服務在境外銀行已行之有年，獲利甚豐，近年來國內外商銀行也紛紛成立「私人銀行」，本土銀行也看好這項金融服務而拓展業務範圍，紛紛成立與「私人銀行」相同的「貴賓理財中心」或「財富管理中心」。

名為「私人銀行」，主要強調其個人化及隱密性。私人銀行的客戶與一般大眾有所區隔，特別是鎖定與銀行往來的有錢人，各家銀行所定位的客戶財富門檻不一，一般而言，在該銀行至少有二十萬至一百萬美金的存款、且通常每一筆交易都在數十萬美元以上的存戶，才有資格享受私人財富管理的服務。由於這些客戶財力雄厚，每一筆交易金額龐大，銀行便可從中取得大額的手續費收入。

私人銀行提供哪些服務？

私人銀行的客戶群定位於金字塔頂端的金融大戶，這些富人們的理財需求與一般人不同，特別需要高隱密性、大額投資、財產信託、節稅等金融服務。私人銀行則提供以下四項服務以滿足他們的需求：

①優先性服務：這些貴賓戶自然不需像一般民眾到銀行得抽號碼牌在櫃檯前排隊，而是有一間隱密卻又寬敞舒適的獨立辦公室，由專屬的理財專員為他們服務，甚至親自到府服務。銀行業務中的所有大小事務都可透過理財專員代為包辦妥當。

②投資與諮詢服務：除了一般基

本存款、開戶等享有優先性的服務外，投資與諮詢服務也是貴賓理財主要的功能之一。透過客戶財務狀況的了解，銀行提供客戶各項投資資訊及風險評估，並推薦適當的投資組合，尤其是國際金融商品如共同基金、政府公債、貴金屬、或外匯操作等。

③信託服務：可為財力雄厚的客戶以個人信託方式管理財產，也提供稅負規劃服務，或是透過信託投資進行移民規劃，更可以配合客戶不同的人生階段做不同的投資計畫，提供相

關保險、遺產規畫及諮詢等。

④設立境外公司：有錢人最在乎的避稅及資產配置問題，也是貴賓理財的利基所在。私人銀行業務也包含協助客戶於租稅天堂（如英屬維京群島）設立境外公司以便進行投資、避稅，甚至於公司設立之後提供管理者、名義股東及員工等。

應收帳款承購業務

企業在進行買賣交易時，賣方銷售商品或服務給買方，產生了賒帳銷

金融機構創新業務的趨勢

銀行傳統經營模式
傳統銀行以承做存放款業務為主，賺取存放款的利差。

→

缺點
● 銀行彼此競爭，利率差降低，利潤變薄。
● 客戶的融資需求不時變動，單純的存放款業務不敷使用。

金融創新趨勢
銀行開始拓展新的業務面向，以順應客戶的資金需求為業務開發導向。

私人財富管理
針對富人客戶開發專屬業務，藉由消費者區隔建立新的服務模式，獲取更高的手續費收入。

應收帳款承購
因應企業融資需求，買斷交易賣方的應收帳款，以賺取手續費及融資墊款的利息。

現金卡
在原有的消費性信用貸款開發新的「現金卡」業務，收取循環利息與手續費。

BOT 專案融資
因應公共建設民營化風潮，對參與建設的民間業者予以專案融資，以完工後的營運獲利做為還款來源。

目的

減少惡性競爭
所開發的新業務可以降低對存放款業務的依賴，減少銀行殺價的惡性競爭。

拓展財源
所賺取的收入較多來自顧問費、手續費，高於存放款利差收入，成為更具價值的財源。

貨的「應收帳款」。過去買方通常會以開票或月結方式進行付款，然而如果買方的付款期限拉長，使資金凍結在應收帳款上，則會使賣方產生收款流程的風險、以及資金無法靈活運用的困境。因應賣方資金調度的需求，銀行在企業金融領域發展了「應收帳款承購」業務，買斷應收帳款，銀行可賺取手續費及融資墊款的利息。不但提供企業融資的另一種管道，也為銀行開闢新的財源。

當銀行承做應收帳款承購業務，為了降低壞帳或詐欺的狀況發生，銀行會進行相當嚴密的審核程序。首先，銀行會先對該筆交易做徵信調查，例如要求賣方須提供出貨發票以確保確實有此筆交易，其次也會評估賣方本身的財務狀況、掌握買方信用情形等，再來會簽訂應收帳款承購合約，確保債權已移轉給銀行，手續辦妥後才會墊付款項給賣方。當應收帳款到期，銀行則會通知買方付款，若未如期付款則會進行催收。

對銀行而言，應收帳款承購應用的是原本即有的融資、信用調查、帳務管理與收款等功能，人力、物力的充分運用之下，可以降低作業成本；另一方面，銀行又可收取一定的收帳管理費及提前代墊給賣方的利息；再者又能和企業客戶維持往來，進而擴大業務範圍，因此是一項相當有發展性的業務。

現金卡與信用卡授信趨嚴

一般的企業貸款、房屋貸款利率低，銀行獲利有限之下，開發更高獲利的消費性信用貸款也是銀行業務拓展的重點之一，「現金卡」也因此誕生。目前金融機構可承做現金卡業務的國家包括日本及我國。現金卡是一種提供個人一年內短期小額的信用貸款工具。民眾向銀行申辦現金卡，由銀行進行授信後依照申請人的財力狀況、還款能力等評估核發信貸的金額。現金卡持卡人可透過所有金融機構的自動提款機向申辦貸款的銀行提領現金，獲得即時且快速的小額借貸，相當便利。

由於現金卡是不需保人或擔保品的小額信用貸款，為了減少收不到帳款成為壞帳的情形，發卡銀行都會要求借款人在動用循環利息時付出比一般定期抵押貸款高的利率，以抑制持卡人動用循環利率的機會。例如我國目前對循環利率的規範上限為二〇%，加上開辦費、徵信費、帳戶管理費、手續費、滯納金、掛失費等，累計金額相當可觀。

除現金卡外，信用卡的情形亦同，由於信用卡市場競爭激烈，且申辦信用卡亦不需提供擔保品，在銀行發卡前對申辦人的徵信、核卡過程往往不夠謹慎的濫發之下，也使得銀行收不到信用卡帳款、持卡人過度消費的風險相對提高。在高循環利率不斷

利滾利之下，持卡人累積的卡債反而形成一個無底的深淵，在清償困難之下成為「卡奴」。因此，縱使能賺得循環利率的高額利潤，銀行也不能輕忽銀行核卡浮濫和個人信用過度擴張，潛藏著無法還款的風險。一旦銀

新興的貴賓理財服務

與銀行往來的方式

	一般人	對象	富人
對象	沒有存款條件或交易金額的限制。		客戶至少有二十萬至一百萬美金的存款，每一筆交易通常在數十萬美元以上。 
服務場所	●透過臨櫃抽號碼牌，在等候區等待行員叫號處理所需事務。 ●經由電腦網路諮詢。		在辦理業務時，可至另外設立的獨立辦公室，有專屬的理財專員提供專屬服務。凡是銀行業務都一手包辦。
服務內容	一般存提款、貸款、理財服務。		依照客戶需求，提供客戶各項投資資訊、風險評估與分析，尋找最適合的標的，並提供最新市場動態供客戶參考。
信託服務	將一般人匯集的大額基金交付信託，如公寓大廈管理信託、員持股信託、員工退休金信託等。		協助客戶以個人信託管理龐大的資產，以避稅為目的，如移民信託、遺產信託、保險金信託等。
協助設立	未提供此項特殊服務。		協助客戶於租稅天堂設立境外公司（紙上公司）以進行投資、避稅，甚至為境外公司提供管理者、名義股東及員工名單。

台灣第一張現金卡

台灣第一張現金卡出現在民國八十七年由萬泰銀行引進日本消費金融公司的現金卡George&Mary現金卡。該卡強調申請簡便、核貸速度快、以日計息、救急特性，陸續有超過三十家的銀行跟進開辦現金卡業務，使得現金卡成為近幾年銀行主打的消費型貸款業務。

行收不回放款，將徒增大量不良債權，衝擊銀行未來的獲利能力。

有鑑於此，銀行針對現金卡和信用卡核卡的標準更趨嚴謹，以降低發卡浮濫及授信寬鬆問題，並依客戶風險程度訂定差別利率，以確實執行信用控管。另外一項減少不良債權的方法為啟動債務協商機制，與無力還款的持卡人較佳的還款條件，例如免計息、免除違約金、降低還款利率、延長還款期限、停止催收等方式，以增加持卡人的還款能力。

BOT 專案融資

由於政府資本支出（也就是一般所稱的公共建設）是支持國家未來成長與發展的必要投入，資本支出一旦減緩或停頓，將影響國家的持久發展。當政府因財政吃緊、技術不足或效率不彰等原因未能從事某些公共建設，就會鼓勵民間參加投資，希望藉此達到引進民間部門資金、技術與管理能力，以加速建設大型公共建設的目的。「投資、興建、營運（BOT，Build-Operate-Transfer）」即為最常見的做法，意即由民間業者出資興建公

共建設，並與政府約定在一段特許時間內可以實際參與公共建設、營運且獲取收益，但在期間屆滿後必須將所有權移交予政府。

隨政府逐步將公共建設開放民營，承做與BOT有關的融資在銀行業務的重要性也日益提升。由於一項BOT案的完成必須仰賴鉅額資金投入，傳統的融資方式並不足以解決資金需求問題，且通常融資對象、融資方式也有所不同。就融資對象而言，由於這些開發案所牽涉到的金額動輒以數億計，非單一銀行所能負擔，所以通常都會由一家主辦銀行邀集數家銀行組成「銀行團」，以聯貸方式放款。

就融資方式而言，業者會向銀行團要求「專案融資」，不同於傳統銀行要求借款人以高於貸款額的抵押品做為還款的保證；「專案融資」則是以該BOT專案的預期現金流量做為融資還本、付息的來源與保證，風險較傳統貸款方式為大，若BOT案遇到興建困難或營運收益不足時，本息的回收就可能產生疑慮，使銀行團信用風險增加。因此，銀行團在評估專

案融資時，會就該業主的興建能力、營運能力進行評審，事先正確的預估且有效的管理風險。

就貸款條件而言，銀行團通常會運用財務工程技術設計出專屬該專案的貸款利率、回收年限、擔保品提供等條件，或要求在專案執行困難時可接管該投資案，以降低融資的信用風險。

新興的BOT專案融資

BOT 民間業者參與公共建設，在一段特許時間內可以實際參與建設、營運並獲取營運收益，在期間屆滿後政府收回所有權。

政府進行公共建設
政府為了促進社會發展、提升人民生活品質，必須進行公共工程如捷運、車站等。

由民間參與建設
當政府為了解決財政、技術或效率的不足，鼓勵民間業者參加投資。

民間營運、獲利後歸還
民間業者實際參與公共建設營運、獲取收益，在約定時間後再將所有權移轉給政府。

融資需求
高達數億的龐大興建成本需要向多家銀行組成的「銀行團」融資。

產生

專案融資

業者提出專案融資
以BOT案的預期現金流量做為還本付息的信用保證。

銀行團評估
銀行須事先評估業主的執行專案的能力，降低信用風險。

以財務工程設計融資條件
運用財務工程技術設計出該BOT案的貸款利率、回收年限、擔保品提供等融資條件。

進行融資
銀行以專案設計的融資條件與業主簽訂合約。

銀行團獲利
業者在公共工程興建完工並實際運轉後，將以獲取的營運收益還本付息。

銀行業務新趨勢②：第三方支付

網路購物興盛的風氣下，消費者在網路購物的結帳方式，除一般熟知的刷卡、ATM轉帳、超商取貨付款外，還有美國eBay網站使用的Paypal，及大陸淘寶網使用的「支付寶」等付款方式。這些在美、中已經相當盛行的第三方支付模式，也是台灣金融業務未來發展的重點之一。

什麼是第三方支付？

第三方支付，即買賣雙方交易時，透過獨立的第三方協助，在類似「履約保證」的概念下，使買賣雙方獲得應當的保障。

在電子商務交易時，買賣雙方彼此互不碰面，買家會擔心先支付款後賣方不出貨拿不到商品、或商品有瑕疵、甚至出假貨的情形；同時，賣家也會擔心出貨後收不到貨款，而不願先出貨。為解決買賣雙方互信問題，因而有「第三方擔保」的角色出現，做為買賣雙方價金支付的中介、保管與監督者。一般熟知的有美國網購eBay的第三方支付業者Paypal，成立已有十五年之久。另外，中國大陸著名淘寶網的第三方支付「支付寶」，也已成立了將近十年。

買賣雙方與第三方的關係

做為「第三方擔保」的第三方支付肩負買賣雙方擔當價金支付中介保管與監督的角色，通常由電子商務業者與銀行簽訂協議契約，建立支付平台，提供銀行支付結算系統介面。而買賣雙方在此平台交易時，皆須取得實名身分認證。

交易消費前，買方通過平台認證，透過信用卡、網路銀行、ATM將預備購物金從存款帳戶轉帳、或匯入第三方的儲值帳戶中，由銀行專款擔保，在實際消費時用以支付交易的款項。賣方收到款項已支付的通知後，可在第三方的平台上先行確認，同時可申請直接將該帳戶內的金額提領，或轉入其他實體銀行帳戶。

為達到監督與擔保帳款的目的，第三方對儲值帳戶的做法有兩種：一是與銀行合作簽約共同建立支付結算平台，由銀行負擔帳戶的監督及擔保（以國內而言，帳戶款項仍具存款保險保障）；二是由第三方支付業者單獨辦理，但買方網路支付儲值金額須全部交付信託，超過一定金額時甚至須提列準備金，以避免第三方支付業者本身信用的風險。

此外，在最終交易完成確認前，買賣雙方將暫時無法動用這筆款項，直至買家確認完成交易後，款項才會撥付給賣家；如遇交易失敗，款項則會退還買方。買賣雙方若遇交易紛爭，亦可透過平台啟動延遲撥款，款項將暫滯專戶，直至爭議解決，達到交易監督與擔保的功能，並可有效防堵網路詐欺等行為。

第三方支付的概念及交易流程

STEP① 建立買賣雙方以及第三方支付平台間的關係

買家
- 申請第三方支付平台帳號，儲值購物預備金。
- 了解賣方及第三方支付平台的商譽及信用。

第三方支付平台

賣家
註冊為第三方支付平台會員以利收取貨款貨款

① 註冊
② 實名身分認證

① 註冊
② 實名身分認證

STEP② 買賣雙方進行交易

買家 ① 下單 → **賣家**
② 訂單確認

③ 通知消費金額
③ 傳遞交易訊息

第三方支付平台
- 核對交易資料、金額

STEP③ 情況一：取貨後發現瑕疵，進行退貨

買家 ── 交易糾紛 ── **賣家**

① 通知交易取消
② 買家退貨，賣家退款

第三方支付平台
- 交易紛爭期間，終止款項支付，以保障雙方。

STEP③ 情況二：確認無誤，完成交易

買家 ← ① 出貨 ── **賣家**

② 滿意商品，通知付款
③ 儲值帳戶內撥付貨款，完成交易

第三方支付平台
- 交易紛爭期間，終止款項支付，以保障雙方。

Chapter 7

金融政策與
金融制度

　　經濟是一國的基礎，為達成經濟成長、物價穩定，使
人民得以充分就業等目標，各國政府皆有其落實執行的經
濟政策方針，包含金融政策、貿易政策、產業研究與技術
開發政策等範疇。其中金融政策是央行以控制貨幣和信用
數量等工具所執行的貨幣政策，以維持國內經濟平衡、對
外收支平衡及使國家經濟穩定成長為目標。而金融制度則
是配合金融政策宗旨的實際管理方法，包括外資的管制、
金融的監督管理、設置金融重建基金援助經營不善的金融
機構等，目的都是為維持本國金融體系的運作順暢。

央行貨幣政策的內涵與目標

央行所實施的貨幣政策能夠藉由對貨幣供給量的調節，連帶影響金融市場的利率、匯率，進而改善物價波動、失業等不利於經濟發展的阻礙因素，以維持人民經濟生活的安定與繁榮。

調節貨幣供給量的貨幣政策

市場上的貨幣供給量會對人民的經濟行為與國家經濟穩定造成關鍵的影響。當市場貨幣供給量過多，消費者口袋裡的錢變多，就會提升消費的需求，消費愈加活絡之下，景氣也隨之成長。當增加的需求超過實際供給時，廠商會調升物價，形成通貨膨脹、景氣過熱，造成經濟不穩定的狀況。

相對地，當貨幣供給量過少，消費者也會因為口袋裡錢較少而減低消費意願，造成市場上的產品供過於求的現象，使得廠商調降物價，經濟也逐漸萎縮，繼而出現景氣低迷的現象，同樣也會造成經濟的不穩定。

因此，將貨幣供給量調節至均衡狀態是央行影響經濟景氣、維持金融體系穩定的不二法門。與調節貨幣供給量有關的政策，即為「貨幣政策」。

一般而言，當貨幣量過多時，央行會緊縮貨幣供給，採取諸如提高重貼現率、法定準備率，以及在公開市場釋出債券以回收資金等貨幣政策工具，以求降低貨幣供給，使景氣降溫，這種做法稱為「緊縮性貨幣政策」。而在貨幣量過少時，則藉由「寬鬆性貨幣政策」，諸如降低重貼現率、法定準備率，或在公開市場買回有價證券釋出資金等方式，藉以提高貨幣供給，達到刺激景氣的目的。

貨幣政策四大目標相互衝突

央行執行貨幣政策目標是為維持經濟的穩定發展，而一國的經濟能維持穩定，進而持續成長的關鍵則體現在四個層面：①物價不能過度波動漲跌。②人民能充分就業、發揮產能，以獲取正常所得。③經濟成長使國民所得提高。④對外匯率也必須維持平穩。由此可知，身負維持經濟發展任務的央行執行貨幣政策時即是以穩定物價、降低失業率、追求經濟成長與穩定匯率為四大最終目標。

然而，每一種目標的達成並非一蹴可及，必須藉由緊縮或寬鬆性貨幣政策逐步修正貨幣供給額，才能達成期望的目標。但四大目標之間存在著矛盾衝突，一項貨幣政策無法同時達成四大目標。例如，當物價上揚時，央行會以穩定物價為優先考量，而採取緊縮性貨幣政策，如調高存款準備率、重貼現率等，使銀行資金成本提高。銀行也同方向調整利率，使銀行與大眾之間的存貸利率隨之提高，一

貨幣政策對於貨幣供給量的調節

情況1
當貨幣供給額過多

消費者感覺錢變多，消費意願增加

消費需求增加之下，供不應求造成物價調漲

造成通貨膨脹

情況2
當貨幣供給額過少

消費者口袋的錢減少，因而減少消費意願

消費需求減低之下，商品供過於求，降價求售

造成通貨緊縮

央行出馬調節貨幣供給額

緊縮性貨幣政策
例如採用賣出國庫券回收資金、調升重貼現率及法定準備率等貨幣政策工具。

貨幣供給額降低

減輕通貨膨脹

寬鬆性貨幣政策
例如採用買回國庫券以釋出資金、調降重貼現率及法定準備率等貨幣政策工具。

貨幣供給額增加

減輕通貨緊縮

方面存款利率提升會使得資金回流至銀行，另一方面消費者會因為貸款利率提高而降低借款來消費的需求。總的看來，人們可消費的資金減少，會減低消費意願，導致物價下滑。

然而，雖然達成穩定物價的目標，同時卻也導致企業向銀行貸款成本增加，使企業不敢舉債投資，在產能無法擴充之下，就會犧牲相當程度的經濟發展，企業也不會因擴充規模而多雇用員工，對於降低失業率亦無助益。而國內利率提升，短期間會吸引外資流入國內，本國貨幣需求大增之下也可能引發引起匯率上升的波動。可見穩定物價、降低失業率、追求經濟成長、與穩定匯率四大目標無法面面俱到。

通常央行會先考量當時國內外的經濟金融情勢，在四大目標間進行取捨，以做出最符合當時需要的貨幣政策。

四大目標與經濟發展的關連

由於四大目標無法一次完成，因此，央行需因應當時經濟環境的需求，針對各目標對經濟發展的效果來選定目標，分述如下：

①**穩定物價**：物價的波動會對經濟造成關鍵性的影響。物價反映了一國貨幣的實質購買力，當物價上漲時表示大眾的實質薪資下降、消費者購買力減弱；相反地，物價下跌則會使大眾持有資產價格縮水，消費者也會延緩消費甚至不消費，兩者皆會造成經濟發展的惡化。因此。穩定物價是貨幣政策的優先目標。

不利於經濟發展的物價波動通常有物價持續上漲的「通貨膨脹」及持續下跌的「通貨緊縮」兩種。當消費者物價指數出現連續二季以上持續上漲的情形，表示通貨膨脹的現象已經產生，通常也伴隨著貨幣供給量過多、景氣過熱而發生。此時，央行為抑制通貨膨脹，讓物價回復正常水準，便會運用緊縮性貨幣政策，例如調升法定準備率、重貼現率等利率，使資金回流銀行；或是利用公開市場操作如賣出公債收回市場資金以減少貨幣供給等，讓物價下跌。

反之，當消費者物價指數出現連續二季以上持續下跌的現象則稱為通貨緊縮，通常發生在景氣蕭條時。此時央行為了提升景氣、刺激消費與投資會採取寬鬆性貨幣政策，例如以調降利率逼出銀行資金、買入公債釋出資金等方式增加貨幣供給量，來使物價上漲回復正常水準。

②**降低失業**：一國失業率增加是經濟景氣轉壞所致。當景氣進入衰退或蕭條期，企業產能降低，對於勞動力的需求也自然降低，會出現縮編、裁員的現象，造成失業率較前期增加的結果，此時央行就應該由刺激景氣方面著手解決失業問題。

央行一般會以降低法定準備率、重貼現率，或是在市場中買回公債、釋出貨幣來增加貨幣供給。貨幣供給量一增加，會使得消費意願及消費能力提升，帶動整體經濟活動復甦，而企業的產能上升了，所需勞動力也會隨之提升，失業率自然就會下降。

③**追求經濟成長**：通常經濟成長是以國內生產毛額（GDP）年增率做為衡量的指標，當GDP年增率出現正成長時，即代表經濟成長，而GDP年增率出現負成長時則是經濟衰退。當經濟進入衰退，表示國民所得及生活水平降低，此時央行會採行擴張性貨幣政策，例如降息以刺激投資意願與民間消費，使經濟衰退趨緩。

④**穩定匯率**：穩定的匯率對進出口貿易的順利運作具有關鍵性的影響，例如當本國貨幣貶值會使得進口原物料變貴，不利進口貿易；相反地，本國貨幣升值則使得出口產品變貴而不利於輸出。匯率的劇烈波動會造成進出口貿易不穩而影響經濟發展，因此央行會適度干預匯率，使匯率維持穩定。

我國採取「管理浮動匯率制度」，平時匯率由市場供需決定，若匯率波動過於劇烈時，央行會適時採取干預措施，以免危及進出口貿易的穩定。一般而言，央行會利用公開市場操作的方式來影響匯率的波動。例如當新台幣過度貶值時，我國央行為阻貶，透過在市場上賣出美元、買進新台幣，以拉高新台幣匯率；反之，若新台幣過度升值，央行則會賣出持有新台幣、買進美元，使得新台幣匯率得以降低。

貨幣政策的四大目標

1 穩定物價

	通貨膨脹	**通貨緊縮**
適用時機	市場上的貨幣供給量過多，導致物價連續二季以上持續上漲。	市場上的貨幣供給量不足，導致物價連續二季以上持續下跌。
對經濟的影響	大眾的實質薪資下降，使購買力減弱。	使大眾持有的資產價格縮水，造成消費停滯。
央行貨幣政策	實施緊縮性貨幣政策以減少貨幣供給。	實施寬鬆性貨幣政策以擴張貨幣供給。
貨幣政策工具	●調升法定準備率、重貼現率使資金回流銀行。 ●公開市場操作如賣出公債以收回市場資金。	●調降法定準備率、重貼現率以逼出銀行資金。 ●公開市場操作如買入公債以釋出資金。

2 降低失業

	失業率增加
適用時機	企業對於勞動力需求降低而進行縮編、裁員，使失業率較本國前期增加。
對經濟的影響	表示景氣衰退或蕭條，企業產能降低。
央行貨幣政策	實施寬鬆性貨幣政策以擴張貨幣供給，達到刺激經濟復甦的目的。
貨幣政策工具	●調降法定準備率、重貼現率以逼出銀行資金。 ●公開市場操作如買入公債釋出資金。

3 追求經濟成長

	經濟衰退
適用時機	國民生產毛額（GDP）年增率出現負成長時，代表經濟進入衰退期。
對經濟的影響	國民平均所得及生活水平降低。
央行貨幣政策	實施寬鬆性貨幣政策以擴張貨幣供給，達到使經濟衰退趨緩的目的。
貨幣政策工具	●調降法定準備率、重貼現率以逼出銀行資金。 ●公開市場操作如買入公債釋出資金。

4 穩定匯率

	本國貨幣貶值	**本國貨幣升值**
適用時機	本國貨幣走貶的幅度超越一般水準時。	本國貨幣走升的幅度超越一般水準時。
對經濟的影響	使得進口產品巨幅漲價，不利於進口貿易。	使得出口產品巨幅漲價而不利於輸出貿易。
央行貨幣政策	降低外匯市場裡本國貨幣的供給。	提升外匯市場裡本國貨幣的供給。
貨幣政策工具	●進行公開市場操作，在外匯市場賣出外匯、買進本國貨幣，使本國貨幣在供不應求之下走升。	●進行公開市場操作，在外匯市場上賣出本國貨幣、買進外匯，供過於求會使本國貨幣趨貶。

貨幣政策工具①：一般性管理

為達成貨幣政策的四大目標，央行所執行的工具有：一般性管理、選擇性的信用管制、直接管制、其他管制等四項工具。一般性管理工具是指央行對市場貨幣供給數量予以管制的措施，其中包括「法定準備率」、「重貼現率」及「公開市場操作」三種。

① 法定準備率

央行規定，一般銀行吸收存款後必須提存準備金以支應存款人提取之需，「法定準備率」即為央行所規定存款準備金占總存款的比率。

央行做為主管金融市場的最高機構，可藉由存款準備率的設定來決定銀行須轉存的資金量、進而影響剩餘可再貸放出去的數量。若央行調高銀行體系的法定存款準備率，銀行須轉存的存款準備金額增加，會使可貸放的資金減少，金融市場裡的貨幣供給量也會隨之減少，在貨幣緊縮的情況下，企業借款投資、大眾借款消費的意願與能力減低，將導致經濟活動萎縮。因此，在經濟活動過熱、物價飛漲的壓力出現時，央行要使景氣降溫，就可以採取調高法定準備率的方法。

相對地，調降法定準備率則會使轉存金額降低，銀行可貸放資金增加，使貨幣供給量也隨之增加，達到寬鬆貨幣的效果。此時無論企業借款投資或大眾借款消費的意願與能力皆會提升，使經濟活動趨於活絡。因此，在出現失業率上升、物價下滑等經濟衰退現象時，央行可以調降法定準備率以促成景氣升溫。

然而，由於存款準備金限制銀行資金運用的效果過於強大且影響深遠，在強調自由化的金融市場當中，央行並不會輕易動用調整存款準備率這項工具。

② 重貼現率

「重貼現率」是指當銀行資金不足以支應提款及貸款的要求時，持短期票據向央行貼現借款時應支付的利率。

央行可藉由調整重貼現率影響銀行對一般社會大眾放款的利率，例如當央行的貼現利率調高，銀行取得資金的成本也相對提高，就會同步調高對大眾存放款的利率，如此一來會造成兩種效應：一為消費者及企業向銀行貸款的意願也會因為成本提高而減低；二為存款的意願會因為利率提升而提高，使資金回流銀行。這兩種效應皆會造成流通在市場上的貨幣供給額的減少，使市場資金水位下降。因此，當市場上流通資金過多、央行要避免景氣過熱所造成的通貨膨脹發生時，便會採取調高重貼現率的措施。

與調升重貼現率相反，調降重貼現率的時機是資金水位過低，為避免景氣衰退帶來的企業縮編、失業率高

升等危機，央行為了增加市場上的貨幣供給量，便可調降重貼現率以降低銀行的資金成本，使銀行隨之調降存放款的利率。如此不但可以使企業與消費者對資金的需求提高、也能逼出原存於銀行體系內的資金，轉向其他投資，兩者皆能使流通在市場上的貨幣供給額增加，達到使市場資金水位提高的目的。

值得一提的是，一般銀行有資金缺口時，大多會向同業進行短期借款，同業間的借款利率稱為「隔夜拆款利率」，央行不會直接干預隔夜拆款利率的高低，而會由市場上貨幣供給量的供需調節來影響隔夜拆款利率。除非銀行經營不善、資金缺口過大，無法向同業拆借，才會向央行要求貼現。從央行的角度來看，基於公平原則，央行也不會輕易借款給銀行。因此，調整重貼現率通常是政策宣示意味大於實質意義，目的是凸顯政府穩定景氣的決心。

③ 公開市場操作

「公開市場操作」，即央行在公開市場向以銀行為主的金融機構買進或賣出有價證券，包括買賣政府公債以及國庫券、可轉讓定期存單、商業本票等短期票券，或是在外匯市場買賣外匯。由於央行擁有強大、足以干預整個金融市場的資金實力，所進行的鉅額交易對於市場資金水位的調節效果也相當明顯。

當央行認為市場資金過剩或景氣過熱，要採行緊縮性貨幣政策時，通常會向銀行賣出有價證券以回收資金，藉此削弱銀行創造信用的能力，貨幣供給額的成長也將受到抑制。相對地，景氣萎靡時，央行若想要提振景氣，則可透過公開市場買進銀行持有的有價證券，央行所釋出的資金可以有效地提升市場貨幣供給量，達成寬鬆市場資金的目的。

此外，央行也常藉由公開市場操作來穩定匯率，藉由在外匯市場買賣外匯的方式來穩定幣值。以我國為例，央行會在外匯市場買賣美元以避免美元兌新台幣的匯率出現巨幅波動，對進出口貿易額造成影響，導致經濟不穩定。例如為了阻止新台幣過度升值、出口商品物價變高而導致出口訂單減少，央行會在外匯市場上買進大量美元、釋出大量新台幣，進而達到阻止新台幣升值的目的。若是央行欲阻止新台幣過度貶值，則會在外匯市場上賣出大量美金、收回大量新台幣，來減緩新台幣貶值的壓力。

和存款準備率、重貼現率相較，公開市場操作是屬於較溫和的調節工具，操作相對靈活，可以精確掌握市場資金情況，且當經濟情勢改變時，又可迅速調整，因此公開市場操作已成為央行在實現貨幣政策目標時最主要的工具。

一般性管理的三項工具

工具1：法定準備率
央行規定銀行提存央行的存款準備金占總存款的比率。

原本經濟發展狀況	**銀行資金數量多** 銀行資金充裕，可以貸放的資金較多。	**銀行資金數量少** 銀行資金量低，可以貸放的資金較少。

原本經濟發展狀況

銀行資金數量多
銀行資金充裕，可以貸放的資金較多。

市場資金供給量過多
銀行藉由信用創造所提高的貨幣供給量也增加。

景氣持續上升
市場上的貨幣供給量大於需求量，進而產生通貨膨脹等不穩定狀況。

銀行資金數量少
銀行資金量低，可以貸放的資金較少。

市場資金供給量過低
銀行可以藉由信用創造所提高的貨幣供給額也隨之減少。

景氣持續低迷
市場上的貨幣供給量低於需求量，造成通貨緊縮、經濟萎靡。

運用工具

央行調升存款準備率
銀行的存款中必須轉存於央行的比例增加。

銀行減少貸款的供給
銀行可貸放的資金量減少，資金供給隨之減少。

央行調降存款準備率
銀行的存款中必須轉存於銀行的比例減少了。

銀行增加貸款的供給
銀行可貸放的資金量增加，資金供給也增加了。

效果

景氣降溫
市場資金供給下降、改善因供給過多而造成的景氣過熱。

景氣回升
市場資金供給回穩、改善因供給過少而造成的景氣低迷現象。

工具2：重貼現率
銀行資金不足時，持短期票據向央行要求貸款的利率。

原本經濟發展狀況

貸款的資金成本低
一般消費者、企業可以用低利率貸得款項，付出低成本。

市場資金供給量增多
消費者手頭錢多而樂於購買商品；企業貸得款項可生產更多商品。

景氣過熱
產量、就業量、物價都呈現上升趨勢。

貸款的資金成本高
一般消費者、企業必須用高利率貸得款項，付出高成本。

市場資金供給量減低
消費者手頭錢少而縮減消費；企業產量減少。

景氣低迷
產量、就業量、物價都呈現下滑趨勢。

運用工具

央行調升重貼現率
銀行向央行貸款的成本增加。

貸款的需求減低
銀行必須用較高的利率貸款給客戶，客戶貸款成本隨之增加，貸款意願降低。

央行調降重貼現率
銀行向央行貸款的成本降低了。

貸款的需求增加
銀行可以用更低的利率貸款給客戶，客戶貸款成本降低，貸款意願增加。

效果

景氣降溫
市場資金供給下降、改善因供給過多而造成的景氣過熱現象。

景氣回升
市場資金供給回穩、改善因供給過少而造成的景氣低迷。

工具3：公開市場操作 ①

央行為了調整貨幣供給量，直接在市場買賣有價證券，例如買入政府公債，或是國庫券、可轉讓定期存單等短期證券。

原本經濟發展狀況

銀行資金過於浮濫 銀行的資金水位高，所握有能貸放的資金過多。	**銀行資金過少** 銀行的資金水位低，所握有能貸放的資金不足。
銀行擴張信用 銀行創造信用的能力較高，承做的貸款數量過多。	**銀行緊縮信用** 銀行創造信用的能力下降，所承做的貸款數量亦趨向減少。
景氣過熱 民間紛紛貸款投資、消費，造成經濟活動過熱。	**景氣不振** 民間貸款投資、消費的情形減少，造成經濟萎靡不振。

運用工具

向銀行賣出有價證券 央行將銀行過多的資金回收。	**向銀行買回有價證券** 央行釋放資金給銀行。
銀行可貸放金額減少 銀行創造信用的能力減弱，承做的貸款也會減少。	**銀行可貸放金額擴增** 銀行創造信用的能力上升，承做的貸款相形增加。

效果

景氣降溫 市場資金供給降低、改善因供過於求而造成的景氣過熱現象。	**景氣回升** 市場資金供給回穩、改善因供不應求而造成的景氣低迷現象。

工具3：公開市場操作 ②

央行可以藉由在外匯市場買賣外匯的方式來穩定匯率，達到穩定進出口經濟活動的目的。

原本經濟發展狀況

本國貨幣過度升值 本國貨幣在外匯市場供不應求，造成升值幅度超過一般標準。	**本國貨幣過度貶值** 本國貨幣在外匯市場供過於求，造成超過一般標準的貶值幅度。
出口商品價格變高 購買本國出口商品時，必須支付更多的外幣。	**進口商品價格變高** 購買外國進口商品時，必須支付更多的本國貨幣。
不利於出口貿易 購買本國產品的成本增加之下，會造成出口訂單減少的不利後果。	**不利於進口貿易** 成本增加之下，會造成進口貿易萎縮的結果。

運用工具

在外匯市場買進外幣 央行買進外幣，創造大量外幣需求。	**在外匯市場買進本國貨幣** 央行藉此創造更高的本國貨幣需求。
釋出本國貨幣 央行同時釋出大量的本國貨幣，提高本國貨幣供給。	**釋出外幣** 央行同時釋出大量的外幣，使外幣的供給提高。

效果

本國貨幣回貶 市場供需改變之下，可以改善本國貨幣供不應求而造成升值的現象。	**本國貨幣走升** 市場供需改變之下，可以改善本國貨幣供過於求所造成的貶值。

貨幣政策工具②：選擇性信用管制

各國央行會選用的貨幣政策工具除了以「一般性信用管制」來管制貨幣供給量及信貸規模，也會對特殊經濟領域或特殊資金用途的信用貸款予以管制，意即「選擇性的信用管制」。

「選擇性的信用管制」主要目的是央行對貨幣供給的「結構」包括貨幣流向、流量進行調整，可以使在外流動的資金流往特定市場、因應特定用途，以輔助調節特定市場景氣的榮枯。較常見的管制項目包括證券保證金比率、消費者信用管制及不動產信用管制三種：

① 證券保證金比率

當證券投資人現金不足，需以所購入的證券為抵押品向銀行申貸融資時，因股票市價不時波動，銀行放款的額度僅能占當時股票市價的某一比率，其餘必須保留做為「證券保證金」，「證券保證金比率」即為保證金占抵押品價值的比率。央行可以透過調整證券保證金比率來影響銀行資金流入股市的數量，進而調節股市資金動能，達到使股市降溫或升溫的效果。

舉例而言，假設央行規定證券保證金比率為六○％，則證券投資人在購入證券時至少必須自備六○％的現款，只能向銀行貸款不足的四○％；若央行將證券保證金比率調升為七○％，投資人就必須自備七○％現金，只能向銀行貸款三○％。由此可知，調高證券保證金比率一方面使

得投資人自備現款增加，在交易成本擴增之下，交易的意願與能力也會減低；另一方面銀行可融資額度減低，由融資取得而流入股市的資金也會減少，兩者皆會使銀行流入股市的資金減少，降低資金動能，股市就會降溫。

當央行認為證券市場投機炒作過度，可以調升證券保證金比率；相反地，若證券市場低迷，央行可以調降保證金比率，一方面使投資人自備現款降低可增加投資意願與能力，另一方面銀行實際可貸放額度也會增加，使從銀行流入股市的資金增加，資金動能也就提升，股市則會升溫。

② 消費者信用管制

消費者信用管制是指央行對消費者分期購買各種耐用消費品如汽車、家電、家具……等貸款的管理措施，諸如消費貸款頭期款最低金額、分期付款期限或償還最長年限等規定。當消費者對於消費品的需求過剩，使得物價飛漲等景氣過熱現象顯現時，央行會加強對信用消費的控制，提高消費貸款頭期款最低金額、縮短分期付款期限或償還最長年限，藉以降低消費意願，緊縮民間信用消費以達到防止通貨膨脹的目的；反之，若當對消

費品需求不足、導致物價下滑等經濟衰退現象時，則以放鬆管制來提高消費者購買力，以帶動經濟景氣發展。

③ 不動產信用管制

不動產信用管制則是指央行對商業銀行辦理不動產抵押貸款的管制措施。央行會依照不動產市場景氣狀況來管制不動產市場的信貸規模，包括調整不動產貸款的利率、貸款的最高限額、還款條件、信用條件等做法，影響不動產投資人的投資成本，進而改變市場景氣現況。例如當房地產景氣過熱，為抑制不動產投機炒作導致房價狂飆的情形，央行會提高不動產貸款的利率、縮短期限及降低融資比例等，使投資房地產成本增高，進而使投資意願與能力降低，投入房市的資金減少後，可以使過熱的房市降溫。

相反地，當房地產景氣衰退，央行也可放鬆管制，以降低不動產貸款的利率、放寬期限及提高融資比例等做法來擴張不動產貸款資金，使投資意願與能力擴大，投入房市的資金增加，進而帶動房市復甦。

選擇性的信用管制的做法

證券保證金比率
投資人融資購入股票時，銀行放款的額度僅能占抵押品市價的一定比率，其餘必須保留做為「證券保證金」。「證券保證金比率」即為保證金占抵押品價值的比率。

原本股市發展狀況	證券保證金比率低 證券投資人向銀行融資的自備款低，進場投資的成本較低。	原本股市發展狀況	證券保證金比率高 證券投資人向銀行融資的自備款額度高，投資成本較高。
	股市過熱 投資人融資買進股票，由銀行流入市場資金過多，瀰漫投機炒作氣氛。		**股市萎靡** 投資人減少融資買股票，由銀行流入市場資金量少，股市交易萎縮。
運用工具	**提高證券保證金比率** 央行以提高保證金比率來提升投資人的自備款額度。	運用工具	**降低證券保證金比率** 央行以降低保證金比率來減低投資人的自備款額度。
	投資意願降低 因投資成本提高，投資意願也相形降低。		**投資意願增加** 因投資成本較低，投資意願也會提升。
	由銀行流入股市的資金減少 銀行融資的額度減低、因融資而流入證券市場的資金也會減少。		**由銀行流入股市的資金提升** 銀行融資的額度變高、因融資而流入證券市場的資金也提升了。
效果	**股市降溫** 在資金動能降低情況下，過熱的股市也會隨之降溫。	效果	**股市升溫** 在資金動能活化之下，股市也會趨向升溫。

消費者信用管制	央行調整消費貸款頭期款的最低金額、分期付款期限或償還最長年限……等相關規定，以對消費者分期購買各種耐用消費品如汽車、家電、家具等貸款進行管制。

原本消費狀況

消費需求高
人們購買各種耐久消費財的需求高，民間消費活絡。

⬇

通貨膨脹
當耐久消費財供不應求時，會造成物價持續飛漲、景氣過熱。

運用工具

加強消費者信用管制
提高消費貸款頭期款最低金額、縮短分期付款期限或償還最長年限。

⬇

消費需求減低
因購買的成本提高，消費需求也相形降低。

效果

降低通貨膨脹
在供需平衡的狀況下，物價緩步上升，通貨膨脹情形趨緩。

原本消費狀況

消費需求低
人們減少購買各種耐久消費財，民間消費清淡。

⬇

通貨緊縮
當耐久消費財供過於求時，會造成物價持續下滑、景氣蕭條的情況。

運用工具

放鬆消費者信用管制
降低消費貸款頭期款最低金額、延長分期付款期限或償還最長年限。

⬇

消費需求升高
因購買的成本減低了，消費者的消費需求也會升高。

效果

降低通貨緊縮
在供需平衡的狀況下，物價回穩，通貨緊縮的狀況得到改善。

不動產信用管制	央行調整不動產貸款的利率、貸款的最高限額、還款條件、信用條件……等，以對商業銀行辦理不動產抵押貸款的管制措施。

原本不動產市場狀況

不動產貸款門檻低
不動產貸款的利率、最高限額、還款條件較為寬鬆。

⬇

消費需求高
人們購買不動產所投入的成本較低，消費需求增加。

⬇

房市景氣過熱
資金紛紛投入房市，會造成房價居高不下的狀況，產生泡沫的危機。

運用工具

加強不動產信用管制
央行提高不動產貸款的利率、貸款的最高限額、還款條件等門檻。

⬇

消費需求減低
因購買不動產投入成本提高，消費需求也相形降低。

效果

房市景氣回穩
在供需平衡的狀況下，房價緩步下降，抑制泡沫化的危機。

原本不動產市場狀況

不動產貸款門檻高
不動產貸款的利率、最高限額、還款條件較嚴格。

⬇

消費需求低
人們購買不動產所投入的成本偏高，會降低消費需求。

⬇

房市景氣衰退
房市資金動能不足，造成交易冷清、房價下滑的狀況。

運用工具

放寬不動產信用管制
央行降低不動產貸款的利率、貸款的最高限額、還款條件等門檻。

⬇

消費需求升高
因購買的成本減低了，消費需求也會升高。

效果

房市景氣升溫
在供需平衡的狀況下，房價上升，房市景氣復甦。

貨幣政策工具③：其他政策工具

各國央行的貨幣政策除了管制貨幣供給量及流向，也可能針對銀行的放款活動與營運方向予以管制。例如以「直接管制」介入銀行的放款活動，以及運用道德勸説等「間接管制」使銀行配合政策調整營運方向。

什麼是「直接管制」？

　　無論是貨幣供給量上的一般性信用管制，或是貨幣結構上的選擇性信用管制，皆需經過一段傳導過程才會影響銀行的信貸規模與資金流向，效果較慢。而「直接管制」則是指央行直接介入干涉銀行的放款活動及經營，影響更為直接、效果也更強，因此當央行因應經濟發展之需，希望銀行立即配合執行某些特定政策時，可能會選擇直接管制的做法。

　　「直接管制」主要包括「信用分配」、「信用限制」以及「直接干預」三種：

　　①信用分配：「信用分配」是指資金有限、供不應求時，央行可以對銀行的授信對象、數量或比例予以管制。例如央行可以配合國家的產業政策，規定銀行對政府扶植重點產業給予較優惠的放款條件，如放寬保證人、抵押金額、抵押品等條件，或是給予優先放款；相反地，對於非扶植產業的放款則予以緊縮。

　　在六〇年代我國資金短缺的情況下，央行曾實行信用分配的管制，規定銀行優先對生產性產業放款，對非生產性產業則緊縮放款，達到促進生產性產業發展的效果。

　　②信用限制：「信用限制」則是指央行可以視市場情況限制對銀行的信用，例如拒絕銀行的重貼現請求，或限定重貼現資金的用途，以達到控制市場資金量與資金流向的目的。或是央行可以拒絕銀行的重貼現以緊縮市場資金，或限制重貼現資金不得用於某些用途如對外資放款等。

　　③直接干預：央行直接介入干涉銀行業務經營的做法稱為「直接干預」，包括規定銀行對各類信用最高貸款額度、當經營不當的銀行要求貼現時施予較高的懲罰性利率、直接干涉銀行對活存的吸收、規定銀行的放款及投資方針、命令銀行進場買匯、規定銀行資產維持某程度的流動性以維持高變現能力，以及規定維持某一比例的自有資產比例以保障存戶……等。以上目的皆為即刻調整市場的資金狀況與銀行營運方針以符合政策目標，可見直接干預對於銀行營運的影響力也最大。

　　然而，伴隨金融自由化、國際化的發展，央行目前已極少採用對銀行經營直接管制的做法，而多採道德勸說、公開宣導等方式，間接影響銀行的經營走向。

間接管制

　　間接管制不需經過各種信用管制措施來影響銀行的資金流向，而是藉由與銀行維持磋商、宣傳等關係來宣達央行政策方向，讓銀行配合實現貨幣政策目標。相較於直接管制，間接管制並不具強制力，成功與否有賴該國央行的威信與地位而定。

　　央行最常使用的間接管制為道德勸說、公開宣導的方式。道德勸說指的是央行與一般銀行的往來溝通時，以溫和勸導的方式表明其立場，期望銀行主動配合。以我國為例，當外商銀行發布新台幣走貶的預測報告時，央行為了消除市場恐慌，會邀請外商銀行主管到央行「喝咖啡」，勸阻外

直接管制的做法

直接管制

央行希望銀行立即配合執行某些特定政策時，會直接介入干涉銀行的放款活動及經營方向。

> 影響更為直接、效果也更強大。

① 信用分配

當市場資金供不應求時，央行可以規定銀行的授信對象、數量或比例。

使用目的

配合國家產業政策，給予扶植重點產業較優惠的放款條件；對於非扶植產業的放款則予以緊縮。

② 信用限制

央行可以限制對銀行的信用，例如拒絕銀行的重貼現請求，或限定重貼現資金的用途。

使用目的

配合貨幣政策調節當時市場情況，達到控制市場資金量與資金流向的目的。

③ 直接干預

●央行直接介入干涉銀行業務經營。
●央行規定銀行對各類信用最高貸款額度、當業務不當的銀行要求貼現時施予較高利率、直接干涉銀行對活存的吸收。

使用目的

配合貨幣政策目標，即刻調整市場的資金狀況與銀行營運方針。

商銀行繼續發布不利預測，通常也會確實收到效果；又如央行要求銀行將房貸利率由一季一調改為一月一調，也是採用溫和的道德說服手法達成。

「公開宣導」則是利用年報的發表或以記者會方式向銀行與社會各界說明央行政策的內容與意義，使銀行了解政策施行方向而配合執行，金融運作也能按照央行預期的方向發展。

間接管制的做法

間接管制

央行利用其威信與地位，透過與銀行間的磋商、宣導等溝通來影響銀行的行為，而非直接調控銀行的資金成本或資金流向。

① 道德勸說	② 公開宣導
央行為了讓政策獲得認同或支持，會以溫和的方式勸導銀行。	利用年報的發表或以記者會方式向金融界說明央行政策的內容與意義，使其配合執行。
例如：景氣不佳時，央行會道德勸說銀行不要緊縮銀根。	例如：央行召開記者會，宣導銀行配合辦理民眾優惠房貸。

金融制度①：逐步鬆管的QFII制度

資本市場是企業籌資的重要管道，若資金充裕、交易活絡，企業便能獲得資金活水。因此除了本國資金外，也需要引入外資。但為了避免大量外資急遽產生衝擊，因而產生了穩健引進外資的QFII制度。

從管制到開放外資

在一國經濟剛起步時，為了維持國內的金融穩定，避免外來資金大量進出和短期游資對本國資本市場造成衝擊，政府會管制外匯數量與價格（即匯率），對於外國投資機構投入本國資本市場也會予以限制。然而，在經濟成長的過程中，企業需要更活絡的籌資管道，但若在貨幣不完全自由、資本尚未完全開放的狀況下，國內市場有限的資金就會逐漸無法滿足資本市場的需求，而可能出現成長趨緩的危機。

為了擴大資本市場規模、活化市場資金動能，激發外資的需求，經濟有展望、資本市場運作穩健的新興發展國家，會積極吸引各國資金前來投資。於是，這些新興市場或經濟發展中國家設計了QFII（合格的境外機構投資者，Qualified foreign institutional investor）制度。

QFII含括了保險、銀行、證券商、基金管理機構及其他包括共同基金、退休基金、政府基金及慈善基金……等投資機構，一般通稱為「外資」。QFII制度即是對這些外資資金匯入、匯出、兌換……等金融交易所設定的規範，可做為一國外匯走向自由開放的過程中，對外資引進與管制資本市場的一項過渡措施。例如台灣、韓國、印度等地區在九〇年代開始實施QFII制度，讓外資有機會參與國內股票投資；中國大陸則於二〇〇二年開始實施。

QFII制度的實際做法

在QFII制度下，政府可以控管資金的流動，防止短期游資對國內經濟的影響。實際做法是要求外國專業投資機構要進入本國資本市場前，必須先經金融主管機關審核合格，才能匯入規定額度上限（例如六十億美元）之內的外匯資金；外匯轉換為本國貨幣後，必須以監管的專門帳戶才能進行投資，而投資的利得、股息再轉換成外匯匯出，匯出金額也同樣會受到限制。

除此之外，也規定投資股市的持股比例不得高於該公司總股本的若干比例（如一〇％）。這種種嚴密的限制都是要讓本國的資本市場一方面能獲得資金流入的好處，同時也能在有限度的開放之下逐步適應國際競爭。

QFII 制度的終止

QFII制度以維持國內金融穩定為宗旨,然而,在國內金融逐漸成熟,朝向自由化、國際化發展時,限制外資反而會阻礙經濟成長,例如企業因無法大規模籌資,造成經濟成長趨緩及通貨緊縮的憂慮。

因此QFII制度在階段性任務完成之後,通常都會宣告終止。政府完全解除對外資的設限之後,外資能享有與本國投資人相同的投資條件、管理規範,可大幅提升外資投入的意願,進而使企業的籌資管道更為活絡,國內經濟也能得到進一步的發展。

台灣實施QFII制度的經驗

台灣也曾歷經嚴格外匯管制再逐步開放的過程。台灣在六〇年代才開放外資投資國內證券市場,在八〇年代確定了外資間接投資國內市場的方式;九一年正式實施QFII制度,開放QFII直接投資我國有價證券。開放期間配合國內外金融市場情勢,對QFII的投資條件限制不斷調整放寬,至二〇〇三年才正式取消。其後將外資區分為境外機構投資人(FII,foreign institutional investor),以及境外自然人。除了境外自然人投資台股仍有額度限制之外,對境外機構投資人已不再加以限制。目前外資和本國投資人的投資條件完全相同。

QFII制度的作用

資本市場需要外資

資本市場要保持活絡，需要更多資金活水注入，因此除了本國資金外，也需要吸引外資活化市場動能，增加交易量。

外資有造成金融不穩的疑慮

外資大舉進入或游資竄動，都會造成資本市場的震盪，導致金融秩序惡化。

QFII即為合格的境外機構投資者，簡稱外資，包括保險、銀行、證券商、基金管理、以及共同基金、退休基金、政府基金及慈善基金……等投資機構。

QFII制度

QFII制度是貨幣不完全自由、資本尚未完全開放的新興市場或發展中國家逐步開放資本市場的制度。可以減緩外部衝擊、維持金融穩定。

限制1	限制2	限制3	限制4	限制5
外資需申請許可才能取得投資資格。	投資金額設有上限。	只能監管的專門帳戶進行投資。	投資的利得、股息換成外匯匯出的金額須受限制。	規定外資持股比例不得高於公司總股本的若干比例。

本國資本市場穩健發展

資本市場在新進外資挹注之下，市場規模逐漸擴大、交易活絡，促進企業的發展。

資本市場發展瓶頸

由於外資無法自由進出，投入的意願有限，使得企業籌資規模仍受限，造成經濟成長趨緩的隱憂。

結果

QFII制度取消

因應金融自由化需求，且市場逐漸成熟，QFII制度完成階段性任務之後宣告終止。

視外資等同於本國投資人

使外資能享有與本國投資人相同的投資條件、管理規範，大幅提升投入的意願，使資本市場更為活絡。

金融制度②：金融監理制度

金融的正常運作關係著一般存款人、投資人的權益，因此各國政府都有一套金融監理制度，規範諸如金融業的自律、財務狀況、資訊的公開揭露、風險等。而隨著金融產業規模、業務範圍的擴大，各國金融監理制度也有必要隨之調整。

國際金融監理的趨勢：以巴塞爾資本協定為原則

由於各國金融市場朝向自由化發展，金融機構規模紛紛擴大，例如出現兼營銀行、證券、保險等所有類型的大型金融機構（在歐洲為綜合銀行、美國為金控公司），營業觸角亦擴及全球。但隨之而來的是營運風險激增，包括借款人不按時還款、金融機構進行短期投資買入債券、股票、衍生性金融產品、或是內部管控疏失導致弊案頻生等，皆會嚴重危害投資大眾的權益。

為因應新興金融趨勢，各國乃共同制訂對銀行資本適足率加以規範的「巴塞爾資本協定」，其後又衍生出架構更為嚴密完整的「新巴塞爾資本協定」。協定的內容包括了三大支柱：第一支柱規定銀行的資本適足率須維持在八％。第二支柱為金融主管機關的監理審查程序，包括要求銀行內控及主管機關必須積極審查與監控。第三支柱為市場紀律如銀行需揭露財務資訊等規範。

世界各國大多將新巴塞爾資本協定相關規定做為監督管理金融產業的標準原則，在此基礎下訂立國內金融監理制度與法規，並對與資本協定不符的金融現象加以改革。

英國的金融監理制度

以金融市場發展健全的英國為例，除了第一支柱八％資本適足率、第三支柱要求市場資訊透明度的基本原則之外，對於第二支柱監理審查程序也有了「金融監理一元化」、也就是以單一金融監理機關執行監理相關業務的做法出現。英國原採銀行、證券及保險業各有專門監理機關的多元監理制度，在金融經營多元化趨勢之下，為了有效運用監理資源，並提升對金融商品跨業交流的監督及風險的掌控，因而成立了綜合性的「金融總署」（FSA），負責統合金融監理制度，整合保險業、投資顧問業、證券期貨管理局、證券投資等金融相關產業，專責核發金融機構證照、訂定監理原則、金融市場及清算交割系統等監理措施。除了英國之外，加拿大、日本也都相繼實施了監理一元化制度。

台灣金融監理現況

因應巴塞爾資本協定的要求，台灣制訂了「銀行資本適足性管理辦法」，設定最低資本適足率八％的規範符合第一支柱的要求；對於第三支柱的市場紀律要求，亦規定銀行應公開揭露財務、業務狀況，定期公布上

網。對於第二支柱的監理審查程序，也參考先進國家監理一元化制度而成立了「金融監督管理委員會」（簡稱金管會）做為專責監理機構。當資本適足率低於八％時，金管會須採取立即糾正措施，包括要求改善、限制業務發展、甚至強制合併等措施。

原本金融體系的主要監理機關為財政部、央行及中央存保公司，財政部主要負責金融行政、及金融業務的監督管理，其下的金融局負責銀行業的監理、保險司負責保險業的監理、而證期會及證交所則負責檢查證券期貨商；央行則負責檢查票券金融、郵局及銀行的業務監督管理；中央存保公司負責檢查參與保險的銀行、信合社等金融機構的業務狀況。

但隨著金控的跨業經營逐漸成為金融業的主要經營模式，各項金融業務的分際已不再明顯，金融監理也由多元監理轉型為一元監理。在此架構下，二〇〇三年行政院下設立了可獨立行使職權的金融監督管理委員會，統籌了金融市場及金融服務業的監督、管理及檢查業務。過去金融局、保險司及證期局的業務均整併在其中，而央行、財政部及中央存保公司的金融檢查單位亦整併為金管會下的金檢局，落實金檢一元化的原則，不僅使職權歸屬更明確，亦增加監理的效率。

我國的金融監理制度

金融監理的需求

金融機構的資金來源主要來自社會大眾,當金融機構有弊端時,除了危及金融市場的穩定,更會造成整體社會經濟的連鎖性衝擊,因此政府應制訂並落實金融監理制度。

國際金融監理趨勢

「新巴塞爾資本協定」以三大支柱規範金融機構的運作:

第1支柱
銀行最低資本要求

銀行的資本適足率≧8%

第2支柱
監理審查程序

監理機關應審查銀行是否符合最低資本要求,並確保銀行內控的健全。

第3支柱
市場紀律

強化銀行資訊透明原則,要求銀行公開揭露其業務、財務資訊,讓交易者充分了解。

我國也因應國際趨勢,制訂國內金融監理制度相關規範,做法如下 :

銀行資本適足性管理

制訂「銀行資本適足性管理辦法」,規定銀行的資本適足率≧8%。

A銀行資本適足率=8%

成立金管會

●實施監理一元化:因應金融跨業經營趨勢,成立金管會統籌原分屬於財政部、中央銀行及中央存保公司的監理業務。

●監理執行:當金融機構出現弊端,金管會會採取立即糾正措施,如要求改善、限制業務甚至強制合併等。

財政部
負責金融行政及金融業務的監督管理

中央銀行
檢查票券金融、郵局及銀行業務

中央存保公司
檢查參與保險的金融機構業務

金管會
統籌金融市場及金融業的監督與管理

資訊揭露

規定銀行應架設網站,公開揭露詳實且正確的財務、業務及公司治理情形。

銀行網站
銀行網站

金融制度③：存保制度

存入銀行的存款若因銀行財務出現狀況而無法支付，勢必會衝擊金融秩序的穩定，「存保制度」可讓銀行在無法履行支付義務時賠付存款人，減少所蒙受的損失。我國的存保制度由「中央存款保險公司」負責執行。

存保制度的緣起

存款保險的制度最早源起於美國一九三○年代的經濟大恐慌，當時銀行接連倒閉，存款大眾失去信心而頻頻發生擠兌事件，使美國金融體系面臨崩潰。一九三四年，美國聯邦政府引入了保險概念成立了「聯邦存款保險公司」（FDIC），建立了全國性的存款保險制度，也開啟了世界各國存款保險制度的先河。

存款保險制度的做法為每個參與保險的銀行繳交保費予存款保險公司，當銀行發生倒閉或經營不善的狀況，無法履行支付義務時，便由存保公司承擔理賠予存款大眾一定金額上限的存款（亦有全額理賠者）。存保制度可以減低存款大眾存放在銀行的風險，進而建立對於銀行的信心，不會在銀行一有營運負面消息時，就蜂擁前往擠兌，有助於金融秩序的安定。

我國的存保制度

有鑑於存保制度對於保障存款人權益、維護金融秩序的效益，我國於一九八五年正式由財政部與央行共同成立「中央存款保險公司」。依據投保機構資本適足率的高低所反應的承保風險，存保公司會收取占存款萬分之二至萬分之七不等的保費，保費提存為「保險賠款特別準備金」。當金融機構因經營不善而停業時，存保公司可動用保險賠款特別準備金，無條件賠付存款人。

我國的存保制度原採金融機構自由投保的方式，但一九九五年起陸續發生金融擠兌事件，部分金融機構未加入存款保險而使存款人權益不受保障。因此我國在一九九九年修法，規定凡是收受我國存款、或受託經理具保本保息的代為確定用途信託資金的金融機構均強制參加存款保險。目前包括本國一般銀行、中小企業銀行、信託投資公司及外國銀行在台分行、郵局、信用合作社和信用部之農、漁會等皆已參加存款保險，且營業處所均須懸掛有存款保險標示。

存款保險制度發展至今，除了建立存款人信心、避免存款人一窩蜂擠兌造成社會不安的金融穩定功能外，也具有監控及預警的功能。因為中央存保公司在承做保險時，可有效掌握要保機構的經營資訊，以控管承保風險，因此同時可以對要保機構進行檢查，若要保機構出現財務狀況，也可以事前發現，早期介入干預。

除此之外，中央存保公司除了賠付存款外，也負責監督問題金融機構的退場機制，例如接管營運明顯出現困境的金融機構，使該機構原有的金融服務不會因停業而中斷；並協助消除壞帳、債務處理、改革經營體質等事務，使金融運作更為安全穩健。

存款保險的理賠金額

依據我國銀行法規定，原本要保金融機構經主管機關勒令停業時，存款人在每一家要保機構的存款可獲得中央存保公司最高一百五十萬元的理賠。由於二〇〇八年金融海嘯造成存款人信心危機，因而調整為在二〇〇九年底前，存款人的存款均可獲得全額理賠。但存款全額保障於二〇一〇年底後，已恢復限額保障。自二〇一一年起，存款保險最高保額提高為新台幣300萬元。

中央存款保險公司的主要功能

大眾信心危機
美國經濟大恐慌時，銀行傳出經營危機，大眾擔憂銀行不履行支付義務，而一窩蜂前往擠兌。

金融危機
擠兌事件擴及整個金融體系，導致金融體系崩潰的危機。

成立

存款保險制度
● 美國聯邦政府引入保險概念成立全國性的存款保險制度。
● 可減低大眾在銀行存款的風險，進而建立對於銀行的信心，減少擠兌現象，而能維護金融秩序。

以本國規定為例，做法如下：

要保機構1	要保機構2	要保機構3	要保機構4
銀行	**郵局**	**信用合作社**	**農漁會**

因應投保機構資本適足率的高低所反應的承保風險，繳交不同費率的保費。

投保 **保障**

存保公司承擔要保機構無法支付存款的風險。

中央存款保險公司
● 以保障所有金融機構存款人的利益為目的。
● 將所收取的保費提存為「保險賠款特別準備金」，當金融機構因經營不善而停業時，中央存款保險公司可用以賠付存款人。

功能

功能1 金融穩定功能
存保制度可建立存款人信心、避免存款人一窩蜂擠兌造成的金融危機。

功能2 監控功能
存保公司可以藉由承做保險來掌握要保機構的財務資訊，若要保機構出現財務問題，也可以事前發現，早期介入。

功能3 形成退場機制
當要保機構營運明顯出現困境，會由中央存保公司接管，使該機構原有的金融服務不致中斷，同時積極協助改善問題機構經營體質。

金融制度④：金融重建制度

當銀行發生財務危機時，縱然有存保公司保障存款人權益；但若損失金額過於龐大、連存保公司也無法紓困時，若無法善後，便可能產生金融危機，因此就衍生出專責問題金融機構善後處理的金融重建制度。

金融重建制度緣起

銀行所承做的放款業務能夠順暢運作，有賴於貸款人依約繳付本息，然而，在金融自由化的趨勢下，銀行數目眾多、業務競爭激烈，經常有授信品質控管不良，因而產生逾期放款無法回收的狀況，使銀行承擔過多的不良資產，導致資產結構惡化的後果。

逾放比過高時會危及銀行經營，甚至造成銀行接連倒閉，導致大眾遭受財務損失。若銀行財務問題過大、影響層面過廣，而現行監理措施、存保機制也無法解決時，為了保障金融穩定與投資權益，政府多會動用公共基金援助問題機構，以避免釀成更大的金融危機。

例如美國自一九八一年至一九九〇年之間曾發生高達兩千多家金融機構資產結構不良而倒閉，由於損失金額過於龐大，原有的存保機制所收取的保費遠不足賠付存款。因此，美國國會在一九八九年通過立法成立「資產再生公司（RTC）」，負責重建有問題或已倒閉金融機構，因成效顯著，也進而引起世界各國效法。

RTC的實際做法是由政府撥款成立公共基金，用以協助問題機構進行重建，以達到穩定金融秩序的目的。常見的做法為投入資金以填補問題金融機構的經營虧損，或是由RTC購入問題金融機構的不良資產，使其資產負債結構趨於正常化，再與體質較好的銀行合併，目標是希望恢復市場流動性與重建金融秩序。

二〇〇七年的次貸風暴爆發，因借戶無力還款造成金融機構的不良資產與逾放比上升，連帶引發金融機構財務危機，導致金融秩序的不安。因此，美國於二〇〇八年再度成立RTC，援助金額高達千億美元，藉由挹注資金、購入金融機構的不良資產等援助行動，再度解決金融危機。

台灣的金融重建基金

同樣地，台灣雖已實施存保制度，但若金額過高，連存保公司也無法賠付時，為了確保存款人的權益以及維護金融秩序的安定，我國行政院也參酌了各國政府撥款成立公共基金挹注經營不善的金融機構的方式，於一九九一年通過了「行政院金融重建基金設置及管理條例」，由中央存保公司為執行單位。

金融重建基金的財源則來自政府金融營業稅收入、及金融業者繳納的

存款保險費收入。依規定，所援助的問題金融機構包括了淨值已為負數、無能力支付其債務及財務狀況惡化已損及存款人權益的金融機構，目前問題金融機構以農漁會、信用合作社等基層機構較為嚴重，因此金融重建基金亦以處理基層金融機構為優先。

金融重建基金的實際做法是，接管問題金融機構後，同時也承接問題金融機構的資產及負債，對於負債超過資產的差額則由基金賠付，再引導問題金融機構與其他體質佳的金融機構合併。若其他金融機構有不願承受的不良債權資產亦可動用金融重建基金購入，然後再將不良債權資產以標售、拍賣等方式處分，之後可以回收的價金，再挹注回金融重建基金，達到循環利用的效果。

金融重建基金的成效

金融重建基金自二〇〇一年七月設置迄二〇一一年底屆期結束，共已處理56家經營不善的金融機構，包括47家農、漁會信用部及信用合作社等基層金融機構，以及9家銀行（含信託投資公司）；重建基金對於穩定金融秩序著實頗具成效。

金融重建制度的建立

金融監理制度

- 各國多以「巴塞爾資本協定」為標準原則，制訂金融監理制度。
- 對於不符資本協定8%資本適足性、監理審查程序、市場紀律的金融現象加以改革。

存保制度

- 金融機構平時投保至存保公司，當發生財務危機時，由存保公司賠付存款戶。
- 達到建立存款人信心、避免擠兌、維持金融穩定的功能。

仍不足以解決金融機構問題時

當金融問題過於嚴重，金融機構因資產結構惡化紛紛倒閉，現行監理措施、存保機制也不足以解決。

金融重建制度

為了保障投資權益、確保金融秩序，政府成立專門的公共基金以處理問題機構。

以我國金融重建基金為例，做法如下：

成立金融重建基金

基金的財源來自兩部分：①政府金融營業稅收入，②金融業者繳納的存款保險費收入。

基金執行

由中央存保公司擔任基金執行單位。

中央存保

重建對象

- 淨值已為負數、無能力支付債務，或是財務狀況惡化已損及存款人權益的金融機構。
- 在我國多為農漁會、信合社等基層金融機構。

賠付資產負債差額

基金將承受問題金融機構資產及負債；對於負債超過資產的差額由基金賠付。

引導合併

引導問題金融機構與其他體質佳的金融機構合併。

購入不良資產

其他金融機構不願意承受的不良債權資產亦由金融重建基金購買。

處分不良資產

不良債權資產經標售、拍賣等方式處分，之後若有回收的價金，再投入金融重建基金。

完成退場

問題金融機構在金融重建機構的協助下順利退出市場，金融秩序維持穩定。

金融制度⑤：金融賦稅體制

政府若要促進金融的活絡，就得吸引更多資金投入；然而金融交易的稅賦過高的話，會減低投資利得、使投資意願為之降低。因此，建立更優惠、具吸引力的金融賦稅制度，才能提升本國金融市場的競爭力。

金融與賦稅體制

國家要規劃財政收支，就必須向人民徵收稅賦，賦稅應比照個人所得高低徵收，以達到租稅公平、平均財富的目的。例如，我國綜合所得稅依所得多寡所徵收的稅率級距由低至高分別為：五％、一二％、二〇％、三〇％、四〇％。

但徵稅時也不可忽視市場發展及經濟成長。政府對於金融賦稅政策必須兼及國際上對於金融商品的賦稅慣例及國際競爭力，使本國金融交易及金融商品在愈來愈普遍的跨國交易趨勢之下，可以保有持續發展的空間，不至於因過高的稅賦負擔而使投資人卻步、損及投資意願，甚而降低本國金融的競爭力。

在各種考量下，政府為了鼓勵金融交易與金融商品發展，會給予稅賦的優惠。例如許多金融商品具「分離課稅」的特性，在投資人償兌其投資利得時，只要一次單獨扣繳規定比率的稅賦，而不需將投資利得計入當年度的綜合所得當中。例如可轉讓定期存單是採行分離課稅，稅率是一〇％，對於個人綜合所得稅率在一二％以上的投資人而言，購入可轉讓定期存單可以節稅，也達到政府所期望的增進金融商品交易活絡的效果。

金融賦稅優惠

國內目前金融市場上具有稅賦優惠的金融商品包括存款利息優惠、股票及基金免證所稅、境外來源所得免稅、分離課稅等。分述如下：

①**存款利息優惠**：政府為了鼓勵儲蓄，給予每個納稅申報戶二十七萬元的儲蓄投資特別扣除額，儲蓄投資包含銀行存款利息、債券利息、組合式存款的固定收益利息等收入；此外，郵局存款則有金額一百萬以內利息免稅的優惠。

②**股票賦稅優惠**：股票的資本利得併入綜合所得稅計算。股票交易須繳交千分之三的證交稅，交易十億元以下免證所稅，但若交易金額在十億元以上，即須繳交十五％的證所稅；或者，前一年有賣出未上市櫃股票或興櫃股票超過一百張、賣出首次IPO（首次公開發行）股票十張以上，如果扣除買進成本及交易手續費等必要費用後仍有獲利，也須按照十五％稅率計算證所稅，且不得再併入綜所稅。計算證所稅時，盈虧可互抵，若整年度未獲利則可不必繳交。

③**境外來源所得免稅**：由於台灣的所得稅法是屬地主義，因此所有在台灣以外（境外）註冊的海外基金、期貨、選擇權、以外幣計價的連動債

等的投資所得（包含資本利得及股利所得）都不需於本國繳稅。需注意的是，如果該境外國家非為免稅國家，若達該國課稅條件的話，仍然必須在該國繳稅。然而，近來已有境外來源所得需繳稅的改革趨勢。

④**分離課稅的金融商品**：公債、公司債、金融債券，以及短期票券，包括可轉讓定期存單、商業本票、國庫券……等均採分離課稅，目前稅率均為一○%。最近新興的資產證券化商品如結構型商品、不動產證券化商品（REITs）亦採分離課稅一○%。

依據金融賦稅制度的規定看來，綜合所得稅級高於一二%的所得者可以投資分離課稅的金融商品達到合法節稅的目的。

美國肥咖法案（FATCA）對台灣金融機構的影響

二○一三年元月美國「外國帳戶稅收遵從法」（Foreign Account Tax Compliance Act，FATCA）正式實施後，在台金融機構須將持有綠卡之美國公民或美籍稅務居民海外帳戶資料，提供給美國國稅局（IRS），若金融機構未配合FATCA規範，金融機構的美國來源所得、投資收入等將被徵收30%的稅金。

金融賦稅體制與應用方法

一國稅賦體制

原則1 維持租稅公平

- 綜合所得稅應依據個人所得級距課稅，採取收入低者繳交稅率低、收入高者繳交稅率高的「累進稅率」。
- 我國以5%、12%、20%、30%、40%的級距累進。

+

原則2 促進金融市場發展

- 政府應維持金融投資活絡，而過高的稅賦會損及投資意願，降低本國金融的競爭力。

⬇

優惠稅賦

政府為了鼓勵金融交易與金融商品發展，會給予合理的稅賦優惠。

存款利息優惠

- 每個納稅申報戶有27萬元特別扣除額，包含銀行存款利息、債券利息、組合式存款的固定收益利息等。
- 郵局存款則有金額100萬利息免稅的優惠。

股票賦稅優惠

- 股票的資本利得併入綜所稅。
- 交易需繳交千分之3的證交稅，十億元以下免繳證所稅。

境外來源所得免稅

我國所得稅法是屬地主義，在台灣以外（境外）註冊的海外基金、期貨、選擇權、外幣計價連動債等投資所得不需於本國繳稅。

金融商品分離課稅

- 債券、及短期票券如可轉讓定期存單、商業本票、國庫券……等採10%分離課稅。
- 資產證券化商品如結構型商品、不動產證券化商品亦採10%分離課稅。

例如 小張今年的綜合所得額適用40%的稅率，選擇購買一般定期儲蓄存單或可轉讓定期存單，哪一種有合法節稅的功能？

一般定期儲蓄存單

面額40,000,000 元，定存期間1年，利率2%
- 適用儲蓄投資特別扣除額（最高27萬元）

⬇

到期利息：40,000,000元×2%=800,000元

⬇

應稅所得：利息所得800,000元－特別扣除額270,000元=530,000元

⬇

所得稅：應繳稅所得530,000元×所得稅率40%=212,000元

扣除270,000元儲蓄特別扣除額，還有530,000元的所得需課稅

可轉讓定期存單

面額40,000,000元，定存期間1年，利率2%
- 適用分離課稅：稅率10%

⬇

到期利息：40,000,000元×2%=800,000

⬇

繳稅金額：利息所得800,000元×分離稅率10%=80,000元

可轉讓定期存單不計入年度個人綜合所得，而是單獨扣繳10%分離稅率。

80,000元＜212,000元 →具節稅功能

Chapter 8

國際金融市場

　　國際金融市場中，美國的自由度最高，體制最成熟，金融商品也最完善，可做為全球其他金融市場的借鏡，因此，了解美國貨幣市場、股票市場、債券市場的情況，便能掌握全球金融發展的脈動。另一方面，隨著歐元的興起，歐盟已然成為全球最大的經濟體，歐洲金融市場也成為金融發展的核心區域。近期亞洲各國經濟加速成長，一直以來位居亞洲金融中心的香港、新加坡、東京、及新竄起的上海，在未來的發展也不容小覷。

學 習 重 點

- 認識美國的貨幣市場
- 美國聯準會的角色地立
- 美國股票市場如何運作？重要指數有哪些？
- 美國債券市場的商品有哪些？
- 美國衍生性金融商品市場的發展
- 歐洲經濟體整合與金融市場發展
- 歐元誕生後對歐盟與國際金融的影響
- 歐美央行如何挽救經濟
- 亞洲有哪些金融重鎮？

美國的金融發展

美國是世界最大的經濟強國,其社會的高度發展與相對穩定所形成的經濟實力,是支持美國成為國際金融重鎮的條件。其中,美元擁有做為世界各國主要準備貨幣的地位,更成為推進美國金融領先發展的強大動力。

美元的超強地位

二次大戰時英、法等強國經濟遭到重創,遠離戰線的美國經濟實力卻趁機而起,成為最大的債權國,奠定了美國的強權地位。大戰後期,基於戰時各國發生匯率不穩定的困境,世界各國代表齊聚美國的布雷頓森林,針對各國貨幣的兌換、國際收支的調節等問題做出協議,訂定出美元與黃金的固定兌換比例(一盎司等於三十五美元),其他貨幣再各自訂定與美元的固定兌換比例,即為各國貨幣的匯率,這就是以美元為國際貨幣體系中心的「布雷頓森林體系」。在此體系下,各國皆以美元以為主要儲備貨幣,資金運用、調度與結算也以美元為基準。

布雷頓森林體系不但促成戰後國際金融的穩定,更為美國的國際經貿實力及金融地位提供了可擴大增長的基礎。縱然七〇年代美國由於歐日等國經濟復甦、能源危機以及越戰消耗國力等因素,導致美元固定金價與固定匯率崩盤,布雷頓森林體系瓦解,但美元做為各國主要儲備貨幣的優勢地位仍未改變。目前美國仍擁有國際金融優勢,其利率、匯率等的波動對各國金融體系皆有關鍵性影響。

美國金融市場的特色

美國奠定了國際金融市場的地位後,美國金融逐漸發展出三項優於其他國家的特色:①**自由化、國際化程度高**:美國有自由的經濟體制與金融制度,對利率上限、金融機構業務範圍限制等管制已經放寬,資金流動幾無障礙。而在布雷頓森林體制瓦解後,美國政府解除匯率等管制,擴大了國外資金內移的幅度,國外企業或金融機構可以更自由地在美國投資、籌資,也使美國國內金融機構向海外擴展的速度更為加快。②**效率高**:金融交易所依賴的是快捷的資訊傳播速度與正確的傳播內容,才能促進交易效率。美國在資訊科技發達、交易制度成熟的條件下,資訊處理、傳播速度快且透明度高,對交易者而言十分便利,也創造出更多交易機會。③**金融商品多樣化**:除了已發展完備的證券、債券等傳統金融商品外,在金融創新的潮流下,美國擁有的大批技術純熟、經驗豐富的金融專才,為金融創新效力甚大。諸如資產抵押證券、商品指數債券等創新商品皆由美國金融市場首先推出,吸引了來自全球的資金投資。

規模領先全球的金融市場

挾著美元的特權地位以及先進的金融體制之助，美國經濟實力遽增，金融市場也領先發展。以銀行體系而言，美國商業銀行的交易量是世界之首，以紐約的商業銀行為例，美國龐大的進出口貿易都是在紐約的商業銀行結算，大額的外國政府外匯準備、企業的資金等也都存在紐約的商業銀行，商業銀行再透過世界各分行做為橋樑，進一步擴展美國的金融規模。

充裕的資金也帶動美國資本市場的活絡，奠定美國資本市場全球第一的規模，各國大企業因此也會選擇在美國的交易所掛牌募資。再以貨幣市場來看，美國的貨幣市場也由於政經局勢穩定，使政府發行的國庫券、大型企業發行的商業本票等在世界流通廣泛。此外，美國衍生性金融商品市場以雄厚的資本與先進的金融創新技術為後盾，產品創新最快、最多元，現已成為各國跟進的目標。

美國如何成為金融重鎮？

布雷頓森林體系

| 二次大戰後各國經濟結構失調，出現匯率不穩的情形。 | 各國於布雷頓決議，採行固定匯率制。 | 在匯率固定之下，國際貨幣交易秩序趨向穩定。 | 規定美元的固定兌換比例為一盎司等於35美元。 | 各國貨幣再訂出與美元的固定兌換比例，即匯率。 |

美元成為強勢貨幣
- 各國皆以能流通全世界的美元為主要準備貨幣。
- 美元成為國際貿易的主要貨幣。

奠定美國的金融實力
美元的利率、匯率等的波動對各國金融影響甚鉅，使美國成為全球金融的焦點。

特色1 自由化、國際化
美國金融規範寬鬆、資金可自由於國內外移動。

特色2 效率高
美國金融資訊傳播快捷、正確且透明度高，促進交易效率。

特色3 金融商品多樣化
擁有純熟技術的金融專業人員開發許多創新的金融商品。

國外企業可於美國投資、籌資，美國國內金融機構向海外擴展的速度也加快。

可降低交易成本、提升交易意願。

交易標的最多，對資金的吸引力也最強大。

美國成為世界金融重鎮

美國聯邦準備理事會（FED）

美國聯邦準備理事會主導著全球金融變化動向，對於美國國內景氣的因應之道如升降息決策、公布的訊息等皆會引領全球資金流向、改變各國匯率水準，對於國際金融市場產生動見瞻觀的效應，因此聯準會也成為了世界最強勢的金融機構。

聯邦準備制度

　　美國中央銀行體制的「聯邦準備制度」，負責管理全美國貨幣供需、銀行法訂準備金、及審核各銀行經營等業務。其中，相當於我國中央銀行總裁的聯邦準備理事會（FED，簡稱「聯準會」）主席則被公認為全世界地位僅次於美國總統的第二位最具影響力的人物。

　　聯邦準備制度成立於二十世紀初，由於當時各銀行自行發行貨幣流通、信用混亂，美國國會於一九一三年通過「聯邦準備法」，因應美國的聯邦體制設計出既能統一管理、又兼具地區性分工功能的聯邦準備制度。

　　聯邦準備制度由聯準會、聯邦公開市場委員會（FOMC）、地區聯邦準備銀行（FRB）、會員銀行及聯邦諮詢委員會五大成員共同構成。位於華盛頓特區的聯準會是聯邦準備制度的最高決策機構，負責監督美國金融體制的整體運作，並做出貨幣政策如調整聯邦準備金比率等決策。

　　聯準會由七位理事組成，須總統提名、參議院同意後才可任用，通常為具有聲望與經濟專才的學者擔任。另外由聯準會七位理事與五位聯邦準備銀行總裁組成的「聯邦公開市場委員會」職司公開操作政策與操作方針，以影響貨幣的供需與信貸規模，來達成穩定物價、刺激景氣的目標。

　　聯邦準備制度藉由散布在美國各地的十二家地區聯邦準備銀行執行貨幣發行、票據清算的功能，執行聯準會貨幣政策，並供聯邦政府存款；且分別監督地方會員銀行的運作。美國所有經聯邦政府核准設立的國家銀行皆須加入聯邦準備制度成為聯邦準備制度的「會員銀行」。聯邦諮詢委員會則由十二家聯邦準備銀行選出的董事所組成，功能為提供地方意見予聯準會參考。

聯準會的功能與運作方式

　　主導貨幣政策的聯準會須以相關貨幣政策供應國家及銀行的資金需求，擔負經濟與金融順利運作的責任。當景氣過熱、市場貨幣供給過多造成通貨膨脹疑慮時，如同其他國家的央行，聯準會會採取緊縮性貨幣政策，運用貨幣政策工具來調節貨幣供給額；景氣蕭條時則採用寬鬆性貨幣政策來刺激景氣。

　　聯準會運用的貨幣政策工具通常為調整法定準備率、貼現率與藉由公開市場操作影響聯邦資金利率。法定

準備率、貼現率的調整與各國相同，皆是以升息來緊縮貨幣供給、降息以寬鬆貨幣供給。

值得一提的是藉由公開市場操作影響的「聯邦資金利率」，即是美國銀行間的拆款利率。若聯邦資金利率較高，銀行向其他銀行借款取得資金的成本相對較高，借款再行貸放的意願就會降低，因此提高聯邦資金利率可達到緊縮貨幣供給的效果。而降低聯邦資金利率則有寬鬆貨幣的功能。聯邦資金利率並非由聯準會直接訂

聯邦準備制度的架構

聯邦準備制度

聯邦準備理事會（聯準會）

成員：理事7人，由總統提名，經參議院同意。理事任期14年，理事主席4年。
執掌：監督美國金融體制的整體運作，並訂定整體貨幣政策方針、決定聯邦準備金比率、貼現率。

＋

聯邦公開委員會

成員：委員12名，包括聯準會7位理事、紐約聯邦準備銀行總裁、4位其他聯邦準備銀行總裁。
執掌：六至七週開會一次，負責執行公開市場操作的政策，再指示紐約聯邦準備銀行的公開操作室執行。

↓諮詢　　↓管轄　　↓管轄

會前聯準會主席所發表的「景氣褐皮書」，以及會後發布的貨幣政策新聞稿皆會引導美國乃至世界經濟動向。

聯邦諮詢委員會

成員：12個聯邦準備銀行選出代表組成。
執掌：提供聯準會各地經濟情況的資訊，做為貨幣政策的參考。

←選出

十二家聯邦準備銀行

成員：散佈於美國12個地區包括紐約、波士頓等的聯邦準備銀行。
執掌：執行貨幣發行、票據清算的功能，執行聯準會貨幣政策，並供聯邦政府存款；且監督各地方會員銀行。

↓管轄

會員銀行

成員：所有的國家銀行及自願加入的州立銀行。
執掌：依循聯準會的貨幣政策方針進行貸放利率的調整。

↓影響

全美經濟景氣

當銀行提升利率、緊縮貨幣時，會降低企業借款擴廠及個人借款消費的意願，使市場景氣冷卻。

當銀行降低利率、寬鬆貨幣時，企業借款擴廠及個人借款消費的意願提升，可以刺激市場景氣。

定，而是由掌管公開市場業務的聯邦公開市場委員會制訂目標水準，再由買入或賣出國庫券、財政債券、聯邦機構證券等方式來放寬或緊縮市場資金，以推動利率達成目標水準。

和其他國家央行相同，公開市場操作是聯邦準備系統中最重要的政策工具，因此，聯邦公開市場委員會的政策方向就成為備受關注的目標。聯邦公開市場委員會成員固定每隔六至七週集會一次，由聯準會主席主持，負責決定利率政策，再指定紐約聯邦準備銀行執行。會前聯準會會就當時十二個聯邦準備銀行轄下地區的經濟情勢發表「景氣褐皮書」，做為貨幣政策方向的指引。會議中會議決提高或降低利率，及何時、如何買賣聯準會持有的國庫券、財政債券等資產組合。會議次日會由聯準會主席發布新聞稿告知決策結果。決策結果至少會影響未來半年到一年內美國民眾與企業的借貸利率、消費支出、民間投資、進出口貿易等情況，進而帶動就業狀況、物價水準甚至GDP的發展趨勢，對美國的經濟走向有著決定性的影響。

聯準會對國際的影響

由於美國扮演全球經濟龍頭角色，帶動世界其他國家的經濟走向，且美元是國際貿易及外匯交易中最主要貨幣，故聯準會對利率的決策對世界各國具有指標作用。甚至聯邦公開市場委員會開會前的「景氣褐皮書」就已能造成國際金融市場的注目。例如當聯準會採取升息策略，可對內達到景氣降溫與抑制通貨膨脹的效果，對外也吸引外國資金移入，進而帶動美元升值。

對世界各國而言，當美元升值相對就會造成他國貨幣兌美元貶值的結果，導致進口商利潤減低、出口貿易利潤增加，因此對於進出口產業的影響相當大。除此之外，聯準會升息從各國吸走的資金也會造成他國經濟環境、投資環境的不良影響。因此，美國升息會使各國央行面臨升息壓力。各國央行對於本國經濟情勢、展望的判斷下，也可能會為了維持匯率的穩定、降低對出口產業衝擊等考量下而跟隨升息。

聯準會對國際經濟的影響

當美國景氣過熱，產生通貨膨脹時	當美國景氣蕭條，有通貨緊縮危機時

聯準會採取緊縮性貨幣政策，決定升息	聯準會採取寬鬆性貨幣政策，推動降息

聯準會調升法定準備率、貼現率	聯邦公開市場委員會藉由出售國庫券、聯邦機構證券收回市場資金，推升聯邦資金利率。	聯準會調降法定準備率、貼現率	聯邦公開市場委員會藉由買入國庫券、聯邦機構證券釋出大量資金，引導聯邦資金利率下降。

貨幣供給緊縮

- 對內使景氣降溫、抑制通貨膨脹。
- 對外吸引外國資金移入，帶動美元升值。

貨幣供給寬鬆

- 對內產生使景氣升溫、抑制通貨緊縮效果。
- 對外吸引外國資金移出，造成美元貶值。

對各國經濟情勢的影響

影響1

造成他國貨幣貶值，不利於進口貿易利潤。

影響2

使他國資金流向美國，對他國經濟環境、投資環境不利。

各國央行衡量情勢，也可能跟隨升息，避免兩國利差造成不利影響。

對各國經濟情勢的影響

影響1

造成他國貨幣升值，不利於出口貿易利潤。

影響2

使資金由美國流向他國，刺激他國景氣升溫，帶來通膨危機。

各國央行也可能跟隨降息，避免兩國利差帶來不利影響。

FED以印鈔票挽救金融海嘯

二〇〇八年美國發生次級房貸風暴，造成全球金融市場陷入資金流動的停滯，引發全球金融海嘯。聯準會為積極救市，於二〇〇九年推出「量化寬鬆貨幣政策」，簡稱QE，四年期間共分別實施四輪，此舉也讓美國經濟露出緩步復甦的跡象。

什麼是量化寬鬆政策？

量化寬鬆（Quantitative Easing，QE）是傳統經濟學理論中寬鬆貨幣政策的一種方式，透過中央銀行調降利率、以及在公開市場購買債券或證券等方式，從金融體系釋出大量資金，增加民間的貨幣流通量，使民眾、企業在低利率之下，提高消費與投資意願，達到重振經濟的作用。由於央行背負著穩定物價、提振經濟、降低失業率的任務，所以，當物價有長期通縮之虞、就業市場又低迷不振時，央行便會採取QE來挽救經濟。

但美國在二〇〇八年金融海嘯後，當時聯邦準備率已趨近於零，已無法用調降利率的傳統手法來促使民眾及企業提高消費與投資的意願，FED（聯準會）於是以不斷「印鈔票」的方式買回已發行的長期債券，藉此將大量貨幣回流民間。

美國實施 QE 的過程

美國之所以實施QE，起因可溯自二〇〇七年的美國房市泡沫，導致多間大型的金融機構倒閉。在美國經濟面臨嚴重衰退、失業率居高不下、房市低迷不振，貨幣政策利率又已接近於零的狀況之下，FED主席柏南克

（Ben Shalom Bernanke）於二〇〇八年十一月率先宣布實施第一輪量化寬鬆政策（簡稱QE1），以挽救美國金融機構及金融體系為短期目標、提高就業水準及幫助經濟走出通縮為中長期目標。於是FED大量印製鈔票，以一・二五兆美元購買由瀕臨破產的「二房」──房地美（Fannie Mae）、房利美（Freddie Mac）、及相關銀行發行的抵押貸款證券（Mortgage-Backed Security，MBS）；另同時買回三千億美元的美國公債、及二千億美元的機構債券，總共釋出的資金規模達一・七五兆美元。

然而QE1結束後，美國經濟成長仍缺乏動能，失業率仍高達九・六%，物價依舊低迷，政府又因為財政赤字無法增加支出，故二〇一〇年十一月FED宣布再度實施第二輪QE（簡稱QE2），總釋出資金規模六千億美元，主要用於購買美國財政部發行的長期公債，每月購債金額達七百五十億美元，希望對市場注入流動性資金，持續壓低美債利率，提高投資與消費意願。

QE1及QE2執行期間，在超低利率的情況下，資金大幅流向商品市場，推升了股市及原物料價格，引發

了全球性通膨的疑慮。但美國就業市場仍舊復甦緩慢，民間投資意願依然低迷，FED於是又於二〇一二年九月再度推出新一輪的寬鬆措施（簡稱QE3），每月購買四百億美元的抵押貸款證券（MBS）。與前兩輪不同的是，QE3並無明確截止日，將持續實施至美國就業市場復甦為止。

二〇一二年十二月十二日，FOMC會議（美國聯邦公開市場委員會）決議再度加碼，自二〇一三年一月起，每月再增四百五十億美元，即執行期間每月購債規模達八百五十億美元，一般認為此舉為QE3的再延長，或稱做QE4。

美國QE退場的時機

二〇一四年初，美國經濟逐漸呈現復甦，QE退場的時機開始引起全球關注。FED在二〇一三年十二月十八日的會議中，決定於隔年一月起將QE逐步退場，即使失業率降到6.5%以下，超低利率仍將持續一段時間。新任FED主席葉倫（Janet Louise Yellen）於二〇一四年二月上任後，仍將延續先前政策，強調QE將視未來經濟狀況有秩序地退出。

FED實施QE政策的效益

QE進程	QE1	QE2	QE3	QE4
期間	2008～2010年	2010～2011年	2012年～經濟情況好轉	2013年～就業市場轉（稱為QE3的延展）
資金規模	1.75兆美元	6,000億美元	每月400億美元	期間每月850億美元
背景	金融海嘯	美國經濟放緩	提振就業市場	提振就業市場
效果	●有效阻止次貸危機之金融機構流動性問題 ●債券殖利率下降 ●美元走貶 ●股市上漲 ●失業率及消費者信心指數未見起色	●債券殖利率仍維持低檔 ●美元走貶 ●股市上漲 ●失業率未能有效下降 ●民間消費投資逐步增加	●股市上漲 ●失業率稍微下滑，但仍處於7.8%上下 ●維持低利率 ●房地產緩步復甦	●維持低利率減輕財政壓力 ●房地產逐步復甦 ●失業率緩步下滑至7.4% ●2014年初，開始實施每月850億美元購債計畫，月遞減100億美元，至3月底總購債金額已降至550億美元
對世界的影響	1.熱錢流入亞洲、拉丁美洲、非洲等新興市場，使其貨幣升值，進而對其出口造成衝擊，影響經濟成長。 2.在熱錢流竄及投機客炒作下，美國原物料價格開始上揚，推升商品物價上揚，引發全球各國通膨危機，包括全球原油價格、商品價格、甚至糧食價格，均有明顯漲勢。 3.長期低利率，連帶使房價逐步高漲，資產泡沫顯現。亞洲房市近年漲勢凶猛，包括台灣、香港、大陸，新加坡等地房價全面走高，各國政府紛紛祭出抑制房價措施。			

美國股票市場

美國的股票市場經歷兩百多年的發展，已發展出完善的法規制度與便利的交易規則，吸引了全球資金的挹注，市場規模堪稱世界第一。除了本國企業外，同時有來自各國一流企業掛牌上市，因此美國股市表現對於各國股市具有引導的指標性作用。

自由化、國際化的股票市場

相較於各國股票市場主要以國內股票交易為主，美國股票市場的自由化、國際化程度則領先世界各國。由資金供給者的角度觀之，由於美國股票市場具有交易管制少、稅收不高、流動性強等相對自由化的條件，因此吸引來自全球的資金，進而促成了交易的暢旺。由資金需求者的角度而言，美國經濟大國的地位以及充足的資金，使得美國股票市場匯聚了各國企業掛牌，且多經營大宗交易，因此，美國的股票市場規模可說堪居世界第一。

美國主要的股票交易所

和各國股票市場相同，美國的企業要對大眾募集資金時，會在初級市場（發行市場）公開發行股票。一經初次公開發行的程序，企業就成為股票掛牌公司，可以正式在次級市場（流通市場）中交易。此外，股票交易須受證券法的規範及聯邦證券交易委員會的管轄，以維護大眾交易安全。

和台灣的上市、上櫃公司各有不同審查標準相似，在美國符合不同上市標準的公司會在不同的交易所上市，全國性的交易所主要有紐約證券交易所（NYSE，簡稱紐約證交所）以及納斯達克交易所（Nasdaq）。

紐約證交所

已有兩百多年歷史的紐約證交所位於紐約的華爾街，是目前全球最大的證券交易所。對於上市公司的審查標準較嚴格，因此只有世界五百大企業等大型績優股才能在證券交易所掛牌，如奇異、波音公司、福特汽車、通用等。

二〇〇六年六月，紐約證券交易所宣布與泛歐股票交易所合併組成NYSE Euronext（紐約泛歐證交所），截至二〇一三年九月底，在紐約證券交易所掛牌的上市公司有三，七二一家，美國本土公司有一，九六九家，其他國家則有一，三〇二家。我國的台積電、聯電美國存託憑證也在此掛牌。

紐約證券交易所傳統以來都是以人工議價方式完成股票交易，由股票交易員依客戶所開出的買賣條件在大廳內尋找買主或賣主，經討價還價後達成交易。近來則與電腦自動撮合的交易機制並行。

納斯達克交易所

成立於一九七一年的納斯達克交

易所和紐約證交所不同，並不存在集中的實體交易場所，而是採用「美國證券商協會自動報價系統」，由經紀商及自營商所組成，以代客操作的方式透過電話、或電腦議價方式達成交易。

在納斯達克交易所掛牌交易的主要是知名的高科技公司，例如微軟、思科、英代爾、雅虎、亞馬遜網路書店等。截至二○一三年九月底，

存託憑證是什麼？

「存託憑證（DR）」是指在本國證券市場流通買賣的外國公司有價證券之可轉讓憑證，可以節省跨國交易的高額成本以及解決交割延誤問題，交易方式等同於本國證券。由於存託憑證主要是向美國投資人發行、並在美國證券市場交易，所以最常見的是「美國存託憑證（ADR）」。

重要的美國股票指數

	納斯達克100指數	標準普爾500指數	道瓊工業指數
組成成分	在納斯達克交易所掛牌上市的前百大本國高科技普通類股組成。	自紐約證交所及美國證交所股票中選出500支代表性股票組成。	以30支傳統體質良好績優股組成。
指標成分股	微軟、思科、英代爾、雅虎、亞馬遜網路書店	蘋果電腦、杜邦、波音公司、福特汽車、通用電氣	IBM、可口可樂、麥當勞、寶鹼、花旗集團
成分股類別	電腦設備製造、半導體、通訊設備及醫藥生化等高科技類股。	400家工業類股、40家公用事業、40家金融類股及20家運輸類股，占紐約證交所股票總值80%以上。	各個產業最具有代表性的公司，且以工業股票為主。
參考方向	為觀察高科技產業發展的重要參考指標。	選股考量了市值、流動性及產業代表性，為投資機構、基金經理人操作績效的重要參考指標。	為各產業具代表性的公司精選，對美國整體股市的表現最具公信力。

在納斯達克交易所掛牌的上市公司有
二，七〇九家，美國本土公司有二，
三五三家，其他國家則有三五六家。

美國主要的股價指數

美國主要的股價指數包括道瓊工
業指數、標準普爾500指數及納斯達
克100指數三種。道瓊工業指數是由
三十家具代表性的傳統績優股如波音
公司、可口可樂等所編制的股價加權
平均指數。由於這些公司在產業中具
有極大的影響力，因此道瓊工業指數
相當受市場重視，可以做為判斷美國
整體經濟表現的指標之一。

標準普爾500指數則是由知名的
信用評等機構標準普爾公司挑選出
五百家各產業具代表性的領導企業所
組成，可做為測量美國前五百大公司
股票市場表現的標準，也廣為分析師
用做預測股市脈動的基準。大部分的
基金經理人會以其做為投資參考依
據，相當具有權威性。

納斯達克100指數則是由在納斯
達克交易所上市挑選出前百大公司的
股票組成，對於高科技業而言更有參
考價值。

美國股市對世界金融的影響

世界各國股市皆然，在經濟景
氣、企業產能大增時，股市交易熱絡
之下，股價自然升高；在經濟蕭條、
企業表現衰退，股市自然交易冷清，
股價也就下滑。然而，美國的股市表
現對於各國股市及國際金融有著更大
的影響。

由於美國的經濟領先全球的地
位，美國大企業若有增產需求，對各
國企業的訂單、代工也會擴增，獲利
也就增加，企業股價自然上升；相對
地，當美國大企業減產，也會連帶影
響各國企業的獲利、進而使得股價下
跌。因此代表美國經濟榮枯的美國
股市可謂是各國股市與產業的領先指
標。例如代表各科技類股的納斯達克
100指數，和台灣許多高科技概念股
息息相關，與台灣股市表現連動性很
高。

除了產業需注意美國股市之外，
各國專業投資機構、基金等經常以美
股、或是與美股連動的衍生性金融商
品，美股的漲跌對其投資收益會造成
很大的波動，其中尤以金融股影響最
大。例如次貸風暴後，美股大跌，各
國的金融股都受到了波及，股價隨之
大跌。

美國股市表現對各國的影響

美國是世界經濟重鎮

居於全球生產活動中心的美國企業，對於產量
的增減需求均會影響世界各種產業的發展。

美國股市大跌	美國股市大漲

 表示美國經濟
景氣不佳

 表示美國經濟
景氣趨向熱絡

 美國企業傾向減
產，對外下訂單、
代工的需求減低

美國企業傾向增
產，增加對外下訂
單、代工的需求

各國企業由接單、
代工所得的獲利也
會遽減

 各國企業由接單、
代工所得的獲利也
相應增加

 各國股市也會相應
下跌

各國股市也會上漲

美國債券市場

美國政府、企業習於舉債經營，債券市場是全球規模最大的金融市場，債券產品特別多樣，且不斷推陳出新，成交量甚至比股票市場還大好幾倍。此外，美國債券的多樣化、及不斷推陳出新，也成為世界各國債券市場師法的典範。

特色①：市場規模大

由於美國政府習慣採「赤字預算」，政府的支出超過稅收，故需要藉由舉債來籌措財源。大企業也有透過發行債券來籌措資金的慣例，也由於發行債券的政府、優良企業的債信良好、倒帳風險低，因此也廣受投資人的信賴。例如美國境內投資者、各國中央銀行，以及外國投資機構如投資銀行、商業銀行、債券型基金等，都以美國債券市場金融商品為投資標的，因此使得美國債券市場規模為全球第一，發展也較其他各國更為蓬勃。

特色②：產品多樣化

在美國債券市場中交易的商品包括美國聯邦政府發行的「聯邦國庫債券（US Treasury）」、地方政府債券、一般企業所發行的公司債等傳統債券商品。美國債券市場在原有的發展基礎上，隨著金融創新的風潮，債券市場的交易商品也日益推陳出新。主要的創新方式表現在債券的發行條件和還本方式上，例如以連結匯率或股價指數等方式計付息做為發行條件；或是加入發行公司的買回權、或投資人的賣回權條件以擴大還本的彈

性。此外，也開創出利用繁複的財務工程與貨幣市場、股票市場的商品重新組合的連動式債券、可轉換公司債等金融商品。這些種種的創新方式都是由美國債券市場首先帶動，也更進一步地擴展了美國債券市場的規模。

特色③：信用評等制度

由於美國債券市場的商品眾多，為了從中分辨品質優劣的次序，美國發起了信用評等制度。債券的信用評等主要是依據發行者的償債能力來評鑑債券的等級，由專業機構對債信進行認證，讓發行者可依其本身信用取得資金，而不需藉由其他擔保品來強化信用，這對債券發行者而言有降低發行成本的好處，對投資者的判斷也更為容易。評等愈高、投資風險愈低，相應的債券利率也就會降低。便利的信用評等制度也使得債券市場發展更為快速。

目前美國有標準普爾和穆迪兩家專業信用評等機構，其債信評等幾乎涵蓋了所有的美國債券市場，世界各國政府、企業發行債券時也會委託其進行評等。標準普爾-BBB級以上、穆迪-Baa級以上的等級定義為投資等級，可做為一般投資者投資的參考指

標。而當信用評等機構因發行者財務、營運狀況改變而調升（降）債信評等時，債券的市價也會隨之波動。

美國債券市場的交易

和其他國家相同地，美國債券市場同樣有集中市場及店頭市場之分：美國公債以標售方式發行，參與者以主要交易商為主，並於集中市場如紐約證交所掛牌交易。公司債及一般結構型債券等衍生性債券則在店頭市場如納斯達克證交所交易。

美國債券市場三大特色

特色1
舉債經營的慣例
美國政府習慣舉債籌施政計畫所需資金、大企業也習慣舉債募資。

債信較優
美國政府幾乎沒有倒帳風險，由大企業發行的債券倒帳風險低，具有投資價值。

債券市場規模大
債券市場內資金需求量及供給量大，發展蓬勃。

特色2
傳統的債券商品
美國聯邦政府發行的「聯邦國庫債券、洲政府政府發行的「地方政府債券」、一般企業所發行的公司債等。

創新的債券商品
● **發行條件創新**：計付息及還本方式改變，或是加入發行公司的買回權或投資人的賣回權等。
● **與其他金融商品組合**：如將債券、股票及選擇權組合設計出可轉換公司債。

產品多樣化
債券市場內的金融商品不時推陳出新，創新速度居全球之冠。

特色3
發行者信用認證需求
發行者希望不必藉由提供擔保品就能強化信用，使發行效率快、成本低。

投資者的選擇需求
在眾多債券中，投資者希望能有判斷品質優劣的客觀標準。

首創信用評等制度
有標準普爾、穆迪兩家專業機構，為債券商品信用進行評等，已具市場公信力。

美國貨幣市場

貨幣市場的主要功能是使一年以下的短期資金能夠藉由短期金融商品有效提供給資金需求者做為周轉使用。美國貨幣市場活絡的交易不但促進了短期資金融通的便利，其交易利率也具有引導其他金融市場利率的作用。

貨幣市場 ①：短期票券市場

和其他國家短期票券市場相似，美國短期票券市場是以聯邦政府發行的國庫券、企業發行的商業本票、及銀行發行的可轉讓定期存單等金融工具為主。美國由於政治經濟局勢穩定、大型績優企業多，所發行的短期票券也是投資人樂於持有的，因此美國的短期票券市場在全球具有最大的規模。

值得一提的是，由於國庫券是由美國聯邦政府所發行，相較之下幾乎零風險，安全性及流通性高，因而買賣價差小，且免繳州稅，幾乎與現金無異。因為這些因素，國庫券的利率就成為貨幣市場利率的基準，當國庫券利率產生波動時，其他短期票券利率也會受其影響而有所變動，具有引導市場利率的作用。

貨幣市場 ②：聯邦資金市場

聯邦資金市場為美國銀行間隔夜拆款交易的市場，交易利率即為聯邦資金利率。聯邦資金利率是由美國聯準會透過對於貨幣政策所決定，例如由聯邦公開市場委員會藉由公開市場操作來買賣有價證券，藉以收回或釋出資金，達到調節市場資金水位、引導利率升降的效果。

聯準會也藉著聯邦資金利率的調整向美國本土以及世界各國宣示貨幣政策目標與未來的經濟走向，調升聯邦資金利率目標象徵緊縮性貨幣政策、調降則代表寬鬆性貨幣政策。因此不但短期票券市場的利率會隨聯邦資金利率同步升降，其他金融市場如證券、外匯等也會有連動反應，足見聯邦資金利率的重要。

貨幣市場 ③：歐洲美元市場

由於美元在戰後成為世界各國存款準備貨幣以及貿易往來的主要貨幣，各國多將所持有的美元存放於美國當地的銀行，然而前蘇聯、東歐國家由於在政治上與美國敵對，為了避免將存款準備存放在美國銀行被美國沒收或凍結，因而轉將美元存放在歐洲銀行或美國銀行在歐洲的分行。這些存放於美國境外的美元存款稱為「歐洲美元（Eurodollar）」，而專門承做境外美元存款的市場稱為「歐洲美元市場」，計息方式以倫敦銀行間拆款利率（LIBOR）為準。

其中，以特別是歐洲金融重鎮倫敦的歐洲美元市場交易最為龐大，歐洲美元清算中心也位於倫敦。隨著美

元的強勢發展，目前歐洲美元市場的地理範圍已不侷限於歐洲，而是擴及至全世界。

歐洲美元的金融機構主要為各國銀行以及美國銀行的海外分行，存款人多為商業銀行、各國央行及政府；主要借款人則為跨國企業。

由於歐洲美元帳戶不受美國法令的限制，具有免稅、不需繳納法定準備金的優勢，存款利率高於美國境內的美元存款利率，且能避開各國的外匯管制，流動性高。因此各國的美元資金、甚至包括許多美國本土的資金均流向承做歐洲美元的銀行存放，使歐洲美元市場更進一步地擴大。

歐洲美元與歐洲美元市場的特色

戰後美元成為主要貨幣
世界各國的外匯準備貨幣大部分均為美元，國際貿易也多以美元支付。各國所持有的美元多存放於美國當地銀行。

冷戰期間美蘇壁壘分明
前蘇聯、東歐國家由於在政治上與美國敵對，存於美國當地銀行的美元有遭沒收或凍結之虞。

轉將美元存於歐洲銀行
前蘇聯、東歐國家轉而將美元存放在歐洲銀行或美國銀行在歐洲的分行。其中尤以倫敦的銀行為主。

歐洲美元誕生
國際金融界將這些存放於美國境外的美元存款稱為「歐洲美元（Eurodollar）」，其交易市場稱為「歐洲美元市場」。

特色❶ 免受美國金融法令限制
歐洲美元帳戶免稅，且不需繳納法定準備金，存款利息較高，通常以倫敦銀行間拆款利率（LIBOR）計息。

特色❷ 流動性強
各國在歐洲美元帳戶的存、放款可以避開該國的外匯管制，流動性較高。

歐洲美元市場茁壯
● 各國的美元資金流向歐洲，歐洲美元市場發展迅速。
● 發展至今，凡是美國境外的美元存款，不論是否是存於歐洲的銀行，一律稱為歐洲美元。

美國衍生性金融商品市場

美國已有發展健全的股票、債券、短期票券等傳統金融商品，避險和套利的需求相當高，也促成衍生性金融商品市場的領先發展。近年來在金融創新的發展之下，又將傳統衍生性金融商品再設計、組合為更新型的商品，各國也引為發展模範。

衍生性金融商品的創始國家

由於美國地大物博，盛產大豆、小麥、玉米等農產作物，最早進行事先訂定交易量、交易價格以避險的期貨交易也是由美國率先開始。一八四八年美國中部的農產交易重心芝加哥成立商品交易所，專門從事商品期貨交易，是美國衍生性金融商品主要交易所——芝加哥商品交易所（CME）的前身，當時就已奠定了美國在衍生性金融商品的優先地位。

到二十世紀七〇年代，期貨的操作標的又延伸至外匯期貨、債券期貨等範疇。選擇權的交易也是於七〇年代由芝加哥交易所首先提供標準化的契約範本，且由交易所結算損益以確保合約的進行。

多元化的衍生性金融商品

由於美國金融市場規模最大、交易商品、交易量也居世界之冠，大型投資機構在龐大交易下產生了利率、匯率波動的價格風險，為了維護獲利的穩定，因而也衍生出避險的需求。

再者，由於美國企業擴展迅速，資金需求較其他國家企業來得大，也需要透過更多、更新型的金融商品籌資。以上種種實際的交易需求，再加上美國領先群倫的財務工程技術，培養出了一批財務工程師及分析師，能善用財務工程技術開發新的金融產品。最後終於促成美國成為衍生性金融商品快速創新、以及商品最多元化的國家。

由美國領先發展的衍生性金融商品除了各種商品、利率期貨、以及股票、外匯選擇權等較傳統的衍生性金融商品外，近期又發展出許多更新的商品，例如興起於九〇年代初、追蹤股價指數的指數股票型基金（ETF）。而由芝加哥商品交易所發行的「標準普爾500指數ETF」也吸引美國國內外大批資金，此後針對道瓊、納斯達克等指數的ETF也紛紛問世。不僅於此，甚至發展出組合多種衍生性商品的結構性商品，可以依據個別投資者的需求設計。目前，美國的衍生性商品市場的發展愈來愈靈活多元，更加穩固了美國金融大國的地位。

美國衍生性金融商品交易 ◆

美國的衍生性金融商品交易所以芝加哥商品交易所為代表，投資標的舉凡農產品和礦產等商品期貨、外匯期貨、指數期貨等，相當多樣化。交易方式和各國相同，投資者可在交易所查詢到投資標的的合約規格，繳交保證金之後即可投資。

獨步全球的美國衍生性金融商品市場

美國發展衍生性金融商品的進程

十九世紀首創期貨交易所	二十世紀擴展交易標的	首先提供選擇權契約範本
美國幅員廣大，農、礦產豐富，最早發展出事先訂定交易量、交易價格以避險的期貨交易。1848年首先成立芝加哥商品交易所。	期貨的操作標的又延伸至外匯期貨、債券期貨等範疇。	芝加哥交易所首先提供標準化的選擇權契約範本，且由交易所結算損益。選擇權交易更穩定、安全。

先進的財務工程技術

美國科技先進，財務工程人員、分析師等人才眾多，善用財務工程技術開發新的金融產品。

衍生性金融商品市場規模最大

美國的衍生性商品創新速度最快、商品最多元化、市場規模最大。

實例1 指數股票型基金（ETF）

開發出追蹤股價指數的指數股票型基金，新型商品吸引了國內外大批資金。

實例2 結構型商品

以財務工程將多種衍生性商品組成結構性商品，如連動式債券，甚至可以依據個別投資者的需求量身訂做專屬商品。

歐盟成立對歐洲金融的影響

戰後美國成為獨霸的經濟強權，傳統歐洲強國如德、英、法等在不甘落後的情況下，亟欲整合經濟和統一貨幣以擴大經濟實力。歐洲金融也隨著歐盟成立的進程而發展，由歐元的順利整合，強化了國際金融實力。

歐洲金融版圖的誕生

二戰後，歐洲各國在經濟緩步復甦時，體認到國際間關稅、貨幣等貿易障礙對於經濟發展的阻礙，因此有了歐洲區域經濟整合的共識。一九五七年在消除貿易障礙的目標下，德國、法國、義大利、荷蘭、比利時、盧森堡等六國結成歐洲經濟共同體；一九九二年擴大成立歐洲聯盟（EU，簡稱歐盟），致力於剷除會員國之間的經貿障礙、貨幣統一以及金融市場整合三個方向，以利經濟規模擴大發展。

在剷除經貿障礙方面，依據歐盟經貿法規，歐盟內的資金、人力等皆可在無障礙的條件下自由流通，使經貿成本大為減低。貨幣統一則完成於二〇〇二年，法定貨幣歐元（Euro）開始在市場流通，匯兌風險降低之下，使得歐盟在全球經濟的重要性大大提升。金融市場整合則由歐洲當地證券市場開始，如巴黎、阿姆斯特丹、布魯塞爾三個交易所就於二〇〇〇年合併為泛歐證券交易所（Euronext）。

歐盟發展至今，已是世界最大的經濟體，會員國已達二十八國，經濟產值約占全球經濟的四分之一。廣闊金融版圖以及歐元已成為影響全球金融市場的新勢力。

歐元的發展與影響

美元是全球最主要的準備貨幣，全球對準備貨幣的需求高，因此美元於外匯市場的流通性高、交易成本也低，對美國經貿與金融實力的優勢地位可說是一大助力。有鑑於此，歐盟也期望由單一貨幣歐元的成立，來與美元勢力抗衡。為此，結合了以歐元為官方貨幣的十五國之力，以整合歐洲金融、統一貨幣為務的「歐洲經濟與貨幣同盟」於一九九九年成立，統一發行歐元以及制訂單一貨幣、利率政策，同時維持經濟穩定的歐洲央行也開始運作。

依規定，欲加入單一貨幣體系的歐盟國家必須遵守通貨膨脹率不得高於表現最佳國家的三％、長期利率不得超過利率最低國家的二％、匯率波動維持於一定區間、政府預算赤字不得超過GDP的三％，以及公債發行不得超過GDP的六〇％等五大條件。在此條件下，歐洲央行得以確保新加入國的經貿情況及原有貨幣幣值均已穩定、以及物價水準與其他國家差異不大等要素，再訂定歐元和原有貨幣的

固定轉換比率。如此一來，採行單一貨幣對於幣值的波動也會減低，可以維護交易的安全。

歐元成立至今，除了英國因評估英鎊已居國際金融關鍵地位，以及英國與歐洲大陸景氣循環週期不盡相同、不宜採用單一貨幣及利率政策等原因而未加入歐元體系外，大部分歐盟成員國均以歐元為官方貨幣。歐元帶來交易成本降低、匯兌風險消失、市場流動性增加等有利因素，藉此提升對美元的競爭力。

除了對外，對內也有許多好處，在統一貨幣之下，諸如政府公債、商業銀行放款，甚至到多元的衍伸性商品，不但少了匯兌的風險，商品價格也更為透明，增加了歐洲各國間資金的流通量與流通速度，使金融市場也因歐元整合而更快速發展。另外，歐盟在統合貨幣後實質經濟整合程度更為加強，經貿實力遽增，也提高了歐盟在國際經貿的優勢。

歐洲金融版圖的誕生

戰後美國領先全球
- 美國本土未受戰火波及，經貿實力領先歐洲。
- 美元成為全球通用貨幣，占有絕對優勢。

歐洲力圖振作
- 藉由整合來剷除關稅、貨幣等貿易障礙，加速經濟發展。
- 希望成立能與美元對抗的單一貨幣。

成立

歐盟（EU）

經貿無障礙
歐盟內資金、人力等條件皆可在無障礙的條件下自由流通，使經貿成本大為減低。

統一歐元（Euro）
歐盟國家交易不再有匯兌風險之下，提升經濟發展。

金融市場整合
巴黎、阿姆斯特丹、布魯塞爾證券交易所合併為「泛歐證券交易所」，降低交易成本。

歐元對提升歐盟經貿實力收效最大

影響1
對美元競爭力提升
歐元統一可降低匯兌的成本以及風險，歐元的市場流動性高，增強對美元的競爭力。

影響2
加強金融實力
金融商品交易具有匯兌風險降低、價格透明化的好處，增加了歐洲各國間資金的流通量與流通速度，擴大金融市場。

影響3
增強經濟整合力道
歐元使資本移動無障礙，有利歐盟國家內的經濟整合速度。

歐洲中央銀行（ECB）

歐盟整合後已成為全球第一大經濟體，以歐洲中央銀行做為統一發行貨幣及訂定貨幣政策的決策機構。目前，歐洲央行對歐盟各國的財經政策與全球金融市場的影響，已僅次於美國聯準會。

歐洲央行的組織架構

歐洲中央銀行（European Central Bank，ECB）於一九九八年成立以來，對外統一發行歐元為官方貨幣，以及掌管歐盟會員國的貨幣政策，現已成為歐盟最高貨幣主管機關，亦是世界上第一個管理跨國家貨幣的中央銀行。而歐元區各國原本的中央銀行則成為歐洲中央銀行體系的附屬成員，協助對國內歐洲央行執行政策，構成歐洲中央銀行體系（European System of Central Bank，ESCB）。

歐洲央行總部設在德國的法蘭克福，主要包括「執行委員會」、「決策委員會」和「一般委員會」等三大委員會。執行委員會由歐洲央行總裁等六位理事所組成，須經歐洲議會的同意才能就任，主要負責執行貨幣政策決策或指導原則。決策委員會由六位執行委員會理事、與歐元區各國的十五位央行總裁共同組成，負責確定貨幣政策、保持歐元區內貨幣穩定及執行外匯操作。一般委員會則由央行總裁、副總裁及歐盟所有國的央行總裁組成，任務是擔任諮詢或顧問、蒐集統計資料及準備央行年報等，以確保歐盟中的歐元國家與非歐元國家溝通無礙的功能。

歐洲央行的功能與運作方式

隨著歐盟的成立及歐元單一貨幣與利率的實行，各國央行的貨幣政策及財政政策自主權亦將轉移至歐洲央行。歐洲央行的首要任務目標在於維護歐元區物價的穩定，所執行的貨幣政策與其他國家相同，亦是由貨幣的緊縮與寬鬆來調節市場的資金水準，帶動利率的升貶，進而影響銀行的信貸規模，達到刺激景氣降溫或升溫的目的。主要的貨幣政策工具與美國央行相同，是以銀行之間的拆款利率水準做為指標利率。

與他國不同的是，做為跨國貨幣管理機構的歐洲央行特別面臨一項難題：在單一貨幣及利率之下，雖有利於整體歐元區的經濟整合，但相對地，由於各國經濟情況有所差異、景氣循環階段也不盡相同，單一貨幣及利率勢必對每個歐元國家有大小不一且不同步的衝擊。例如當歐陸某些國家如西班牙通貨膨脹、物價上揚，其他國家如德國卻可能呈現通貨緊縮、物價下滑的趨勢。

有鑑於此，歐洲央行對利率的決策考量也有所不同，在衡量各國通膨率的差異性後訂定出一個平均物價水準標準，以決定貨幣政策方針。例如

歐洲中央銀行體系

執行委員會

成員：由總裁、副總裁等6位理事所組成。

執掌：執行貨幣政策決策或指導原則。

決策委員會

成員：6位執行委員會理事與歐元區各國18位央行總裁共同組成。

執掌：確定貨幣政策、保持歐元區內貨幣穩定及執行外匯操作。

一般委員會

成員：由央行總裁、副總裁及歐盟所有國家的央行總裁組成。

執掌：擔任諮詢或顧問、蒐集統計資料、準備央行年報等，增進歐元國家與非歐元國家的溝通。

影響

歐元區各國中央銀行

成員：歐元區各國如德國、法國、義大利等18國中央銀行為附屬成員。

執掌：協助對國內歐洲央行執行政策，負責各國銀行的監理等。

管轄

各國銀行

執掌：依循歐洲央行的貨幣政策調整貸放利率。

歐元區各國的經濟景氣皆會受到
歐洲央行貨幣政策的影響

當大部分歐元國家物價穩定，若只有少數國家物價飛漲，對於平均物價水準則不會有太大影響，歐洲央行也不會改變貨幣政策方針。

歐洲央行貨幣政策會參考美國聯準會貨幣政策

歐盟整合、歐元成立後經濟實力擴大，而歐洲央行是歐元區最高的貨幣決策機構，因此對於國際金融也具有極高的影響力，展現出與美國抗衡的趨勢，使得各國投資人及投資機構必須同時緊盯美、歐兩個市場的動態來決定資金的流向。

例如當歐洲央行成立運作之初，正逢美國景氣上升，當時美國採取緊縮性貨幣政策，以升息來對抗通膨，然而，當時歐洲利率便低於美國，因此資金便由歐洲流向美國，造成歐元的大幅貶值，引起歐洲資產貶值的不利結果。此後，歐洲央行的利率政策改以配合美國聯準會的政策，將利率調至較美國為高，吸引資金流入歐洲，以利帶動歐元迅速升值。

然而，當歐元大幅升值，就意味著自歐洲進口商品的價格變高，反而造成全球對歐洲的貿易量縮減，對經濟發展產生不利影響。有鑑於此，為刺激歐洲的經濟發展，近來歐洲央行已不再配合美國政策升降息，改為主動採取措施以便更有效率地決定自身的貨幣政策。

歐洲央行總裁

首任歐洲中央銀行總裁為荷蘭前央行總裁杜森伯格（Willem Frederik Duisenberg）。現任總裁為義大利銀行總裁德拉吉（Mario Draghi），於二〇一一年接任迄今。歐洲央行總裁地位及其影響力猶如美國聯準會主席。

美國聯準會貨幣政策對歐洲央行的影響

美國聯準會升息對歐洲資金產生影響

美國景氣過熱

⬇

聯準會決定升息

⬇

歐洲利率低於美國

⬇

資金會由歐洲流向美國

歐元貶值

資金外移引起歐元貶值

⬇

引發歐洲資產貶值

歐洲央行因應之道

歐洲央行將利率調至較美國為高

⬇

資金回流歐洲

⬇

歐元止跌回升

造成不利影響

各國自歐洲進口商品的價格變貴。

⬇

對歐洲的貿易量縮減,對歐盟經濟發展不利。

近年歐洲央行不再配合美國政策升降息,改為依據本身經濟景氣狀況決定貨幣政策方針。

歐洲央行以公開操作解決歐債危機

歐盟經濟體受到二〇〇八年全球性金融海嘯波及,以及歐元區各成員國良莠不齊的影響,在二〇〇九年爆發了歐債危機。與美國運用大量印鈔票的量化寬鬆手法不同的是,歐盟採用了傳統的公開操作手法,化解成員國財政瀕臨破產的危機。

以傳統公開操作來紓困

二〇〇九年十月爆發了歐債危機,從希臘開始,隨後波及至葡萄牙、愛爾蘭、義大利及西班牙(國名縮寫為PIIGS,被貶稱為歐豬五國),整個歐洲市場對發生債務困難的五國還款能力大幅擔憂,導致大量資金從歐洲流出,歐洲銀行業間進入了「放款成本高→貸款意願低→貨幣流動緊縮→放款成本更高」的惡性循環。為紓緩這種情況,歐洲央行(ECB)於二〇一一年十二月提出了兩個三年期的長期再融通操作LTRO(Long-Term Refinancing Operations),其為歐洲央行傳統的公開市場操作工具,亦即由央行借錢給銀行,增加銀行間資金的流動性。

ECB於二〇一一年十二月開始為期三年、以一%超低利率借款給歐元區的銀行,第二次的長期再融資操作則於二〇一二年二月底推行,兩次長期再融資操作總計發放的低息貸款約為一兆歐元,解決了銀行的資金需求。

不過,ECB最終目的是希望銀行可以將取得的資金用來購買各國所發行的國債,尤其是主權債務危機國。若歐豬五國發行的公債利率為五%,

買下債券的銀行可賺四%的利差,促使歐豬五國公債可順利標售。若銀行再將這些國債抵押給央行,進一步取得貸款而發揮乘數效應,便有更多的貨幣再導入銀行與民間,如此一來即可緩解歐洲銀行間的流動性問題、減低主權債務危機國家的發債成本。這是ECB進行的量化寬鬆,但做法有別於美國,也可稱為歐洲版的QE。

發債解決錢的來源

歐債危機後,ECB於二〇一〇年五月臨時成立歐洲金融穩定基金(European Financial Stability Facility,EFSF),並制訂拯救債務危機國家的機制。EFSF成立時基金規模為四千四百億歐元,之後擴大到一兆歐元。但歐盟不能憑空印出大筆鈔票,首先要解決「錢從何來」的問題。

經決議後,EFSF決定自行發債集資,將十六個以歐元為法定貨幣的國家設為擔保人,對外以EFSF名義,透過德國債券管理部門發行債券在市場集資。但EFSF屬於臨時性組織,此計畫已於二〇一三年七月一日結束,之後則成立了永久性援助基金「歐洲穩定機制」(European Stability Mechanism,ESM),接替

EFSF繼續履行穩定歐洲金融系統的功能。由於歐元區成員國的財務部長都是ESM管理委員會的固定成員，因此可共同審視債務危機國的援助條件、貸款規模及相關政策等。目前ESM擁有五千億歐元的實際貸放額度。

ECB的激勵金融政策——貨幣直接交易

「貨幣直接交易」（Outright Monetary Transactions，OMT）是EFSF及ESM計畫啟動時，ECB於二○一二年九月六日利率決策會議後，另外推出的一項激勵金融市場的貨幣政策，主要特色為無上限購買債券計畫。OMT主要收購的是到期日最多三年的短期政府債券，藉此壓低債券利率使各成員國在市場的融資成本降低，避免國家因無法順利籌足資金而面臨倒帳風險、被迫退出歐元區。

歐債危機的各項紓困計畫

歐豬五國

成員：葡萄牙（Portugal）、義大利（Italy）、愛爾蘭（Ireland）、希臘（Greece）、西班牙（Spain）。以字首賅稱為「PIIGS」（歐豬）。

症狀：● 債務累累，經濟成長緩慢，財務赤字。
　　　● 各國政府無法透過發行公債償還即將到期的債務。

方法一

降低該國利率

控制經濟成長，降低利率，維持低利率於1%，降低資金成本。

方法二

增加銀行間資金的流動性

以長期再融通操作（LTRO）擴大ECB對銀行的借款

銀行取得資金後：

● 提高銀行間彼此借貸紓困的意願。

● 促使銀行收購歐豬五國公債，將資金導入歐豬五國。

● 銀行拿公債向ECB抵押借款，賺得利差、並再取得資金。

方法三

建立外部金援支應ECB

● 2010年10月26日短期成立EFSF（歐洲金融穩定基金），基金規模達1兆歐元。

● 於2013年7月1日之後長期成立ESM（歐洲穩定機制）。以歐元成員國財務部長為會員，審視金融援助危機國的條件與做法。目前有5,000億歐元的可貸放額度。

歐洲證券交易市場

歐洲已有長久的商業、經濟與金融基礎。其中尤以倫敦金融體系歷史最久、發展最完善，是全球主要的金融市場之一。另外，在歐盟整合、歐元通行後，由歐洲大陸原有交易所整合而成的「泛歐證券交易所」也帶動交易量的擴大。

認識倫敦金融市場

雖然英國的經濟、產業實力不如美國，但由於英國工業先進，也是過往的殖民大國，因此英鎊在國際的流通性相當高，也提高了英國的國際金融地位。倫敦是歐洲目前最大的金融重鎮，全歐最大的倫敦交易所（LSE）已有三百多年歷史，是全球主要的證券交易所之一。倫敦一向以發達的金融產業著稱，金融業在其經濟結構中，相較於他國占有更大的比重，因此倫敦在國際金融市場尚仍占有一席之地。

在資本市場方面，倫敦交易所採用的「國際股票自動報價系統（SEAQ）」，交易速度、透明度高，促成股票、債券居全歐第一的交易量，其所編制的「倫敦金融時報100（FTSE100）指數」是在倫敦交易所交易的前百大著名企業的股價指數，可做為英國經濟發展動向的指標。而期貨、選擇權的交易則是在「倫敦國際金融期貨與選擇權交易所（LIFFE）」進行（二○○二年被泛歐交易所收購後稱為「泛歐·倫敦國際金融期貨暨選擇權交易所（Euronext.Liffe）」，更刺激了倫敦在期貨與選擇權的發展）。在貨幣市場方面，有政府發行的國庫券、商業本票等和美國貨幣市場相似的金融工具，操作方式也大致相同；倫敦銀行間拆款利率（LIBOR）則是做為倫敦貨幣市場的利率指標，也是歐洲美元帳戶的存款利率。

泛歐證券交易所的發展

以往歐陸各國的股票交易所因規模小，且彼此仍有不同的法規及清算所，使得跨國交易成本偏高、也缺乏流動性。直到歐元消除了投資人的匯率風險、將投資範圍跨出本國市場、擴及到其他歐盟會員國，才開始帶動歐洲金融市場的發展。

首先，二○○○年以來陸續整合原先巴黎、阿姆斯特丹、布魯塞爾三個交易所，成立了「泛歐證券交易所（Euronext）」，共享原有的電子交易平台，原本的股票、共同基金、ETF、債券等三個交易所的會員自然成為泛歐證券交易所的會員，享有更大的交易便利，同時擴展了交易規模。在二○○二年泛歐證券交易所收購了倫敦國際金融期貨與選擇權交易所（LIFFE），合併其下的期貨與選擇權業務後，成為僅次於倫敦股票交易所的歐洲第二大股票交易所。二○○七年泛歐交易所再與全球最大的紐約證交所正式合併，成為全球首度出現、規模最大的跨洲交易所。

倫敦金融市場

倫敦金融三大特色

特色1 悠久歷史傳統

英國是世界第一個近代化的工業國家，金融發展已有數百年歷史，已具備完善的交易機制。

特色2 英鎊的重要地位

英國為殖民大國，前殖民地已慣用英鎊交易，英鎊需求高。與英國金融市場也有固定往來。

特色3 金融業發達

英國身為經濟大國，金融業比他國發展得更快速、占有經濟結構的比重高，也推升了倫敦金融市場的發展。

主要交易所①：倫敦交易所（LSE）

● 採用國際股票自動報價系統，有助於交易速率的提高。
● 交易股票、債券、認證券等，交易量為全歐洲第一。
● 「倫敦金融時報100指數」是由前百大著名企業的股價指數所編製。

主要交易所②：泛歐・倫敦國際金融期貨與選擇權交易所（Euronext.Liffe）

● 以金融期貨為主。
● 著名商品為「倫敦金融時報100指數期貨」

泛歐證券交易所的發展

跨國金融交易成本高

各國股票交易所適用不同的法規及清算所，使得跨國交易成本偏高、流動性差。

歐盟促進金融市場整合

歐盟成立後，歐元消除了投資人的匯率風險、投資範圍跨出本國市場、擴及到其他歐盟會員國。

泛歐證券交易所成立

巴黎、阿姆斯特丹、布魯塞爾三個交易所，成立了「泛歐證券交易所（Euronext）」

多元金融商品

商品包括股票、共同基金、債券、期貨、ETF與選擇權，商品選擇多元。

擴大規模

2002年收購LIFFE，合併其下的期貨與選擇權業務，成為僅次於倫敦股票交易所的歐洲第二大股票交易所。

便利的交易方式

● 統一歐元使得交易價格更透明。
● 共享原有的電子交易平台，交易更快捷。
● 原先各交易所會員進階為泛歐交易所會員，交易更便利。

與紐約證交所合併

2007年泛歐交易所與全球最大的紐約證交所正式合併，成為全球規模最大的跨洲交易所。

亞洲金融市場① ：東京

日本歷經多年的通貨緊縮經濟仍持續低迷，二○一二年底首相安倍晉三上台後，隨即提出「寬鬆貨幣政策」、「財政改革政策」、以及「經濟結構改革」三大經改方案，稱為「振興日本的三支箭」，在日本國內及國際金融市場造成巨大震撼。

日本在全球經貿的地位

自七○年代以來，日本的經濟結構經歷了從勞力密集轉向技術、知識密集的轉型過程，經濟地位陡升，成為僅次於美國及歐盟的全球第三大經濟體，也奠定了東京在亞洲金融的地位。

東京交易所（TSE）是日本最大的證券市場，和其他各國股市類似，亦分為公司資格審查較嚴格的第一部市場、以及資格較低的第二部市場，供各類企業掛牌上市籌資。在東京交易所編制的東京股價指數（TOPIX）由一千種股票組成，對於日本股市表現具有指標作用。

金融由管制邁向開放

然而，由於利率、外匯管制等金融法規的障礙，東京交易所以日本企業為主，到此上市的外國企業相當少，使得東京交易所的國際化程度遠不如香港、新加坡等地。除了金融法規阻礙國際企業前來募資之外，日本偏高的稅率對外國投資者而言也較不友善，影響了金融全球化的發展。九○年代的經濟泡沫化更使日本陷入通貨緊縮的困境，金融業損失慘重，紛紛退出了資本市場。日本央行雖以降息來刺激景氣，但成效不彰，使日本金融發展陷入萎靡。

在一九九八年亞洲金融風暴過後，為解決長期的不景氣，日本採行了金融改革，改革的重點在使日本的金融制度自由化、國際化，慢慢趨近於西方的金融制度。例如逐步放寬利率及外匯管制、創立監理一元化制度、成立信用評等機構、擴大提供外國企業日圓貸款等，以積極吸引外資投入日本金融市場。

另外值得一提的改革是，八○年代中期建立了東京境外金融中心，可以避開日本國內金融法規的限制，而提供較優厚的利率、免稅等優惠，以吸收來自境外的個人及企業的資金。自金融改革以來，日本金融的競爭力雖有提升的趨勢，但目前東京的地位仍落後於自由度更高的香港及新加坡。

日本的 QE 政策

日本經濟過去二十年一直處於通貨緊縮的困境中，景氣低迷、消費停滯。安倍上任後決定實行「大膽的貨幣政策」，此為安倍射出的第一支箭。安倍要求日本銀行必須實施無上限的量化寬鬆貨幣政策，讓大量資金

經濟改革衍生出的新詞彙——安倍經濟學

日本首相安倍晉三上台後推出的經濟改革政策,被媒體稱為「安倍經濟學」(Abenomics,安倍「Abe」與經濟學「Economics」的合成詞)。同樣的,在中國新任總理李克強上任後,也大力宣示多項經濟政策,外媒在報導中也創了一個新名詞「李克強經濟學」(Likonomics)。在國際媒體報導中常自創類似的英文混合詞,並在後續被廣泛的使用。

東京金融市場的特色

特色❶ 全球經貿地位高

- 戰後經濟快速發展,位居全球第三大經濟體,也奠定了東京在亞洲金融的地位。
- 九〇年代經濟泡沫化,使經濟實力趨弱。
- 安倍政權推出刺激經濟發展的「三支箭」政策,讓日本經濟與景氣朝向復甦。

特色❷ 朝向自由化發展

- 亞洲金融風暴日本採取了金融改革,包括逐步放寬金融管制、創立監理一元化等金融自由化措施。
- 加入TPP(跨太平洋戰略經濟夥伴協議)談判,藉由區域性自由貿易協定,促使日本國內競爭力較低的產業對外開放,並藉此改革。

特色❸ 漸趨國際化

- 1986年建立了東京境外金融中心,吸收來自境外的個人、企業的資金。
- 提供較優厚的利率、免稅等優待來提升競爭力。
- 迅速擴大以出口為導向的對外貿易發展模式。貿易將使金融業務迅速擴張,有助於推動日本金融邁入國際體系。
- 日本企業對海外直接投資逐漸活躍,同時日本金融機構也大舉邁出海外。

主要交易所
東京交易所(TSE)

- 上市公司以日本本土企業為主,外國企業較少。
- 重要指數:東京股價指數(TOPIX)由一千種股票的股價編製而成,對於日本股市表現具有指標作用。

流入市場，帶動民眾加速消費，使通貨膨脹率能達到二％的水準，藉此讓物價上漲，帶動企業增加生產投資，以提高薪資、促進消費，擴大日本內需。

此外，透過資金的寬鬆，也可造成日圓急速貶值，讓日本出口商的產品價格變得低廉，以擴大出口外銷。而日圓貶值時，外幣可換得更多日幣，也能有效帶動旅日觀光人潮，增加地方稅收，達到活絡經濟的效果。

第二支箭為「機動的財政政策」，主要為推出二十兆日圓（約台幣六兆）的經濟振興方案，並投入大規模的公共投資項目來刺激投資。在擴大財政支出之餘，同時增加民間的消費稅以減緩財政赤字，期望在二○一五年達到財政赤字減半的效果。

最後第三支箭是「進行經濟結構的改革」，主要針對農業、勞動法令、財稅等制度層面的改革，並利用加入跨太平洋戰略經濟夥伴協議（TPP）來實現貿易自由化。由於第三支箭關係著日本長期經濟結構的轉型，需要長時間才能落實，而且部分提出的改革政策多半是以往試過、但失敗的老套產業政策，因此引起了不小的反彈。此外，加入TPP須視以美國為主導的雙邊協議談判而定，牽涉到國內政治及對外貿易利益等問題，故第三支箭的施行難度較高，也無法如前二支箭在短期內就能看到成效。

安倍經改後的日本金融市場

安倍的經濟改革，果真帶來顯著的成效，反應最快的是日本股市大漲，帶動日圓大貶。日圓貶值後，直接受惠的是日本的出口與觀光產業。前者可提升商品在國際市場的競爭力，後者則可增加日本境內的消費收入，刺激日本的內需發展。

隨著出口大增、國內消費提高而使資金湧入，以及因需求增加使得物價上漲（即通貨膨脹）的預期，民眾將會把部分的資金移轉到股市或房市，使股市和房地產交易開始熱絡。同時企業也將因股價市值提升、盈餘增加而增加投資，進而帶動就業、提高薪資，使GDP開始成長、經濟增溫而進入正向循環。

未來若依安倍經濟政策的預想，日本經濟極可能走向長期的復甦繁榮。但就長期而言，日圓持續貶值同樣也可能讓進口商品、及原料變貴，同時在物價上揚的狀況下，也會削弱消費者的購買力。另外，美國QE（量化寬鬆）延後退場，美元下跌也會衝擊日圓貶值的表現，對日本當前刺激經濟的計畫相當不利。

安倍三支箭的內容與影響

	主要重點	對競爭國的影響
大膽的貨幣政策 第一支箭	寬鬆貨幣政策，推行長期國債收購計畫；無上限的量化寬鬆政策。	日圓若過度貶值，將對亞洲其他鄰近國家出口競爭力造成威脅。台灣、韓國的電子出口產品，可能因此面臨價格競爭。
機動的財政政策 第二支箭	祭出規模逾20兆日圓的緊急經濟刺激方案： ●促進民間經濟活性，重建防災對策。 ●援助民眾生計，帶動區域經濟。 ●預計推升GDP上升2%。	增強日本企業增加海外投資意願，刺激產業流通及經濟成長。
經濟結構的改革 第三支箭	●宣布加入TPP解決貿易障礙。 ●預計2018年與自由貿易協定（FTA）簽訂國之間的貿易額占比將自目前的19%大幅擴增至70%的水準。 ●強化企業及農業競爭力，提高企業設備與投資額等成長策略。	●加入TPP將使日本工業產品出口增加，亦促使鄰國加速TPP（泛太平洋夥伴協議）談判、及簽訂FTA開放自由貿易經濟。 ●日本已於2013年7月正式加入由美國主導的TPP談判，成為TPP第12個成員國（含汶萊、智利、紐西蘭、新加坡、美國、澳洲、祕魯、越南、馬來西亞、墨西哥、加拿大、日本）。

亞洲金融市場②：香港、新加坡

香港及新加坡位於同一時區，皆曾屬英國殖民地，居民以華人為主，中西文化薈萃。由於地狹人稠，又缺乏自然資源，先天上有發展的侷限。但優越的地理位置在「自由港貿易中心」的發展策略下，已漸使兩地成為亞洲主要的國際金融中心。

認識香港金融市場

香港和新加坡都是較東京更早發展的境外金融中心，於六、七〇年代發展至今，寬鬆的金融及外匯管制、租稅的優惠待遇、與完善的金融服務，已奠定了區域金融重鎮的地位。跨國企業或國際金融機構都以香港、新加坡為亞洲的大本營。

以香港而言，具有金融稅賦較低、金融規範較自由、透明化監理等優勢，在此設立公司不僅個人所得稅率低，公司營利事業所得稅也低，公司設立登記的程序也相當簡單。除了自由、便利的金融環境外，英國殖民時期留下的以英語為官方語言、西方法律體系、國際水準的公司治理等背景，吸引了全球財經、企管專業人士前來，也促使做為金融周邊支持的會計、法律等服務業迅速發展，更奠定了金融發展的基礎。

香港最大的證券交易所為「香港聯合交易所（HKEx）」，主要提供香港及中資企業上市集資及股票買賣。中資企業的上市股票通稱為「國企股」或「H股」，多屬於大規模的基礎產業，如青島啤酒、中國電信、中國石油等。由於H股在證券法上須符合中國以及香港兩地的證券法規，對投資人可謂有雙重保障，因此頗受投資人歡迎。目前香港有三分之一的掛牌公司、一半的股市市值來自中國企業，而香港也成為目前中國境外最大的資本市場。

香港聯合交易所的「香港恆生指數（^HSI）」是以占市值七〇％的五十檔成分股所編製，是觀察香港、中國經濟走勢的主要參考指標。

認識新加坡金融市場

新加坡由於地理位置的優勢，一直在東南亞經貿及區域轉運方面扮演重要的角色，新加坡的競爭力在亞洲區一直名列前茅。另外和香港相同的金融管制寬鬆、金融服務業先進等條件也促進了新加坡金融業的發展，尤其是政府決策效率高、政治環境穩定等政經因素也贏得投資人的信賴，奠定亞洲金融中心的地位。

新加坡主要的證券交易所——「新加坡交易所（SGX）」提供各種證券及衍生工具類別的金融產品，因與芝加哥商品交易所合作多年，開發了大宗衍生性商品，在債券和期貨交易方面特別活絡。海峽時報指數（Strait Times Index）為主要的證券指數，由四十五檔主要成分股組合而成。因國際化程度高，新加坡交易所約有四〇％市值來自於外國企業。

香港金融市場的特色

香港金融市場

特色 ❶ 自由化程度高
- 金融稅負較低、金融規範較寬鬆、監理透明化等自由的金融環境。
- 公司營利事業所得稅低，公司設立登記程序簡單。

特色 ❷ 國際化程度高
- 以英語為官方語言。
- 西方法律體系、公司治理水準高等國際化背景。

特色 ❸ 金融周邊產業發達
金融周邊的會計、法律等服務業發達，促成金融的發展。

主要交易所
香港聯合交易所（HKEx）
- 主要提供香港及中資企業股票上市。目前香港有三分之一的掛牌公司、一半的股市市值來自中國企業。
- 「國企股」（或「H股」）：中資企業在香港上市的股票。因為必須同時符合中國以及香港兩地的證券法規，對投資人可謂有雙重保障，因此頗受歡迎。
- 重要指數：「香港恆生指數（＾HSI）」是以占市值70%的五十檔成分股所編製。

新加坡金融市場的特色

新加坡金融市場

特色 ❶ 為東南亞區域中心
地理位置優越，為東南亞經貿中心及區域轉運中心。

特色 ❷ 自由化、國際化
- 金融管制寬鬆、低稅賦等優越條件。
- 有殖民背景，以英語為官方語言。
- 金融服務業發展先進。

特色 ❸ 政經穩定
- 政府實施經濟管理，決策的制定、執行都非常迅速。
- 政治環境穩定，投資保障高。

主要交易所
新加坡交易所（SGX）
- 外國企業來此上市比重高。
- 與芝加哥商品交易所合作多年，衍生性商品交易活絡。
- 重要指數：海峽時報指數（Strait Times Index）為主要的證券指數，由四十五檔主要成分股組合。

亞洲金融市場③：上海

中國近幾年加速改革開放，促使上海的金融資源快速聚集，數十家國際銀行的亞太總部更紛紛設立於此；再者，上海有長江三角州廣大經濟腹地的地理優勢，在政府政策的扶植下，上海確實有成為金融中心的優越條件。

認識上海金融市場

隨著中國改革開放以來經濟快速發展，中國已成為亞洲新興的經濟體，需要更完善的金融市場來協助經濟發展所必須的籌資、周轉等金融活動，而曾為英國租界、已有百年金融發展傳統的上海正扮演了中國金融重鎮的角色。許多跨國企業紛紛將亞洲總部遷移至上海，上海也相應成為中國最大的證券、保險及外匯的交易中心。

一九九○年「上海證券交易所（SSE）」成立，而與香港有地緣關係的「深圳證券交易所（SZSE）」則是在隔年成立。企業要掛牌上市須由中國證監會統一審核、然後分發至上海或深圳證券交易所掛牌。

上市股票分為A、B股，A股交易對象為中國境內機構或個人，以傳統產業、生化、高科技、網路股為主，主要以人民幣結算；B股則是以傳統產業為主，專供境外投資人（包括台灣、香港、澳門）投資，在上海採用美元結算、在深圳則採港幣結算。B股可以順應中國企業取得外匯的需求，以及解決人民幣不能自由兌換的限制。中國的股價指數有上海證券指數與深圳證券指數，分別稱為上海

A股股價指數、上海B股股價指數、深圳A股股價指數及深圳B股股價指數。

目前中國的金融制度的自由、開放程度仍與香港、新加坡等地有差距，但中國已逐漸放寬管制，例如擴大銀行業務範圍，放寬外資限制等，而且發展快速，顯然具有黑馬之姿。

上海自由貿易區的推動

上海是中國第一大城，擁有中國第一條磁浮鐵路、世界最長的地鐵線路、第一座外海跨海大橋，摩天大樓櫛比鱗次的上海浦東金融區，如今也發展成國際級的大都會。擁有多項「中國第一」後，上海更有一個偉大的目標，也就是預計在二○二○年前成為國際級的金融中心。

近年中國經濟實力逐漸強大，上海在全中國的改革開放程度也一直走在最先端，尤其在經濟、金融、國際貿易等領域上，均有突飛猛進的發展。目前上海的金融體系已初具規模，擁有全國最大的證券、期貨交易所，成為股票、債券、外匯、商品、黃金、及其他衍生性商品等多項金融商品交易皆完備的金融級都會區。

要成為國際級的金融中心，上海

什麼是利率市場化？

利率市場化是指金融機構在貨幣市場經營的存放款利率水準，是由市場供需者決定利率高低，而非受到政府官方（如央行）管控，包括利率決定、利率結構和利率管理的自由化等。在實務上即是將利率的決定權交給各金融機構，依據存款人（資金供給者）、借款人（資金需求者）、以及銀行自身營運成本等來決定。

上海金融市場的特色

特色 **1** 具金融發展的傳統

上海曾為英國租界及通商口岸，國際大銀行林立，已有經貿與金融發展的基礎。

特色 **2** 配合中國經貿崛起而發展

上海的金融活動是呼應中國經濟發展所衍生的籌資、周轉需求。

特色 **3** 成為國際經濟中心

愈來愈多投資中國的跨國企業將亞洲總部遷移至上海，上海成為最重要的經濟中心，也帶動金融發展。

主要交易所
上海證券交易所（SSE）、深圳證券交易所（SZSE）

- 企業要掛牌上市須由中國證監會統一審核、再分發至上海或深圳交易所掛牌。上市股票分為A、B股。
- A股：交易對象主要為中國境內機構或個人，以傳統產業、生化、高科技、網路股為主，主要以人民幣結算。
- B股：交易對象主要為境外投資人（包括台灣、港澳），以傳統產業為主，在上海採用美元結算、在深圳採港幣結算。
- 重要指數：上海證券指數與深圳證券指數，分別稱為上海A股股價指數、上海B股股價指數、深圳A股股價指數及深圳B股股價指數。

目前最欠缺的是金融創新及相對應的金融法令制度。二〇一三年三月，新任中國總理李克強上任後，正式批准設立上海自由貿易試驗區，並於該年十月正式啟動，開啟為期三年的試驗期，推動自由貿易與金融改革。當中最受矚目的就是金融服務業的解禁。

金融服務業的解禁，在區域內允許符合條件的外資金融機構設立外資銀行，以及允許符合資格條件的中外合資銀行、中資銀行等開辦離岸金融業務（類似台灣的OBU分行概念）。可望推動區域內利率市場化、人民幣資本帳自由兌換、人民幣跨境使用等開放措施，加快人民幣在國際化的推展。

上海做為中國經濟改革的起點，這場改革試驗一旦成功，即可望將上海推升為「國際級金融中心」。

中國金融自由化的實施方案

長期以來，大陸銀行體系的存放款基準利率概由人民銀行（中國央行）所控制，對存款利率設有上限，對貸款利率設有下限。在利率的管制下，大陸各銀行無需因應市場情勢及本身資金成本而調整存放款利率，使得存放款利率差變動不大、且一直維持在高水準（大約有3%以上）。因此，存放款利差成為大陸銀行的主要獲利來源。在這樣的體制內，過於依賴利差收益雖使大陸銀行業保障一定程度的獲利，但同時銀行經營策略也較為保守，並疏於發展新種業務，進而喪失對外競爭的能力。

基於此，人民銀行宣布自二〇一三年七月起全面放開金融機構貸款利率，取消貸款利率下限的管制。未來貸款利率的決定權將交由各金融機構自主決定，各銀行定價的自主權提高，此舉也正意味著中國朝利率自由化、市場化改革邁出了一大步。

此外，隨著大陸金融市場逐步成熟，金融業也必須隨之轉型升級，與國際接軌。利率自由化後，下一步就是放開存款利率的上限。可想而知，未來大陸銀行間的競爭會更加劇烈，存貸款利差縮小，過去保障獲利的時代將不復見。

金融中心基本要件vs.上海的條件

成為國際金融中心 的基本要素	上海的條件
須制定國際通用的金融法規制度。	上海金融法令及制度開放仍顯不足
須對國內、國外完全開放,並有完善的金融市場體系。	對內金融市場尚屬完善,但對外才開始逐步開放。
具有良好的金融基礎設施。	已具有良好的金融硬體條件。
貨幣可自由兌換。	●人民幣經常性交易,如貿易結算、薪資、買賣交易等已可自由兌換。 ●境外企業直接投資增資、減資、清算、及證券投資(股票、債券等),人民幣均尚未開放自由兌換。
具凝聚一流國際金融人才的能力。	已有豐富金融人才匯集於上海浦東金融區。
須為國家主要一級城市,代表國家的經濟實力	上海市2012年人均GDP為美金1.3萬元,居中國第三位,占中國4%。且浦東區占上海市的經濟比重近30%,在一定程度上上海已能代表中國的整體經濟實力,具備成為發展國際級金融中心的實質條件。

Chapter 9

兩岸金融發展的進程與現況

　　兩岸的經貿往來和產業互動日益密切，同時政府亦大幅放寬多項經貿限制，兩岸簽署金融備忘錄（MOU）、及海峽兩岸經濟合作協議（ECFA）後，金融業的交流及相互布局將邁入新的里程碑。金融監理制度的合作與相關市場的開放，將有助於台灣金融業推展人民幣業務，為未來成為人民幣離岸中心取得重大優勢。

- 兩岸金融業直接往來合作與相互布局的情形
- 兩岸金融往來模式的變化
- 台灣現行開放承做的人民幣業務
- 台灣發展成人民幣離岸中心須具備的條件
- 人民幣成為國際貨幣的條件與好處

兩岸金融往來的發展

中國大陸與台灣相繼於二〇〇一年加入世界貿易組織，兩岸的經貿往來也日益密切，許多台灣的製造業、服務業也已前進中國，兩岸金融政策也隨著經貿往來而不時有所調整，以符合民間廠商從事貿易所衍生的金融服務需求。

由間接往來到直接往來

兩岸金融活動往來初期，在政府「間接往來」的大陸政策下，包括兩岸的匯款、進出口外匯及應收帳款收買、授信等，都必須透過第三地，如台灣本地銀行的「國際金融業務分行（OBU）」、海外分行、或是外商銀行在台分行（外匯指定銀行）。其中，透過OBU的間接往來，已成為台商資金的主要調度方式。

為降低資金調度成本及兼顧時效性，我國政府自二〇〇一年逐步開放多項措施，允許國內銀行赴大陸地區設立代表辦事處。隨兩岸交流日趨熱絡，二〇〇九年十一月，兩岸完成「金融合作協議與三項備忘錄（Memorandum of Understanding，MOU）」的簽署後，國內的金融機構開始能在大陸地區設立分行進駐營業。二〇一一年九月，金管會更開放台灣地區銀行之海外分支機構及OBU可辦理大陸地區授信業務，可承做大陸地區人民法人授信業務。以上諸項開放措施皆對兩岸金融業務發展帶來正面效益。

由於政府開放兩岸直接貿易、並許可台商對大陸地區直接投資，開放兩岸金融往來，有利於台商在國內銀行進行資金調度，吸引廠商將投資收益由海外移轉回國內，產生資金回流的效果，兩岸金融業的合作往來因而成為台商最關心的焦點議題。

此外，另一個直接效益是本國銀行從事兩岸匯款，及進出口業務無需再藉助外商銀行，可直接提升國內銀行在兩岸金融業務上的競爭力，並可增加獲利。

兩岸銀行業的布局與合作

自二〇一〇年一月十五日兩岸金融MOU生效、及簽署「兩岸經濟合作架構協議（Cross-Straits Economic Cooperation Framework Agreement，ECFA）」後，兩岸金融業的往來也更加密切。國內銀行業取得進入大陸地區設立分行的入場券後，便加速布局大陸市場。MOU簽署後，已在大陸設「辦事處」的銀行，可直接升格為「本國銀行的分行或子行」，但仍有門檻限制（升格分行後，初期經營業務有設限，如只能承做人民幣與新台幣兌換；若為參股或合資，持股比例上限為50%）。未設辦事處者，待成立辦事處兩年後，即可以升級為分行。辦事處升格為分行或子行後，依據ECFA，可望能直接跳過「大陸外

資銀行管理條例」的規範:「外國銀行在中國設立分行開業須滿三年,且連續二年獲利才能承做人民幣業務」的門檻,可直接獲准承辦人民幣業務。依金管會統計,至二〇一三年七月底為止,已核准十三家國內銀行赴大陸地區設立分(支)及子銀行,其中十家已開業,並設有六家辦事處。

另大陸銀行業依MOU協議,亦可獲准來台執業,依ECFA協議,陸資銀行來台設立屆滿一年即可申設分行,且依我國金管會訂定的「台灣地區與大陸地區金融業務往來及投資許可管理辦法」規定,大陸銀行來台設立分支機構僅能就設立分行、或參股投資擇一而為,且設立分行以一家為限,參股投資亦以一家台灣地區金融機構為限。二〇一三年七月底為止,已有三家陸資銀行分行在台開業(分別為:中國銀行、交通銀行及中國建設銀行),並設有一家辦事處(招商銀行),可承做業務比照外商銀行(花旗、匯豐、渣打等),可辦理存放款相關業務。

依MOU與EFCA協議,陸銀來台可設立的分支機構

辦事處

- 從事諮詢、聯絡及市場調查等非營業性活動。
- 無法實際承做金融相關業務。
- 已成立有:招商銀行台北辦事處。

滿一年可升格 →

❶ 分 行

- 以企業為主要業務對象。
- 營業範圍包括收受新臺幣及外匯存款、貸款、辦理進出口外匯業務,票券、金融債券及公司債等。
- 已成立有:中國銀行、交通銀行、中國建設銀行。

或

❷ 參 股

- 大陸地區銀行(包括海外)得在台灣設立分行及參股投資,僅得擇一辦理,並以一家為限。
- 參股投資對象,除了兩岸相關之經濟合作協議另外約定以外,以銀行、金控公司為限。
- 目前中國工商銀行預計將參股永豐銀行20%股權。

台灣金融業赴中國大陸可設立的分支機構

金融業	開放之前	MOU之後	ECFA之後
銀行業	●可設立辦事處，但無法實際承做金融業務。 ●有7家銀行設立辦事處。	●之前未設辦事處者，先成立辦事處，兩年後升格為分行或子行。 ●已設有辦事處者，可直接升格為分行或子行。 ●升格分行後，初期經營業務有設限，如只能承做人民幣與新台幣兌換，若為參股或合資，持股比例上限為50%。	●升格為分行或子行者，可望跳過「開業三年、連續兩年獲利」的門檻，直接獲准承辦人民幣業務。不過相關法令前尚未明朗。 ●目前有11家本國銀行在大陸設立分行。 ●可承做人民幣業務的台資銀行已有6家：第一銀行、國泰世華、彰化銀行、土地銀行、合作金庫、華南銀行。
證券業	●可設立辦事處，但無法實際承做金融業務。 ●有13家銀行設立辦事處。	●辦事處可升格為分支機構，但須與中國券商合資。 ●合資後，可望協助台商在中國證券市場籌資，不過相關法令尚未明朗。	●辦事處升格者，無須合資，可以全資持股。 ●營業範圍比照當地證券商，不受限制。 ●ECFA對於台資證券商進入大陸市場，並無相對其他外資較優惠的措施。
保險業	●有3家壽險及1家產險業者與中國業者合資執業	●設點門檻不因MOU簽訂而受影響	「532」門檻*可望降低，有利台灣更多業者赴中國開辦業務。 ※註：532門檻指母公司總資產至少50億美元、設立時間須超過30年、成立辦事處滿2年以上。

兩岸貿易往來方式

中國加入世界貿易組織後，致使經貿體制鬆綁，在條件障礙的排除之下，其所擁有的豐沛資源及低廉勞力，加上文化語言差異較小的優勢，將更吸引台灣廠商前往投資，促使兩岸經貿往來更加密切。

兩岸三角貿易如何進行

由於近年來許多台商受到景氣及人工成本高漲的影響，紛紛將工廠生產線遷往他國，其中尤以遷往中國大陸居多，進而使海外（以大陸為主）生產與出貨的比重不斷上升，形成許多「台灣接單、大陸出貨」模式的貿易現象。

一般從事兩岸三角貿易的國內廠商（中間商）在接獲國外客戶（第三地進口廠商）的訂單時，轉而向大陸供應商（實際生產線）採購訂貨，且貨物直接由大陸地區出口運交給國外買主。這些貿易商（中間商）在三角貿易過程中扮演著買、賣國雙方，和大陸供應商之間的橋樑，目的主要是為賺取中間的貿易價差。

往來模式①：信用狀

在三角貿易中，許多台商會設立境外公司，並在國內銀行開設的「國際金融業務分行（OBU）」以境外公司的名義開戶，進行接單、開信用狀、押匯等業務，而不需透過第三第銀行轉開信用狀，既節省時間和成本，還能有節稅和避險的效益。

國外進口商支付貨款的方式以開立「信用狀」為主。國內出口商接獲進口商（如來自美國、歐洲、日本的廠商）開的「主信用狀」後，國內出口商再以境外公司名義，於OBU往來銀行轉開「背對背信用狀」向大陸供應商下單訂貨。待大陸供應商完成所有信用狀上指定的出貨程序後，國內出口商再備妥主信用狀、及相關貨運單據，向OBU往來銀行辦理「押匯」，由銀行先墊付款項。之後，押匯銀行再向國外開狀銀行請求付款。

同樣地，大陸供應商也可以持台灣出口商開的信用狀到往來銀行融資，往來銀行再向台灣OBU要求付款。先行墊款的開狀銀行再從客戶戶頭中扣款、並收取手續費。

對大陸供應商的支付方面，除了信用狀外，我國也已經開放OBU與大陸的銀行通匯，國內出口廠商可直接以境外公司名義匯款給大陸供應廠商，相形之下更為便利。

往來模式②：
「內保外貸」及「外保內貸」

兩岸經貿往來頻繁，中國企業對外投資資金需求龐大，由於大陸人民幣貸款利率一向很高、且中國境內貸款美元的利率亦普遍高於境外美元貸款利率，因此中國境內企業多會利

用境外的子公司取得利率較低的美元貸款。然而，若境外子公司在海外成立時間短，或境外子公司資本規模較小，則相對難取得海外銀行較大的授信額度。此時就可運用所謂的「內保外貸」來獲得較多的美元貸款。「內保」是指由境內企業向境內銀行申請開立擔保函，由境內銀行出具融資性擔保函給境外銀行；再由境外銀行憑擔保函向境外企業發放貸款，也就是「外貸」。

在內保外貸業務中，由於境內銀行不會有資金投入，只做擔保，屬銀行的表外業務，銀行只需向大陸外管局申請對外擔保融資額度，且該額度不能超過銀行本身淨資產的百分之五十。

相反的，「外保內貸」則是由大陸境外企業向境外銀行申請開立擔保函，以擔保大陸境內企業向境內銀行貸款。最典型的模式就是由大陸台資企業的境外母公司，向境外銀行申請開立擔保函或信用狀（Standby L/C）後，大陸方銀行再根據此擔保函借款給大陸台資企業，來因此獲得較高的授信額度。

信用狀是什麼？

「信用狀」是國際貿易往來所產生的交易證書。買賣雙方為保護自己的權益，避免買方收到貨物後不付款或付款後收不到貨物，或是賣方出貨後收不到貨款等情形，進口商先支付約貨款10%保證金，請求其所在地的開狀銀行開信用狀給出口商（受益人），開狀銀行即承諾在該信用狀規定條件下，代替進口商負責支付貸款的責任。「背對背信用狀」是出口商向供應商採購貨品外銷，為了不使供應商獲知對外交易內容，或不便以轉讓信用狀方式由貨品供應商直接出口，可憑國外開來的原始主信用狀向其往來銀行申請開發給供應商的信用狀。

台灣接單、大陸出口、OBU押匯的流程

三角貿易流程

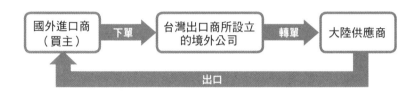

Step 1
國外進口商（買主）向台灣出口商所設立的境外公司下訂單後，至往來銀行（開狀銀行）申請開立信用狀。

Step 2
「開狀銀行」將信用狀寄往在台灣有通匯往來的銀行（通知銀行）。通知銀行收到信用狀後通知台灣出口商前來洽領。

Step 3
台灣出口商以境外公司名義於OBU戶頭轉開「背對背信用狀」給大陸製造商。

Step 6
台灣出口商收到提單後再檢附信用狀、提單等相關文件，至其所往來銀行（押匯銀行）辦理出口押匯，以取得融通之資金。

Step 5
大陸製造商將提單寄交台灣出口商所設立的境外公司。

Step 4
大陸製造商依信用狀之指示於期限內將貨品運交國外買方指定關口。取得由船公司或航空公司所簽發的「提單」（提貨證明單）。

Step 7
押匯銀行再將押匯文件寄往開狀銀行，要求其償還墊款。

Step 8
開狀銀行收到文件後通知國外進口商「到單」及付款贖單。

Step 9
進口商付款贖單後憑提單至海關提貨。

內保外貸及外保內貸操作模式

模式一：內保外貸

境內銀行

審核申請人（境內台商企業）資信狀況良好，且具核定的授信額度或出具全額保證金（例如：十足定存單）。

② 開立擔保信用狀 →

境外銀行

設立在大陸以外的銀行，且與境內擔保銀行有同業間的往來。也可為境內銀行的OBU或是國際級的大銀行（花旗、匯豐、渣打等。）

① 申請開立信用狀 ↑

承諾擔保，境外企業若發生貸款違約時，負擔最終付款的責任。

③ 核可貸融資 ↓

境內企業

● 與境外企業為母、子公司、或關係企業，必要時可為其擔保。
● 與境內銀行往來關係良好。

← 企業關係緊密 →

境外企業

● 與境內企業為母、子公司，或關係企業。
● 與境外銀行往來關係良好。
● 需取得利率較低的外幣貸款，例如美元、人民幣。

模式二：外保內貸

境內銀行

審核申請人（境內台商企業）資信狀況良好，且具核定的授信額度或出具全額保證金（例如：十足定存單）。

← ② 開立擔保信用狀

境外銀行

設立在大陸以外的銀行，且該銀行與境內擔保銀行有同業間的往來。也可為境內銀行的OBU或是國際級的大銀行（花旗、匯豐、渣打等。）

③ 核可貸融資 ↓

承諾擔保，境內企業若發生貸款違約時，負擔最終付款的責任。

① 申請開立信用狀 ↑

境內企業

● 與境外企業為母、子公司，或關係企業。例如：台資企業在大陸
● 與境內銀行往來關係良好。
● 需取得低利率的貸款。

← 企業關係緊密 →

境外企業

● 與境內企業為母、子公司，或關係企業。例如：大陸的台資企業
● 與境外銀行往來關係良好。
● 原規定境外企業必須是外商投資企業，即在境外依法註冊，現已放寬陸資企業也可申請

認識兩岸金融合作協議（ECFA）

二〇〇九年十一月兩岸正式簽署MOU，二〇一〇年六月簽訂兩岸金融合作協議（ECFA），自此台灣金融業便取得進入大陸市場經營的門票，將能以優於外資的條件進入中國市場，也可望為台灣金融業帶來商機。

什麼是 MOU、與 ECFA ？

台灣企業赴大陸投資，政府雖設有登陸投資上限的規定，但近幾年來企業早已透過第三方迂迴繞道，在海外如英屬維京群島、開曼群島等免稅天堂設立境外公司投資大陸設廠經營。由於金融業屬特許行業，在未獲雙方政府同意之前，任何正式的合作往來都將無法進行。直到兩岸於二〇〇一年相繼加入WTO，外資金融機構紛紛在中國大陸設立據點，開始布局大中華市場後才稍得以鬆綁。而兩岸金融業直到簽署金融備忘錄（MOU）後，方才有實質的進展。

MOU所載包含銀行業、證券業、保險業等三項，簽訂後，台灣金融業即可到大陸設立營運據點。但MOU只讓台灣金融機構拿到入場券，台灣金融業者到大陸經營的允准條件，因牽涉範圍太廣，往來的具體做法和規範無法及時完成，而被納入之後的海峽兩岸經濟合作架構協議（ECFA）的早期收獲清單協議中。其中最主要的准入條件包括大陸放寬台灣銀行業只要在大陸設立代表處一年就可申請設立分行，經營一年後若有盈餘，就能申請經營對台資企業的人民幣業務；分行屆滿兩年並在一年中有獲利，就可申請開辦全面性的人民幣業務，且往來對象將不限於台商。

保險業方面，則訂定赴陸准入的「532」條款，即母公司資本額五十億美元以上，公司設立期間超過三十年，以及在大陸設立辦事處二年以上。在證券期貨方面，中國則允諾縮短台灣業者申請QFII（合格境外機構投資者，參見187頁）的核准時程，台資證券公司取得了大陸QFII資格，券商才能代操投資大陸有價證券，增加人民幣回流機制及投資範圍。

兩岸金融監理制度

兩岸簽訂的MOU中，主要內容包括了資訊交換、資訊保密、金融檢查、持續聯繫等雙邊合作相關事項。其中資訊交換範圍限於金融機構進行合併監理、金融監理法規制度等資訊，且所取得的資訊僅能供監理目的使用，並應予以保密。由此可見，MOU簽署的重點在於金融檢查及業外監控，藉此了解兩岸金融機構的營運狀況和相關項目，在預期未來兩岸金融往來愈趨頻繁之下，兩岸金融監理合作平台的建立愈顯重要。

台灣的金融監理機關為金管會，屬一元化的金融監管機制；而大陸經

濟體龐大，要建立單一性的監理機關實為不易，所以實施分業多元監理的模式，由銀監會、證監會及保監會三大監管機關，分別負責銀行、證券及保險業的監管業務，並在各地設置分支機構。

以資訊系統而言，台灣的銀行業早已全面自動化，且設有金融聯合徵信中心（JCIC），可有效整合徵信資訊。反觀大陸方面，徵信管理條例尚未正式實施，目前僅有二〇〇六年開始運作、由中國人民銀行建立的信

用資訊基礎資料庫可供查詢，相較於台灣的聯合徵信，大陸方面仍未盡健全。再者，大陸也尚未建立存款保險機構，對於經營不善的銀行僅有破產法的相關規定，退場機制則未明確；台灣則已於一九八五年設立中央存款保險公司，無論是在法規建立或風險控制上，台灣的發展腳步都較大陸來得早。因此，未來兩岸在建立監理機制平台及建置金融安全機制上亦需將兩岸的運作差異考慮在內。

兩岸金融監理制度比較表

相關金融監理制度	台灣	大陸
金融監理制度	單一監理機關（金管會）	多元監理機關，分業經營，分業監管：銀行業由銀監會監管；證券業由證監會監管；保險業由保監會監管。
監理機關組織架構	銀行局、保險局、證券期貨、檢查局及中央存款保險局。	與台灣相同，但尚無存保機關。
監理機關法律地位	政府機關，隸屬行政院	政府機關，隸屬國務院
監理機關資金來源	政府編列預算及金融機構負擔。	政府編列預算及金融機構負擔。
監理機關獨立性	行政、立法兩院共同監督	國務院統一監督管轄
監理機關分支機構	台灣無分支機構，海外設立二代表辦事處：紐約代表辦事處及倫敦代表辦事處。	於各城市設置分支機構
監理機關決策模式	委員會合議制	主席制

台灣開放人民幣業務的發展情形

大陸是台灣目前最大的出口地區，也是台商對外投資最大的地區，不論在匯兌、避險、籌資、資產配置等都有龐大的人民幣需求。近年隨雙方政府大幅放寬經貿政策限制，陸續開放台灣銀行業OBU、DBU開辦人民幣業務，解決了台商融資管道的問題。

現行開放的人民幣相關業務

由於兩岸貿易及投資的迅速成長，為協助兩岸金融業務的便捷往來，近年政府在人民幣相關業務政策上也已逐漸開放。與中國往來的台商除了運用OBU辦理匯款、進出口外匯、代理收付、授信、應收帳款收買等業務之外，為了協助台商解決人民幣匯率波動擴大所衍生的風險問題，財政部及中央銀行於二○○三年開放可透過OBU辦理「無本金交割之美元對人民幣遠期外匯交易（NDF）」及「無本金交割之美元對人民幣匯率選擇權（NDO）」等業務。到期以美元結算差額交割，而不涉及人民幣結算，可提供台商多一重的避險管道。

另外，最受關切的人民幣與台幣直接兌換方面，台灣從二○○八年六月底起可開始兌換人民幣，但每人每次限額人民幣兩萬元，金管會於二○○九年底開放國內銀行的香港分行承做人民幣業務，但大陸官方對境外人民幣匯入大陸市場，仍有限制。二○一一年七月，金管會進一步開放銀行業國際金融業務分行（OBU）、及海外分行辦理人民幣業務，使大陸台商可直接向台灣的銀行業者借人民

幣資金；大陸企業、人民也可在台資銀行OBU開設人民幣帳戶。此舉使國內銀行業者不必赴大陸設立分行，也可以承做人民幣業務。二○一二年八月兩岸簽訂MOU後，陸續建立兩岸貨幣清算機制，該年底宣布中國銀行台北分行為人民幣清算行，次年金管會正式宣布DBU開辦人民幣業務，即開放一般自然人及法人可以國內銀行直接從事人民幣存款、匯款、放款及其他人民幣理財商品投資。

兩岸貨幣清算機制的進展

其實，當政府在二○○九年開放國內銀行的香港分行、OBU及海外分行辦理人民幣業務（含存放款及匯款等)時，就已有人民幣拋補的問題。當時基本上，都是透過中國銀行的香港分行操作，也就是當OBU分行或香港分行收到人民幣資金後，大多再轉存中國銀行或存放在同業存款，同時，也透過香港做為人民幣清算銀行進行清算服務。

由於兩岸已互設金融機構，吸收大量的人民幣資金需要拋貨，或當人民幣不夠用時，也需要補貨，因此，建立人民幣的清算機制來進行人民幣的拋補，也成了當今要務。台灣方面

雖也指定台灣銀行及兆豐銀行可做為台灣的對口銀行,但在拋補、清算上成本都較高。

故此,央行於二〇一二年九月選定由台灣銀行上海分行擔任中國地區的新台幣清算行,次年一月底,央行核准中國銀行台北分行為台灣地區人民幣清算行,自此兩岸貨幣將實現直接清算,建立起貨幣清算的機制。

直接受惠的即是兩岸企業在貿易資金的往來,可直接以人民幣和新台幣結算,使廠商資金調度更加靈活,尤其同年二月後亦開放DBU人民幣業務,將吸收更大量的人民幣存款。有了穩定的人民幣貨源,才能進行其他相關人民幣投資業務的推展,以建立人民幣的回流機制。

政府推動「發展具兩岸特色之金融業務計畫」

因應ECFA之後兩岸金融發展,行政院於二〇一二年九月核定了「發展具兩岸特色之金融業務計畫」。包含全面啟動DBU人民幣業務、建立兩岸金流平台、兩岸電子商務金流業務、一卡兩岸通、協助金融機構大陸布點、開放具台商背景優質企業回台上市、開放國內公開發行公司發行人民幣計價之債券、發展大中華地區資產管理及理財業務、擴大保險服務,及監理合作、排除障礙等多項內容。分別從外匯、銀行、資本及保險市場等面向,拓展兩岸金融市場的發展。

兩岸已開放的金融業務

項目	開放時間	開放內容
兩岸進出口外匯業務	1995.07	為因應國內廠商從事兩岸間接貿易所衍生的進出口外匯等業務,開放外匯指定銀行及「國際金融業務分行(OBU)」得與大陸地區銀行海外分支機構辦理進出口外匯押匯、託收。
	2002.02	進一步放寬外匯指定銀行辦理兩岸進出口外匯業務的往來對象,擴大到大陸地區銀行及外商銀行在大陸地區分支機構。
兩岸金融業務直接往來時程	2001.06	為便於台商資金調度,節省時間成本,開放國內銀行海外分支機構得與大陸銀行海外分行或外商銀行在大陸分支機構往來。
	2001.11	開放OBU及國內銀行海外分支機構可與大陸地區銀行進行金融業務往來。

項目	開放時間	開放內容
兩岸金融業務直接往來時程	2002.08	OBU與大陸銀行業務往來可辦理授信及應收帳款收買業務。
	2003.08	開放OBU承做以美元交割之無本金人民幣遠期外匯交易及選擇權業務。
	2008.06	台澎金馬自由兌換人民幣業務，但每人每次以民幣兩萬元為限。
	2009.08	中國銀聯和台灣聯合信用卡處理中心合作，正式開通中國銀聯卡在台灣受理業務。
	2009.11	開放國內銀行的香港分行承做人民幣業務。
	2011.07	開放台灣地區銀行OBU及第三地區分行經營人民幣業務。
	2011.09	開放台灣地區銀行OBU對大陸企業授信。
	2012.08	兩岸簽訂貨幣清算協議備忘錄（MOU）。
	2012.09	選定由台灣銀行上海分行擔任中國地區的新台幣清算銀行。
	2013.01	央行核准中國銀行台北分行做為台灣地區人民幣清算銀行。
	2013.02	開放台灣地區銀行DBU開辦人民幣業務。
	2013.02	人民幣投資型保單准予備查。
	2013.02	開放證券商自行買賣、及接受專業投資人委託買賣大陸地區證券市場有價證券。
	2013.03	中國農業銀行香港分行發行、中國信託商業銀行主辦銷售的首檔寶島債掛牌，同年12月上櫃發行。
	2013.05	放寬保險公司取得及投資大陸不動產、投資人民幣計價商品。
	2013.09	財金公司外幣結算平台加入人民幣。
	2014.04	金管會核准國內人壽保險公司可以銷售人民幣傳統型保單。

人民幣離岸中心

香港銀行自二〇〇四年起正式開辦人民幣業務，幾經業務擴大，中國大陸境內、境外均可透過香港發行人民幣債券，及跨境貿易人民幣結算。台灣自二〇一三年才取得全面承做人民幣的業務，雖晚了香港幾年，但台灣亦有優於香港發展成為人民幣離岸中心的優勢條件。

香港成為人民幣的離岸中心

中國和香港在二〇〇三年簽定「中港經貿安排」（Closer Economic Partnership Arrangement，CEPA）後，中國大陸看重以金融中心見長、資金流通自由的香港，於是將香港發展為「人民幣離岸中心」就成為中國金融發展最重要的目標之一。中國政府隨後也在香港推出一系列政策以鼓勵人民幣在境外（香港）來流動。

二〇〇三年十一月，中國人民銀行在香港提供人民幣清算業務。隔年二月，香港銀行正式開辦人民幣業務，包括存款，外匯，匯款與信用卡業務。二〇〇七年六月，進一步允許大陸金融機構在香港發行人民幣債券，國家開發銀行成為在香港成功發行首筆人民幣債券的案例，之後大陸財政部亦首次在香港發行人民幣國債，此為大陸首次在境外發行以人民幣計價的主權債券，也為香港做為人民幣離岸中心建立了基礎。

二〇〇九年七月，人民幣跨境貿易結算試點在香港啟動。香港在中國大陸對外貿易中一直扮演轉口貿易中心的角色，在人民幣貿易結算的帶動下，香港人民幣存款亦呈倍數增加，至二〇一三年八月止，已突破七千億

人民幣大關，創歷史新高。

人民幣融資活動的日趨活躍，也使香港擁有全球最大的離岸人民幣資金池，在龐大人民幣的供給量下，將進一步帶動人民幣相關金融商品的買賣。二〇一〇年二月後，官方陸續核准中國非金融企業在香港發行人民幣債券，及允許境外機構使用人民幣投資中國內地債券市場，此舉不僅有助於香港建立成完備的離岸中心，更在吸引全球資金流向香港之際，使人民幣朝國際化邁進。

台灣的發展條件

香港做為人民幣離岸中心的優勢在於與大陸有緊密的貿易關係，且具有發達的金融體系及國際金融競爭力。而台灣則有堅強的製造業、及台商經貿往來的龐大資金流動做為後盾，使台灣具有成為人民幣離岸中心的發展潛力。除了兩岸貿易，旅遊量也帶來大量人民幣資金，再加上實質的經濟實力、台灣對中國大陸長久以來的貿易順差、以及台灣對大陸的諸多直接投資，都構成了台灣發展成人民幣離岸中心的優勢條件。

在人民幣的供給量上，香港人民幣業務自二〇〇四年啟動以來，到二

○○九年十一月人民幣存款總量才跨入六百億元門檻，二○一○年方才進入爆發期。相較之下，台灣自二○一三年啟動人民幣業務以來，至十月底，就已突破一千億元，存款業務增長的速度絲毫不遜於香港，提供了台灣成為人民幣離岸中心最大的實質需求及條件。

然而在建立龐大的人民幣資金池後，更必須要有足夠的人民幣流動性、以及更暢通的人民幣回流的管道，這也是台灣目前發展人民幣離岸中心亟需努力的方向。

台灣成為人民幣離岸中心SWOT分析

優勢（Strength）

- 兩岸經貿頻繁：貿易順差，直接投資金額龐大。
- 台灣金融體系健全，可快速複製香港模式。
- 政策支持：中國給予台灣更多的「超港待遇」。

劣勢（Weakness）

- 香港的先行優勢與競爭。
- 台灣資金管制較嚴格，資金自由化及國際化程度不如香港。
- 兩岸政治考量將影響政策實施進度。
- 國際金融中心地位不如香港。

機會（Opportunity）

- 人民幣存款速度成長快，成為相關業務推動的資金池。
- 兩岸政策鬆綁後建制人民幣回流機制。

威脅（Threat）

- 香港與深圳在跨境人民幣業務方面有著緊密合作。
- 倫敦及新加坡亦積極發展為人民幣離岸中心。

以人民幣投資的理財商品

OBU／DBU開辦人民幣業務後，台灣的人民幣存款迅速累積，已然形成一個龐大的人民幣資金池，人民幣匯率的波動，以及資金去化將成為重要的課題。人民幣理財商品的推出，可有效幫助金融機構建立人民幣回流機制，對一般投資大眾而言，亦在資產配置中多了人民幣投資的選項。

台灣開放承做的人民幣業務

二〇一三年二月外匯指定銀行（DBU）開辦人民幣業務正式上路後，台灣民眾可直接到銀行提存人民幣，不到一年的時間，人民幣存款已突破千億元。從資產配置角度來看，投資大眾手頭有人民幣資金，除存放在存款戶頭賺取較台幣或美金高的存款利息外，部分資金勢必會保留在後續的投資上，以獲取更好的報酬，這也提供了金融機構人民幣資金去化的管道。因此各式各樣的人民幣投資理財商品也陸續出現在金融市場上，如以人民幣計價的基金、保單、債券（寶島債）等。

目前已有多家投信公司以「新募集人民幣」計價的債券型基金，或在現有基金加掛人民幣的計價幣別。例如，國內元大寶來、匯豐中華、永豐、宏利等四家投信已發行共六檔基金。由於台灣目前尚未取得大陸RQFII（人民幣合格境外投資者）額度，基金不能直接投資大陸當地的債券，現階段部分只能投資香港的點心債（香港發行的人民幣計價債券），或者香港股市A股或ETF（股票指數型基金）等。

為替快速成長的人民幣資金找出路，且人民幣清算機制業已啟動，金管會也核准金融機構及國內外企業在台灣發行以人民幣計價的債券，稱之為「寶島債」，其類似香港的點心債。首檔寶島債已於二〇一三年三月正式掛牌上櫃，同年底十二月止，計已發行十三檔寶島債，發行者涵蓋國內外金融機構、台灣企業，總發行量達人民幣一百〇六億元。

在人民幣保單的部分，目前僅開放人民幣計價的投資型保單，與其他外幣投資型保單內容相同，不同的是目前保單投資連結標的大都以在上海及深圳證交所上市公司的ETF為主。

投資人民幣商品應注意事項

兩岸金融逐漸開放，與人民幣有關的投資理財商品將愈趨多元，在進行琳琅滿目的金融商品間選擇投資時，應對投資人民幣商品可能牽涉的風險及相關注意事項有所認識了解。

在人民幣存款業務正式上路後，台灣的銀行紛紛以高利息為號召吸引民眾存取人民幣，在高利息的背後必須留意存款期限、優惠利率形式、期間、以及最低起息點的金額等相關規定，且依照央行規定，每位自然人以新台幣結算購買人民幣、或以其他幣別兌換成人民幣時，每日應以兩萬元為限，臨櫃與網路交易合併計算。若

以投資人民幣保單,現階段只有開放投資性保單,變額年金險才能以人民幣計價,即該保單並沒有提供壽險保障,且投資標的限制在以人民幣計價的ETF商品。

以人民幣進行相關投資,還須留意中國未來政策法令的變更、及經濟情勢變化的風險。若為中國的銀行發行、在台灣銷售的債券,更須多留意發行機構的信用評等(目前為信評至少要A-以上)、債券利率、和流通性等。例如由中國信託承銷的寶島債,給個別投資人買的標的並不多,且寶島債一開始發行的利率就低於3%,較以往台資企業在香港發點心債的利率3%至5%來得低,加上發行門檻限制較香港多,相對也影響了寶島債的流動性。

CNY vs. CNH

人民幣目前在金融市場有兩種匯率模式,金融業一般稱在中國境內交易的人民幣為CNY(Chinese RMB);中國境外的人民幣離岸市場(目前最大的離岸中心在香港)稱離岸交易的人民幣為CNH。在中國境內的市場受到中國政府與央行管制,而境外市場則是自由經濟市場交易,故CNH的匯率及利率的波動通常會大於CNY,CNY與CNH兩者間可能存在買賣價差。

開放人民幣業務後對台灣的影響

主要項目	可能影響
企業	● 進出貨皆以人民幣計價,可避免匯率風險。
	● 整合兩岸金流,增加兩岸經貿往來。
	● 可有效控制資金成本,降低匯兌損失。
	● 參與人民幣理財投資的優勢。
中央銀行	● 未來可正式將人民幣納入央行儲備貨幣。
	● 人民幣回歸外匯管理條例。
	● 簽訂人民幣清算協議,辦理人民幣清算及結算,擴大人民幣供給量。
一般投資者	● 將人民幣規劃為投資資產配置之一。
	● 增加人民幣相關投資理財。
	● 洽公、旅遊,經商更為熱絡。

人民幣國際化的推進

人民幣在二〇一三年國際清算銀行外匯交易報告中,首次躋身為全球前十大交易最活絡的國際貨幣之一。在香港,人民幣的使用量甚已超過港幣,這說明近年在「人民幣淹腳目」的情況下,中國正積極地以周邊化、區域化,最後邁向國際化的策略,步步催生人民幣成為可於國際間自由兌換的貨幣。

人民幣加速國際化

所謂貨幣國際化,以貨幣的功能而言,指的是該貨幣被發行國以外的國家接受,並可做為自由交換的媒介,成為國際記帳單位及價值儲值的工具,例如美元、歐元等。由於目前人民幣並非國際性貨幣,進出口貿易或投資都需仰賴外幣計價轉換,因此企業必須承擔較高的外匯風險。另一方面,人民幣亦非儲備貨幣,中國大陸以外匯存底購買大量美國債券,自美國次貸危機爆發逐步演變成國際金融危機後,美國的量化寬鬆政策導致美元趨貶,對持有全球最大量的美元外匯儲備的中國而言即遭受損失,故為降低持有美元資產的風險,人民幣朝向國際化之路可說勢在必行。

人民幣何以要國際化的原因在為減少貿易的成本,以往中國絕大部分的對外貿易皆以美元、歐元計價與結算,匯率波動的風險須由境內企業承擔;在金融海嘯期間,匯市動盪極大,中國內地企業深受其害,若使人民幣成為國際結算的主要貨幣之一,採人民幣做為報價和結算貨幣,就可減少中國企業在國際貿易和投資之際對美元、歐元的過度依賴,避免匯率風險降低交易成本。

近幾年因中國國內美元資產持有者擔心風險增高,造成對人民幣升值的預期增加,人們會更有意願將美元資產轉換為人民幣資產,這將使全球資金瘋狂湧進中國大陸,同時人民幣升值更有助於中國主要貿易對手國大量出口至中國大陸,使境外國家擁有更多人民幣。隨人民幣在國際間使用的普及,將可更進一步實現人民幣的國際化。

人民幣國際化的推進策略

實現人民幣國際化是漫長且須循序漸進的過程,中國當局在推展人民幣國際化之際,先以人民幣周邊化、再區域化,最後發展到國際化做為分期進展的策略。周邊化的具體作為是指先從中國邊境小額人民幣貿易地區結算開始實施,中國與其貿易往來頻繁的比鄰國家:越南、蒙古、寮國、尼泊爾、俄羅斯、吉爾吉斯、韓國,哈薩克等八國簽訂「邊境貿易本幣結算協定」,使雙方在進行邊境貿易時得互相使用自己國家本幣結算。中國當局於二〇〇四年更率先在港澳地區推行人民幣跨境貿易結算及清算服務,同時致力以香港做為發展人民幣離岸中心的重要平台。

第二階段區域化的做法則是推動「跨境貿易人民幣結算」，進一步使人民幣在亞洲地區能自由兌換，並能在區域內成為主要貿易結算貨幣之一。所謂跨境貿易人民幣結算指的是中國境內企業和外國企業在進行國際貿易時，可以使用人民幣做為交易的媒介。但要進行跨境貿易，須隨中國政府針對境內境外的試點地區逐步開放，同時亦需積極布署與各國家／地區的央行簽訂雙邊貨幣互換協議，其最主要目的是為雙方各國在進行跨境貿易結算時提供人民幣資金來源，供企業及銀行使用。

自二○○八年以來，中國人民銀行已先後與二十三個國家、地區的央行及貨幣當局簽署了貨幣互換協議，涉及規模達二萬四千八百多億元人民幣，也意謂了人民幣朝國際化已更為向前邁進。最後要完全實現人民幣國際化，最終目標是人民幣須成為國際主要外匯儲備貨幣之一，且全球貿易以人民幣結算交易要達到一定比重的交易。於此，須能夠以人民幣自由兌換的前提是，要開放資本帳戶項下的兌換，包括直接投資（外匯資本兌換、外債規模）、間接投資（股票債券等）等，但這方面目前仍存在嚴格的限制。大陸官方規劃預計於二○二○年實現人民幣的國際化，也許待資本帳項目開放後，人民幣即可望達成國際化的目標。

目前美元及歐元仍是全球交易最頻繁的貨幣，未來人民幣的國際化只是增加各國貨幣儲備中另一種貨幣的選擇。貨幣要實現國際化，必須要有強大的經濟實力、發達的金融市場，及貨幣自由的兌換等條件。人民幣國際化是中國政府當前勢在必行的政策，其相關進程也將是世界各國持續觀注的焦點。

中國當局的人民幣國際化進程

STEP 1 周邊化

以人民幣進行貿易結算及清算

● 做為經常性交易使用的貨幣
● 推動跨境貿易以人民幣結算

STEP 2 區域化

以人民幣進行金融交易計價

● 發展境外人民幣交易買賣
● 拓展境外人民幣融資
● 發行人民幣公司債

STEP 3 國際化

2020年前實現人民幣成為國際儲備貨幣

● 成為國際主要流通貨幣
● 成為各金融機構、中央銀行的投資工具
● 接受人民幣為一國的儲備貨幣

參考書目

1. 《YES！經濟通》，廖美華、謝博恭合著，五南文化事業，2002年

2. 《外貿廠商匯率避險實務》，簡永光，宏典文化，2006年

3. 《外匯交易與貨幣市場入門》，路透社，施建明譯，財訊出版社，2000年

4. 《如何利用OBU操作國際貿易》，簡永光，宏典文化，2004年

5. 《次貸風暴》，辛喬利、孫兆東合著，梅霖文化，2008年

6. 《股市實戰勝典》，王義田，上游出版社，1999年

7. 《金融Q&A》，李仲英、王廷光、楊世傑合著，商周文化，1992年

8. 《金融市場：全球的觀點》，沈中華，新陸書局股份有限公司，2007年

9. 《金融市場與機構》，米希肯著，顏錫銘、菅瑞昌、關河士譯，華泰文化，2003年

10. 《金融機構管理》，Anthony Saunders、Marcia Millon、Cornett合著，黃業達、林容竹譯，麥格羅‧希爾，2003年

11. 《衍生性金融商品入門》，路透社，許誠州譯，財訊出版社，2000年

12. 《控股公司與金融控股公司法》，王文宇，元照出版社，2001年

13. 《第一次投資台指選擇權就上手（修訂版）》，張嘉成，易博士文化，2006年

14. 《第一次買基金就上手（修訂版）》，李明黎，易博士文化，2006年

15. 《貨幣新秀歐元》，Christian N. Chabot著，何喻方譯，寰宇出版社，1999年

16. 《貨幣銀行學》，許振明，華泰文化，2006年

17. 《債券市場入門》，路透社，黃若予譯，財訊出版社，2001年

18. 《債券市場理論與實務》，王慎、黃信昌、簡忠陵合著，財團法人證券暨期貨市場發展基金會，2003年

19. 《新金融商品》，日盛證券，宏典文化，2004年

20. 《當代金融市場》，謝劍平，智勝文化，2004年

21. 《經濟學辭典》，克里斯多福‧巴斯、布萊安‧羅易士、萊斯利‧戴維斯合著，施舉善、施蓓莉譯，貓頭鷹出版社，2004年

22. 《葛林斯班效應》，大衛‧史席理、傑弗瑞‧奎可聖合著，薛迪安譯，麥格羅‧希爾，2000年

23. 《境外共和國：揭開境外金融的秘密》，威廉‧布里坦卡林著，李芳齡譯，天下雜誌，2008年

24. 《銀行百科》，宏典文化，蔡鍠銘，2006年

25. 《賽局高手：全方位策略與應用》，巫和懋、夏珍合著，時報文化，2002年

索引 專有名詞

七劃

八劃

九劃

十二劃

十三劃

十四劃

十五劃

十六劃

十七劃

十九劃

二十二劃

國家圖書館出版品預行編目 (CIP) 資料

圖解金融 / 溫美珍著.
-- 增訂版一版. -- 臺北市：易博士文化，城邦文化出版：
家庭傳媒城邦分公司發行，2014.06
　　面；　公分. --（Knowledge base；53）
ISBN 978-986-6434-61-7（平裝）
1. 金融學 2. 金融市場

561.7　　　　　　　　　　　　　　103008177

Knowledge Base 53

【圖解】金融（增訂版）

作　　　　者／溫美珍
企 劃 提 案／蕭麗媛
企 劃 執 行／林雲
企 劃 監 製／蕭麗媛

總　編　輯／蕭麗媛
業 務 經 理／羅越華
編　　　輯／林雲、涂逸凡
視 覺 總 監／陳栩椿
發　行　人／何飛鵬
出　　　版／易博士文化
　　　　　　城邦文化事業股份有限公司
　　　　　　台北市中山區民生東路二 141 號 8 樓
　　　　　　電話：（02）2500-7008　傳真：（02）2502-7676
　　　　　　E-mail：ct_easybooks@hmg.com.tw
發　　　行／英屬蓋曼群島商家庭傳媒股份有限公司城邦分公司
　　　　　　台北市中山區民生東路二段 141 號 11 樓
　　　　　　書虫客服服務專線：（02）2500-7718、2500-7719
　　　　　　服務時間：週一至週五上午 09:30-12:00；下午 13:30-17:00
　　　　　　24 小時傳真服務：（02）2500-1990、2500-1991
　　　　　　讀者服務信箱：service@readingclub.com.tw
　　　　　　劃撥帳號：19863813
　　　　　　戶名：書虫股份有限公司

香港發行所／城邦（香港）出版集團有限公司
　　　　　　香港灣仔駱克道 193 號東超商業中心 1 樓
　　　　　　電話：（852）2508-6231　傳真：（852）2578-9337
　　　　　　E-mail：hkcite@biznetvigator.com
馬新發行所／城邦（馬新）出版集團 [Cite (M) Sdn. Bhd.]
　　　　　　41, Jalan Radin Anum, Bandar Baru Sri Petaling, 57000 Kuala Lumpur,Malaysia
　　　　　　電話：（603）9057-8822　傳真：（603）9057-6622
　　　　　　E-mail：cite@cite.com.my
美 術 編 輯／林錦玲
封 面 構 成／許仁一
內 頁 插 畫／溫國群
製 版 印 刷／卡樂彩色製版印刷有限公司

■ 2014 年 6 月 12 日增訂版　初版 1 刷
■ 2021 年 11 月 9 日增訂版　初版 10 刷
ISBN　978-986-6434-61-7
定價 300 元 HK$100

城邦讀書花園
www.cite.com.tw